COLLECTION

COMPLÈTE

DES MÉMOIRES

RELATIFS

A L'HISTOIRE DE FRANCE.

Bayard, seconde partie.
Fleurange; Louise de Savoie.

DE L'IMPRIMERIE DE DECOURCHANT.

COLLECTION

COMPLÈTE

DES MÉMOIRES

RELATIFS

A L'HISTOIRE DE FRANCE,

DEPUIS LE RÈGNE DE PHILIPPE-AUGUSTE, JUSQU'AU COMMENCEMENT
DU DIX-SEPTIÈME SIÈCLE ;

AVEC DES NOTICES SUR CHAQUE AUTEUR,
ET DES OBSERVATIONS SUR CHAQUE OUVRAGE,

Par M. PETITOT.

TOME XVI.

PARIS,
FOUCAULT, LIBRAIRE, RUE DE SORBONNE, N° 9.
1826.

LA TRESJOYEUSE, PLAISANTE ET RECREATIVE

HYSTOIRE

DU BON CHEVALIER

SANS PAOUR ET SANS REPROUCHE.

CHAPITRE L.

Comment le duc de Nemours reprist la ville de Bresse sur les Veniciens, où le bon Chevalier sans paour et sans reprouche acquist grant honneur; et comment il fut blessé quasi à mort.

Le duc de Nemours, qui ne voulut point songer en ses affaires, apres qu'il fut monté au chasteau, assembla tous ses cappitaines pour sçavoir qu'il estoit de faire; car dedans la ville y avoit gros nombre de gens, comme huyt mille hommes de guerre, et douze ou quatorze mille vilains du pays qui s'estoient avecques eulx assemblez, et si estoit la ville forte à merveilles. Ung bien y avoit, qu'on descendoit du chasteau en la citadelle sans trouver fossé qui gueres donnast empeschement : bien avoient fait un bon rampart.

Or en toute l'armée du roy de France n'estoient point alors plus de douze mille combatans, car une grosse partie estoit demourée à Boulongne : toutesfois, au peu de nombre qui y estoit, n'y avoit que redire, car c'estoit toute fleur de chevalerie, et croy que cent ans paravant n'avoit esté veu pour le nombre plus gaillarde compaignie, et davantage avecques le bon vouloir que chascun avoit de servir son bon maistre le roy de France. Ce gentil duc de Nemours avoit tant gaigné le cueur des gentilz hommes et des adventuriers, qu'ilz feussent tous mors pour luy. Eulx assemblez au conseil, fut demandé par ledit seigneur à tous les cappitaines leur advis, que chascun dist au mieulx qu'il sceut; et pour conclusion fut ordonné qu'on donneroit l'assault, sur les huit ou neuf heures, lendemain matin. Et telle fut l'ordonnance : c'est que le seigneur de Molart, avecques ses gens de pied, conduyroit la premiere pointe; mais devant luy yroit le cappitaine Herigoye et ses gens escarmoucher. Apres, en une troppe, marcheroient ce cappitaine Jacob, que l'empereur Maximilian avoit devant Padoue en la bende du prince de Hanno (mais par moyens fut gaigné au service du roy de France, et avoit alors deux mille lansquenetz), les cappitaines Bonnet, Maugiron, le bastard de Cleves et autres, jusques au nombre de sept mille hommes; et le duc de Nemours, les gentilz hommes que conduysoit le grant seneschal de Normandie (1), avecques la plus grosse force de la gendarmerie à pied, marcheroient à leur costé, l'armet en teste et la cuyrasse sur le doz; et monseigneur d'Alegre seroit à cheval à la porte Sainct Jehan, qui estoit la seulle porte que les ennemys tenoient ouverte, car ilz avoient muré les

(1) *Le grant seneschal de Normandie* : Louis de Brezé; il étoit capitaine des cent gentilshommes de la maison du Roi.

autres avecques trois cens hommes d'armes, pour garder que nul ne sortist.

Le vertueux cappitaine seigneur de La Palisse ne fut point à l'assault; car le soir de devant il avoit esté blessé en la teste d'ung esclat, par ung coup de canon qu'on avoit tiré de la ville au chasteau. Ceste ordonnance faicte, chascun la trouva bonne, excepté le bon Chevalier, qui dist, apres ce que le duc de Nemours, selon son ordre, eut parlé à luy : « Monsei« gneur, saufve vostre reverence et de tous messei« gneurs, il me semble qu'il fault faire une chose dont « nous ne parlons point. » Il luy fut demandé par ledit seigneur de Nemours que c'estoit. « C'est, dist il, « que vous envoyez monseigneur de Molart faire la « premiere pointe : de luy je suis plus que asseuré qu'il « ne recullera pas, ne beaucoup de gens de bien « qu'il a avecques luy; mais si les ennemys ont point « de gens d'estoffe, et bien congnoissans la guerre, « avecques eulx, comme je croy que ouy, sachez qu'ilz « les mettront à la pointe, et pareillement leurs hac« quebutiers. Or en telz affaires, s'il est possible, ne « fault jamais reculler; et si d'adventure ilz repous« soient lesditz gens de pied, et ilz ne feussent souste« nuz de gendarmerie, il y pourroit avoir gros des« ordre. Parquoy je suis d'advis que avecques mon« dit seigneur de Molart on mecte cent ou cent cin« quante hommes d'armes, qui seront pour beaucoup « mieulx soustenir le fes que les gens de pied, qui ne « sont pas ainsi armez. » Lors dist le duc de Nemours : « Vous dictes vray, monseigneur de Bayart; mais qui « est le cappitaine qui se vouldra mettre à la mercy de « leurs hacquebutes? — Ce sera moy, s'il vous plaist,

1.

« monseigneur, respondit le bon Chevalier; et croyez
« que la compaignie dont j'ay la charge fera au jour-
« d'huy de l'honneur au Roy et à vous, et tel service
« que vous en appercevrez. » Quant il eut parlé, n'y
eut cappitaine qui ne regardast l'ung l'autre, car sans
point de faulte le faict estoit tresdangereux : toutesfois
il demanda la charge, et elle luy demoura.

Quant tout fut conclud, encores dist le duc de
Nemours : « Messeigneurs, il fault que selon Dieu
« nous regardions à une chose : vous voyez bien que
« si ceste ville se prent d'assault elle sera ruynée et
« pillée, et tous ceulx de dedans mors, qui seroit une
« grosse pitié : il fault encores sçavoir d'eulx, avant
« qu'ilz en essayent la fortune, s'ilz se vouldroient
« point rendre. » Cela fut trouvé bon; et le matin y
fut envoyé une des trompettes, qui sonna dés ce qu'il
partit du chasteau, et marcha jusques au premier rampart des ennemys, où estoient le providadour messire
André Grit, et tous les cappitaines. Quant la trompette fut arrivée, demanda à entrer en la ville. On
luy dist qu'il n'entroit point, mais qu'il dist ce qu'il
vouldroit, et que c'estoient ceulx qui avoient puissance
de luy respondre.

Lors fist son message tel que vous avez entendu cy
dessus, et que s'ilz vouloient rendre la ville, on les
laisseroit aller leurs vies sauves; sinon, et où elle se
prendroit d'assault, qu'ilz povoient estre tous asseurez
de mourir. Il luy fut respondu qu'il s'en povoit bien
retourner, et que la ville estoit de la seigneurie; qu'elle
y demoureroit, et davantage qu'ilz garderoient bien
que jamais François n'y mettroit le pied. Helas ! les
povres habitans se feussent voulentiers renduz, mais

ilz ne furent pas les maistres. La trompette revint, qui fist sa response; laquelle ouye, n'y eut autre delay, sinon que le gentil duc de Nemours, qui desja avoit ses gens en bataille, commença à dire : « Or, messei-« gneurs, il n'y a plus que bien faire, et nous mons-« trer gentilz compaignons : marchons, ou nom de « Dieu et de monseigneur Sainct Denys. » Les pa-rolles ne furent pas si tost proferées, que tabourins, trompettes et clerons ne sonnassent l'assault et l'alarme si impetueusement que aux couars les cheveulx dres-soient en la teste, et aux hardiz le cueur leur croissoit ou ventre.

Les ennemys, oyant ce bruit, deslacherent plusieurs coups d'artillerie, dont entre les autres ung coup de canon vint droit donner au beau milieu de la troppe du duc de Nemours, sans tuer ne blesser personne; qui fut quasi chose miraculeuse, consideré comme ilz mar-choient serrez. Alors se mist à marcher avant le sei-gneur de Molart et le cappitaine Herigoye avecques leurs gens, et sur leur esle, quant et quant, le gentil et bon Chevalier sans paour et sans reprouche, à pied avecques toute sa compaignie, qui estoient gens esleuz; car la pluspart de ses gensd'armes avoient en leur temps esté cappitaines ; mais ilz aymoient mieulx estre de sa compaignie, à moins de bien fait la moictié, que d'une autre, tant se faisoit aymer par ses vertus. Ilz approcherent pres du premier rampart, derriere lequel estoient les ennemys, qui commencerent à tirer artil-lerie et leurs hacquebutes aussi dru comme mouches. Il avoit ung peu pluvyné ; le chasteau estoit en mon-taigne, et pour descendre en la ville on couloit ung peu : mais le duc de Nemours, en monstrant qu'il ne vouloit pas demourer des derreniers, osta ses souliers, et se mist en eschapins de chausses. A son exemple le firent plusieurs autres; car, à vray dire, ilz s'en soustenoient mieulx.

Le bon Chevalier et le seigneur de Molart combatirent à ce rampart furieusement : aussi fut il merveilleusement bien deffendu. Les François cryoient *France, France!* ceulx de la compaignie du bon Chevalier cryoient *Bayart, Bayart!* les ennemys cryoient *Marco, Marco!* Bref, ils faisoient tant de bruyt que les hacquebutes ne povoient estre ouyes. Messire André Grit (1) donnoit merveilleux courage à ses gens, et en son langaige ytalien leur disoit : « Te-« nons bon, mes amys, les François seront tantost « lassez : ilz n'ont que la premiere pointe ; et si ce « Bayart estoit deffaict, jamais les autres n'approche-« roient. » Il estoit bien abusé ; car s'il avoit grant cueur de deffendre, les François l'avoient cent fois plus grant pour entrer dedans ; et vont livrer ung assault merveilleux, par lequel ilz repousserent ung peu les Veniciens. Quoy voyant par le bon Chevalier, commencea à dire : *Dedans, dedans, compaignons! ilz sont nostres ; marchez, tout est deffaict.* Luy mesmes entra le premier et passa le rampart, et apres luy plus de mille ; de sorte qu'ilz gaignerent le premier fort, qui ne fut pas sans se bien batre : et y en demoura de tous les costez, mais peu des François. Le bon Chevalier eut ung coup de pique dedans le hault de la cuysse,

---

(1) *Messire André Grit* : Il ignoroit d'abord que Bayard fût du nombre des assiégeans; quand il en fut instruit : « Je crois, dit-il, que les « Bayards croissent en France comme champignons; on ne parle en « toute bataille que de Bayard. »

et entra si avant que le bout rompit, et demoura le fer et ung bout du fust dedans. Bien cuyda estre frappé à mort, de la douleur qu'il sentit ; si commencea à dire au seigneur de Molart : « Compaignon, faictes mar-
« cher voz gens, la ville est gaignée ; de moy je ne
« sçaurois tirer oultre, car je suis mort. » Le sang luy sortoit en habondance : si luy fut force, ou là mourir sans confession, ou se retirer hors de la foulle avecques deux de ses archiers, lesquelz luy estancherent au mieulx qu'ilz peurent sa playe avecques leurs chemises, qu'ilz descirerent et rompirent pour ce faire.

Le povre seigneur de Molart, qui ploroit amerement la perte de son amy et voisin (car tous deux estoient de l'escarlate des gentilz hommes), comme ung lyon furieux, deliberé le venger, commencea rudement à pousser ; et le bon duc de Nemours et sa flote après, qui entendit en passant avoir le premier fort esté gaigné par le bon Chevalier, mais qu'il y avoit esté blessé à mort. Si luy mesmes eust eu le coup, n'eust pas eu plus de douleur, et commencea à dire : « Hé !
« messeigneurs mes amys, ne vengerons nous point
« sur ces villains la mort du plus accomply chevalier
« qui feust au monde ? Je vous prie, que chascun pense
« de bien faire. » A sa venue, furent Veniciens mal traictez, et guerpirent la cytadelle, faisans myne se vouloir retirer vers la ville et lever le pont, car trop eussent eu affaire les Français par ce moyen : mais ilz furent poursuivis si vivement qu'ilz passerent le palais, et entrerent pesle mesle en la grant place, en laquelle estoit toute leur force, la gendarmerie et chevaulx legiers bien à cheval avecques les gens de pied, en bataille bien ordonnée, selon leur fortune.

Là se monstrerent les lansquenetz et aventuriers françois gentilz compaignons. Le cappitaine Bonnet y fist de grans appertises d'armes; et, sortant de sa troppe la longueur d'une picque, marcha droit aux ennemys, et fut aussi tresbien suivy. Le combat dura demye heure, ou plus; les cytadins et femmes de la ville gectoient des fenestres gros carreaux et pierres, avecques eaue chaulde, qui dommagea plus les François que les gens de guerre. Ce nonobstant, en fin furent Veniciens deffaictz, et y en demoura sur ceste grant place de si bien endormis qu'ilz ne se resveilleront de cent ans, sept ou huyt mille. Les autres, voyant qu'il n'y faisoit pas trop seur, chercherent leur eschappatoire de rue en rue; mais tousjours, de leur malheur, trouvoient gens de guerre, qui les tuoient comme pourceaulx. Messire André Grit, le conte Loys Advogadre et autres cappitaines estoient à cheval, lesquelz, quant ilz veirent la rotte entierement sur eulx, voulurent essayer le moyen de se saulver, et s'en allerent droit à ceste porte Sainct Jehan, cuydans sortir : si firent abaisser le pont, et cryoient *Marco, Marco! Ytalie, Ytalie!* mais c'estoit en voix de gens bien effrayez. Le pont ne fut jamais si tost baissé, que le seigneur d'Alegre, gentil cappitaine et diligent, n'entrast dedans la ville avecques la gendarmerie qu'il avoit; et en s'escriant *France, France!* chargea sur les Veniciens, lesquelz tous ou la plus grant part porta par terre, et entre autres le conte Loys Advogadre, qui estoit monté sur une jument coursiere pour courir cinquante mille sans repaistre.

Le providadour messire André Grit veit bien qu'il estoit perdu sans remede si plus attendoit; parquoy, apres avoir couru de rue en rue pour eschapper la fureur, descendit de son cheval, et se gecta en une maison seulement avecques ung de ses gens, où il se mist en deffense quelque peu : mais, doubtant plus gros inconvenient, fist en fin ouvrir le logis, où il fut prins prisonnier. Bref, nul n'en eschappa qui ne feust mort ou prins; et fut ung des plus cruelz assaulx qu'on eust jamais veu, car des mors, tant des gens de guerre de la seigneurie que de ceulx de la ville, y eut nombre de plus de vingt mille; et des François ne s'en perdit jamais cinquante, qui fut grosse fortune. Or quant plus n'y eut à qui combatre, chascun se mist au pillage parmy les maisons, et y eut de grosses pitiez; car, comme povez entendre, en telz affaires il s'en trouve tousjours quelques ungs meschans, lesquelz entrerent dedans monasteres, firent beaucoup de dissolutions, car ilz pillerent et desroberent en beaucoup de façons; de sorte qu'on estimoit le butin de la ville à trois millions d'escuz. Il n'est riens si certain que la prinse de Bresse fut en Ytalie la ruyne des François; car ilz avoient tant gaigné en ceste ville de Bresse, que la plus part s'en retourna et laissa la guerre; et ilz eussent fait bon mestier à la journée de Ravenne, que vous entendrez ci apres.

Il fault sçavoir que devint le bon Chevalier sans paour et sans reprouche apres qu'il eut gaigné le premier fort, et qu'on l'eut si lourdement blessé, que contrainct avoit esté, à son grant regret, de demourer avecques deux de ses archiers. Quant ilz veirent la cytadelle gaignée, en la premiere maison qu'ilz trouverent desmonterent ung huys, sur lequel ilz le chargerent; et le plus doulcement qu'ilz peurent, avecques

quelque ayde qu'ilz trouverent, le porterent en une maison la plus apparente qu'ilz veirent là à l'entour. C'estoit le logis d'ung fort riche gentil homme; mais il s'en estoit fuy en ung monastere, et sa femme estoit demourée au logis en la garde de Nostre Seigneur, avecques deux belles filles qu'elle avoit, lesquelles estoient cachées en ung grenier dessoubz du foing. Quant on vint heurter à sa porte, comme constante d'attendre la misericorde de Dieu, la va ouvrir : si veit le bon Chevalier qu'on apportoit ainsi blessé, lequel fist incontinent serrer la porte, et mist deux archiers à l'huys, ausquelz il dist : « Gardez sur vostre vie que
« personne n'entre ceans, si ce ne sont de mes gens; je
« suis asseuré que quant on sçaura que c'est mon lo-
« gis, personne ne s'efforcera d'y entrer; et pource
« que pour me secourir je suis cause dont perdez à
« gaigner quelque chose, ne vous souciez, vous n'y
« perdrez riens. »

Les archiers firent son commandement, et luy fut porté en une fort belle chambre, en laquelle la dame du logis le mena elle mesmes; et se jectant à genoulx devant luy, parla en ceste maniere, rapportant son langage au françois : « Noble seigneur, je vous pre-
« sente ceste maison et tout ce qui est dedans, car je
« sçay bien qu'elle est vostre par le debvoir de la
« guerre : mais que vostre plaisir soit de me saulver
« l'honneur et la vie, et de deux jeunes filles que mon
« mary et moy avons, qui sont prestes à marier. »
Le bon Chevalier, qui oncques ne pensa meschanseté, luy respondit : « Madame, je ne sçay si je pourray
« eschapper de la playe que j'ay; mais tant que je vi-
« vray à vous ne à voz filles ne sera fait desplaisir,

« non plus que à ma personne : gardez les seulement en
« voz chambres, qu'elles ne se voyent point, et je vous
« asseure qu'il n'y a homme en ma maison qui se in-
« gere d'entrer en lieu que ne le vueillez bien ; vous
« asseurant au surplus que vous avez ceans ung gen-
« til homme qui ne vous pillera point, mais vous feray
« toute la courtoysie que je pourray. »

Quant la bonne dame l'ouyt si vertueusement parler, fut toute asseurée. Apres il luy pria qu'elle enseignast quelque bon cirurgien, et qui peust hastivement le venir habiller; ce qu'elle fist, et l'alla querir elle mesmes avecques ung des archiers, car il n'y avoit que deux maisons de la sienne. Luy arrivé, visita la playe (1) du bon Chevalier, qui estoit grande et profonde : toutesfois il l'asseura qu'il n'y avoit nul dangier de mort. Au second appareil le vint veoir le cirurgien du duc de Nemours, appellé maistre Claude, qui depuis le pensa, et en fist tresbien son debvoir, de sorte qu'en moins d'ung mois fust prest à monter à cheval. Le bon Chevalier, habillé, demanda à son hostesse où estoit son mary. La povre dame toute esplorée luy dist : « Sur
« ma foy, monseigneur, je ne sçay s'il est mort ou vif :
« bien me doubte, s'il est en vie, qu'il sera dedans ung

---

(1) *Luy arrivé, visita la playe* : Champier donne le détail de l'opération : « Descouverte la cuisse, le fer et le bout de la pique estoient
« dedans encores. Si dist le noble Bayard aux cyrurgiens : Tirez ce fer
« dehors. Respondit le Bressien, qui trembloit de paour qu'il avoit :
« Seigneur, j'ai bien grand paour que sincopisez en tirant le fer. —
« Non feray, dist Bayard; j'ay autrefois sceu qu'est de tirer ung fer
« de chair humaine : tirez hardiment. Alors tirerent les deux maitres
« le fer qui estoit moult profond en la cuisse, dont le noble Chevalier
« sentit d'une merveilleuse douleur; mais quand on luy dist qu'il n'y
« avoit ni artere ni veine grosse blecée, il fut tout joyeux. »

« monastere, où il a grosse congnoissance. — Dame,
« dist le bon Chevalier, faictes le chercher, et je l'en-
« voyeray querir, en sorte qu'il n'aura point de mal. »
Elle se fist enquerir où il estoit, et le trouva; puis fut
envoyé querir par le maistre d'hostel du bon Chevalier, et par deux archiers, qui l'amenerent seurement; et à son arrivée eut de son hoste le bon Chevalier joyeuse chere, et luy dist qu'il ne se donnast
point de melencolie, et qu'il n'avoit logé que de ses
amys. Apres la belle et glorieuse prinse de la ville de
Bresse par les François, et que la fureur fut passée,
se logea le victorieux duc de Nemours, qui n'estoit
pas l'efigie du dieu Mars, mais luy mesmes; et avant
que boyre ne manger assembla son conseil, où furent
tous les cappitaines, affin d'ordonner ce qui estoit ne-
cessaire de faire. Premier envoya chasser toutes manieres de gens de guerre qui estoient es religions et
eglises, et fist retourner les dames aux logis avecques
leurs maris, s'ilz n'estoient plus prisonniers, et peu à
peu les asseura.

Il convint diligenter à vuyder les corps mors de la
ville, par peur de l'infection, où on fut trois jours entiers, sans autre chose faire, et en trouva l'on vingt
et deux mille et plus. Il donna les offices qui estoient
vaccans à gens qu'il pensoit bien qui les sceussent faire.
Le proces du conte Loys Advogadre fut fait, lequel
avoit esté cause de la trahison pour reprendre Bresse,
et eut la teste trenchée, et mis apres en quatre quartiers, et deux autres de sa faction, dont l'ung s'appelloit Thomas Del duc, et l'autre Hieronyme de Ryve.
Sept ou huyt jours fut à Bresse ce gentil duc de Nemours, où, une fois le jour pour le moins, alloit

visiter le bon Chevalier, lequel il reconfortoit le mieulx qu'il povoit, et souvent luy disoit : « Hé! mon-
« seigneur de Bayart, mon amy, pensez de vous gue-
« rir, car je sçay bien qu'il fauldra que nous donnions
« une bataille aux Espaignolz entre cy et ung moys;
« et si ainsi estoit, j'aymerois mieulx avoir perdu tout
« mon vaillant que n'y feussiez, tant j'ay grant fiance
« en vous. » Le bon Chevalier respondit : « Croyez,
« monseigneur, que s'il est ainsi qu'il y ait bataille,
« tant pour le service du Roy mon maistre que pour
« l'amour de vous, et pour mon honneur qui va de-
« vant, je m'y feroye plustost porter en lictiere que je
« n'y feusse. » Le duc de Nemours luy fist force presens selon sa puissance, et pour ung jour luy envoya cinq cens escus, lesquelz il donna aux deux archiers qui estoient demourez avecques luy quant il fut blessé.

Quant le roy de France Loys douziesme fut adverty de la prinse de Bresse et de la belle victoire de son nepveu, croyez qu'il en fut tresfort joyeulx. Toutesfois il congnoissoit assez que, tant que ces Espaignolz seroient rouans en la Lombardie, son Estat de Milan ne seroit jamais asseuré. Si en escripvoit chascun jour à sondit nepveu le noble duc de Nemours, le priant, tant affectueusement que possible luy estoit, qu'il luy gectast la guerre de Lombardie, et qu'il mist peine d'en chasser les Espaignolz; car il luy ennuyoit de soustenir les fraiz qu'il convenoit faire aux gens de pied qu'il avoit, et ne les povoit plus porter sans trop fouller son peuple, qui estoit la chose en ce monde qu'il faisoit à plus grant regret; davantage, qu'il sçavoit bien que le roy d'Angleterre luy brassoit ung brouet pour descendre en France, et pareillement les Suysses; et que si cela advenoit, luy seroit besoing de s'ayder de ses gens de guerre qu'il avoit en Ytalie. Et en fin c'estoit en toutes ses lettres la conclusion de donner la bataille aux Espaignolz, ou les exterminer si loing qu'ilz ne retournassent plus.

Ce duc de Nemours avoit si grande amour au Roy son oncle, qu'en toutes choses se vouloit garder de le courroucer; et davantage il sçavoit certainement que ses lettres ne luy venoient point sans grande raison. Si se mist en totalle deliberation d'acomplir voluntairement le commandement qui luy estoit fait, touchant mettre fin à la guerre. Si assembla tous ses cappitaines, gens de cheval et de pied, et à belles petites journées marcha droit à Boulongne, où là aupres arriva en son camp le duc de Ferrare, auquel il bailla son avantgarde à conduyre, avecques le seigneur de La Palisse; et tant alla qu'il trouva l'armée du roy d'Espaigne et du Pape à quinze mille de Boulongne, en ung lieu dit Castel Sainct Pedro. C'estoit une des belles armées et des mieulx esquipées, pour le nombre qu'ilz estoient, qu'on eust jamais veu. Domp Raymon de Cardonne, visroy de Naples, en estoit le chief, et avoit en sa compaignie douze ou quatorze cens hommes d'armes, dont les huyt cens estoient bardez : ce n'estoit que or et azur, et les mieulx montez de coursiers et chevaulx d'Espaigne que gens de guerre qu'on eust sceu veoir; davantage, il y avoit deux ans qu'ilz ne faisoient que aller et venir parmy ceste Rommaigne, qui est ung bon et gras pays, et où ilz avoient leurs vivres à souhait. Il y avoit douze mille hommes de pied seullement, deux mille Ytaliens, soubz la charge d'ung cappitaine Ramassot, et dix mille Espaignolz, Biscayns et Navarres, que conduysoit le conte Pedro Navarro, et de toute la troppe des gens de pied estoit cappitaine general : il avoit autresfois mené ses gens en Barbarye contre les Mores, et avecques eulx avoit gaigné deux ou trois batailles. Brief, c'estoient tous gens aguerriz, et qui sçavoient les armes à merveilles.

Quant le gentil duc de Nemours les eut approchez, commencerent Espaignolz tousjours à eulx retirer le long de la montaigne, et les François tenoient la plaine : si furent bien trois sepmaines ou ung moys qu'ilz estoient les ungs des autres à six ou sept mille ; mais bien se logeoient tousjours les Espaignolz en lieu fort, et souvent s'escarmouchoient ensemble, en façon que prisonniers se prenoient d'ung costé et d'autre quasi tous les jours : tant y a que tous les prisonniers françois rapportoient que c'estoit une triumphe de veoir l'armée des Espaignolz. Toutesfois le gentil duc de Nemours, ne tous ses cappitaines et gens de guerre, ne desiroient autre chose que à les combatre, mais qu'on les trouvast en lieu marchant. Ceste finesse avoient que tousjours se tenoient en fort, et encores les y alla l'on querir le jour de la bataille de Ravenne, comme vous orrez.

Mais premier parleray comment le bon Chevalier sans paour et sans reprouche partit de Bresse pour s'en aller apres le duc de Nemours, et de la grande courtoysie qu'il fist à son hostesse.

CHAPITRE LI.

Comment le bon Chevalier sans paour et sans reprouche partit de Bresse pour aller apres le duc de Nemours et l'armée du roy de France; de la grande courtoysie qu'il fist à son hostesse au partir; et comment il arriva devant la ville de Ravenne.

Environ ung moys ou cinq sepmaines fut malade le bon Chevalier sans paour et sans reprouche de sa playe en la ville de Bresse, sans partir du lict; dont bien luy ennuyoit, car chascun jour avoit nouvelles du camp des François comment ilz approchoient les Espaignolz, et esperoit l'on de jour en jour la bataille, qui à son grant regret eust esté donnée sans luy. Si se voulut lever ung jour, et marcha parmy la chambre pour sçavoir s'il se pourroit soustenir : ung peu se trouva foible, mais le grant cueur qu'il avoit ne luy donnoit pas le loysir d'y longuement songer. Il envoya querir le cyrurgien qui le pensoit alors, et luy dist : « Mon amy, je vous prie, dictes moy s'il y a
« point de dangier de me mettre à chemin ; il me
« semble que je suis guery, ou peu s'en fault; et vous
« prometz ma foy que, à mon jugement, le de-
« mourer doresnavant me pourra plus nuyre que
« amender, car je me fasche merveilleusement. » Les serviteurs du bon Chevalier avoient desja dit au cyrurgien le grant desir qu'il avoit d'estre à la bataille, et que tous les jours ne regretoit autre chose : parquoy ce sachant, et aussi congnoissant sa complexion, luy

dist en son langaige,: « Monseigneur, vostre playe
« n'est pas encores close; toutesfois par dedans elle est
« toute guerie. Vostre barbier vous verra habiller en-
« cores ceste fois; et mais que tous les jours au matin
« et au soir il y mette une petite tente et une amplas-
« tre dont je luy bailleray l'oignement, il ne vous em-
« pirera point; et si n'y a nul dangier, car le grant
« mal de la playe est au dessus, et ne touchera point
« à la selle de vostre cheval. » Qui eust donné dix
mille escus au bon Chevalier, il n'eust pas esté si ayse.
Son cyrurgien fut plus que bien contenté. Et se delibera de partir dedans deux jours, commandant à ses
gens que durant ce temps ils meissent en ordre tout
son cas. La dame de son logis, qui se tenoit tousjours
sa prisonniere, ensemble son mary et ses enfans, et
que les biens meubles qu'elle avoit estoient siens (car
ainsi en avoient fait les François aux autres maisons,
comme elle sçavoit bien), eut plusieurs ymaginacions:
considerant en soy mesmes que si son hoste la vouloit
traicter à la rigueur et son mary, il en tireroit dix ou
douze mille escuz, car ilz en avoient deux mille de
rente, si se delibera luy faire quelque honneste present, et qu'elle l'avoit congneu si homme de bien et
de si gentil cueur, que, à son oppinion, se contenteroit
gracieusement.

Le matin dont le bon Chevalier devoit desloger
apres disner, son hostesse, avecques ung de ses serviteurs portant une petite boete d'acier, entra en sa
chambre, où elle trouva qu'il se reposoit en une
chaire, apres soy estre fort pourmené, pour tousjours
peu à peu essayer sa jambe. Elle se gecta à deux genoulx; mais incontinent la releva, et ne voulut jamais

souffrir qu'elle dist une parolle que premier ne fust assise aupres de luy; et puis commença son propos en ceste maniere : « Monseigneur, la grace que Dieu me
« fist, à la prise de ceste ville, de vous adresser en ceste
« vostre maison ne me fut pas moindre que d'avoir
« sauvé la vie à mon mary, la myenne, et de mes
« deux filles, avecques leur honneur, qu'elles doivent
« avoir plus cher; et davantage, depuis que y arrivas-
« tes ne m'a esté fait, ne au moindre de mes gens, une
« seulle injure, mais toute courtoysie; et n'ont pris
« voz gens, des biens qu'ilz y ont trouvez, la valleur
« d'ung quatrin sans payer. Monseigneur, je suis assez
« advertye que mon mary, moy, mes enfans et tous
« ceulx de la maison sommes voz prisonniers, pour
« en faire et disposer à vostre bon plaisir, ensemble
« des biens qui sont ceans; mais congnoissant la no-
« blesse de vostre cueur, à qui nul autre ne pourroit
« attaindre, suis venue pour vous suplier treshumble-
« ment qu'il vous plaise avoir pitié de nous, en eslar-
« gissant vostre accoustumée liberalité. Vecy ung pe-
« tit present que nous vous faisons; il vous plaira le
« prendre en gré. » Alors prist la boete que le serviteur tenoit, et l'ouvrit devant le bon Chevalier, qui la
veit plaine de beaulx ducatz. Le gentil seigneur, qui
oncques en sa vie ne fist cas d'argent, se prist à rire,
et puis dist : « Madame, combien de ducatz y a il en
« ceste boete? » La povre femme eut paour qu'il feust
courroucé d'en veoir si peu, luy dist : « Monseigneur,
« il n'y a que deux mille cinq cens ducatz; mais si
« vous n'estes content, vous en trouverrons plus lar-
« gement. » Alors il dist : «Par ma foy, madame, quant
« vous me donneriez cent mille escus, ne m'auriez pas

« tant fait de bien que de la bonne chere que j'ay eue
« ceans, et de la bonne visitation que m'avez faicte;
« vous asseurant qu'en quelque lieu que je me trouve,
« aurez, tant que Dieu me donnera vie, ung gentil
« homme à vostre commandement. De voz ducatz, je
« n'en vueil point, et vous remercye; reprenez les :
« toute ma vie ay tousjours plus aymé beaucoup les
« gens que les escuz; et ne pensez aucunement que
« ne m'envoyse aussi content de vous, que si ceste
« ville estoit en vostre disposition et me l'eussiez
« donnée. »

La bonne dame fut bien estonnée de se veoir esconduyte. Si se remist encores à genoulx, mais gueres ne luy laissa le bon Chevalier; et relevée qu'elle fut, dist : « Monseigneur, je me sentirois à jamais la plus malheureuse femme du monde, si vous n'emportiez si « peu de present que je vous fais, qui n'est riens au « pris de la courtoysie que m'avez cy devant faicte, et « faictes encores à present, par vostre grande bonté. » Quant le bon Chevalier la veit ainsi ferme, et qu'elle faisoit le present d'ung si hardy courage, luy dist : « Bien doncques, madame, je le prens pour l'amour « de vous; mais allez moy querir voz deux filles, car « je leur vueil dire adieu. » La povre femme, qui cuydoit estre en paradis dequoy son present avoit en fin esté accepté, alla querir ses filles; lesquelles estoient fort belles, bonnes et bien enseignées, et avoient beaucoup donné de passetemps au bon Chevalier durant sa maladie, par ce qu'elles sçavoient fort bien chanter, jouer du luz et de l'espinete, et fort bien besongner à l'esguille. Si furent amenées devant le bon Chevalier, qui ce pendant qu'elles s'açoustroient avoit fait mettre

les ducatz en trois parties, es deux à chascune mille
ducatz, et à l'autre cinq cens. Elles arrivées, se vont
gecter à genoulx; mais incontinent furent relevées,
puis la plus aisnée des deux commença à dire : « Mon-
« seigneur, ces deux povres pucelles, à qui avez tant
« fait d'honneur que de les garder de toute injure,
« viennent prendre congé de vous, en remerciant tres-
« humblement vostre seigneurie de la grace qu'elles
« ont receue, dont à jamais, pour n'avoir autre puis-
« sance, seront tenues à prier Dieu pour vous. »
Le bon Chevalier, quasi larmoyant, en voyant tant
de doulceur et d'humilité en ces deux belles filles,
respondit : « Mes damoyselles, vous faictes ce que je
« devrois faire : c'est de vous remercier de la bonne
« compaignie que m'avez faicte, dont je m'en sens fort
« tenu et obligé. Vous sçavez que gens de guerre ne
« sont pas voulentiers chargez de belles besongnes
« pour presenter aux dames : de ma part me desplaist
« bien fort que n'en suis bien garny, pour vous en
« faire present, comme je suis tenu. Vecy vostre dame
« de mere, qui m'a donné deux mille cinq cens du-
« catz que vous voyez sur ceste table; je vous en
« donne à chascune mille pour vous ayder à marier :
« et, pour ma recompense, vous prierez, s'il vous
« plaist, Dieu pour moy. Autre chose ne vous de-
« mande. » Si leur mist les ducatz en leurs tabliers,
voulsissent ou non; puis s'adressa à son hostesse, à
laquelle il dist : « Madame, je prendray ces cinq cens
« ducatz à mon prouffit, pour les departir aux povres
« religions de dames qui ont esté pillées; et vous en
« donne la charge, car mieulx entendrez où sera la
« necessité que toute autre : et sur cela, je prens congé

« de vous. » Si leur toucha à toutes en la main, à la mode d'Ytalie; lesquelles se misrent à genoulx, plorans si tresfort qu'il sembloit qu'on les voulsist mener à la mort. Si dist la dame : « Fleur de chevalerie, à
« qui nul ne se doit comparer, le benoist sauveur et
« redempteur Jesuchrist, qui souffrit mort et passion
« pour tous les pecheurs, le vous vueille remunerer
« en ce monde icy et en l'autre ! » Apres s'en retirérent en leurs chambres. Il fut temps de disner.

Le bon Chevalier fist appeller son maistre d'hostel, auquel il dist que tout feust prest pour monter à cheval sur le midy. Le gentil homme du logis, qui ja avoit entendu par sa femme la grande courtoysie de son hoste, vint en sa chambre, et, le genoil en terre, le remercia cent mille fois, en luy offrant sa personne et tous ses biens, desquelz il luy dist qu'il povoit disposer comme siens, à ses plaisir et voulenté; dont le bon Chevalier le remercia, et le fist disner avecques luy. Et apres ne demoura gueres qu'il ne demandast les chevaulx, car ja luy tardoit beaucoup qu'il n'estoit avecques la compaignie par luy tant desirée, ayant belle paour que la bataille se donnast devant qu'il y feust.

Ainsi qu'il sortoit de sa chambre pour monter, les deux belles filles du logis descendirent, et luy firent chascune ung present, qu'elles avoient ouvré durant sa maladie : l'ung estoit deux jolis et mignons braceletz, faiz de beaulx cheveulx de fil d'or et d'argent, tant proprement que merveilles; l'autre estoit une bource sur satin cramoisy, ouvrée moult subtilement. Grandement les remercia, et dist que le present venoit de si bonne main qu'il estimoit dix mille escuz.

Et pour plus les honnorer se fist mettre les bracelletz au bras, et la bource mist en sa manche, les asseurant que tant qu'ilz dureroient les porteroit pour l'amour d'elles. Sur ces parolles monta à cheval le bon Chevalier, lequel fut acompaigné de son grant compaignon et parfaict amy le seigneur d'Aubigny, que le duc de Nemours avoit laissé pour la garde de la ville, et de plusieurs autres gentilz hommes deux ou trois mille; puis se dirent à Dieu. Les ungs retournerent à Bresse, et les autres au camp des François, où arriva le bon Chevalier le mercredy au soir, septiesme d'avril, devant Pasques. S'il fut receu du seigneur de Nemours, ensemble de tous les cappitaines, ne fault pas demander; et hommes d'armes et aventuriers en demenoient telle joye, qu'il sembloit pour sa venue que l'armée en feust renforcée de dix mille hommes. Le camp estoit arrivé ce soir là devant Ravenne, et les ennemys en estoient à six mille; mais le lendemain, qui fut le jeudy sainct, s'approcherent à deux mille.

CHAPITRE LII.

Comment le siege fut mis par le noble duc de Nemours devant Ravenne; et comment plusieurs assaulx y furent donnez le vendredy sainct, où les François furent repoussez.

Quant le gentil duc de Nemours fut arrivé devant Ravenne, assembla tous les cappitaines, sçavoir qu'il estoit de faire; car le camp des François commençoit fort à souffrir par faulte de vivres, qui y venoient à moult grant peine; et y avoit desja faulte de pain et de vin, par ce que les Veniciens avoient couppé les vivres d'ung costé, et l'armée des Espaignolz tenoit toute la coste de la Rommaigne : de sorte qu'il failloit aux aventuriers manger chair et fromage par contraincte. Il y avoit encores ung gros inconvenient, dont le duc de Nemours ne nul des cappitaines n'estoit adverty : c'est que l'Empereur avoit mandé aux cappitaines des lansquenetz que sur leur vie eussent à leur retirer incontinent sa lettre veue, et qu'ilz n'eussent à combatre les Espaignolz. Entre autres cappitaines almans, y en avoit deux principaulx : l'ung s'appelloit Philippes de Fribourg, et l'autre Jacob, qui si gentil compaignon estoit; et de fait tous deux estoient vaillans hommes, et duytz aux armes. Ceste lettre de l'Empereur estoit tumbée es mains du cappitaine Jacob : il estoit allé veoir le roy de France quelque fois en son royaulme, depuis qu'il estoit à son service, où il luy fut fait quelque present; de façon que son cueur fut tout françois. Pareillement ce duc de Nemours avoit tant gaigné les gens, que tous ceulx qu'il avoit avecquês luy feussent mors à sa requeste.

Entre tous les cappitaines françois, n'y en avoit nul que le cappitaine Jacob aymast tant qu'il faisoit le bon Chevalier; et commencea ceste amour dés le premier voyage de l'Empereur devant Padouc en l'an 1509, où le roy de France luy envoya cinq ou six cens hommes d'armes de secours. Quant il eut veu la lettre, et qu'il eut sceu la venue du bon Chevalier, le vint visiter à son logis avecques son truchement seulement; car de tout ce qu'il sçavoit de françois, c'estoit : *Bon jour, monseigneur.* Ilz se firent grant chere

l'ung à l'autre, comme la raison vouloit, et que chascun cherche son semblable; et deviserent de plusieurs choses, sans ce que personne les ouyst. En fin le cappitaine Jacob declaira au bon Chevalier ce que l'Empereur leur avoit mandé, et qu'il avoit encores les lettres, que personne n'avoit veues que luy : et ne les vouloit monstrer à nul de ses compaignons, car il sçavoit bien que si leurs lansquenetz en estoient advertis, la pluspart ne vouldroit point combatre, et se retireroient; mais que de luy il avoit le serment au roy de France, et sa soulde; et que, pour mourir de cent mille mors, ne feroit jamais ceste meschanseté qu'il ne combatist : mais qu'il se falloit haster, car il estoit impossible que l'Empereur ne renvoyast bien tost autres lettres, lesquelles pourroient venir à la notice des compaignons de guerre, et que par ce moyen les François pourroient avoir trop de dommage; car lesditz lansquenetz estoient la tierce part de leur force, pour y en avoir environ cinq mille. Le bon Chevalier, qui bien congnoissoit le gentil cueur du cappitaine Jacob, le loua merveilleusement, et luy dist par la bouche de son truchement : « Mon compaignon mon amy, ja-
« mais vostre cueur ne pensa une meschanseté. Vous
« m'avez autresfois dist qu'en Almaigne n'avez pas de
« grans biens : nostre maistre est riche et puissant,
« comme assez entendez, et en ung jour vous en peult
« faire dont serez riche et opulent toute vostre vie, car
« il vous ayme fort, et je le sçay bien. L'amour crois-
« tra davantage quant il sera informé de l'honneste
« tour que vous luy faictes à present; et il le sçaura,
« aydant Dieu, quant moy mesmes le luy debveroys
« dire. Vela monseigneur de Nemours, nostre chef,

« qui a mandé à son logis tous les cappitaines au con-
« seil : allons y vous et moy, et à part luy declaire-
« rons ce que m'avez dit. — C'est bien advisé, dist le
« cappitaine Jacob; allons y. »

Quant ilz furent au logis dudit duc de Nemours, se misrent en conseil, qui dura longuement. Et y eut de diverses oppinions; car les ungs ne conseilloient point le combatre, et avoient de bonnes raisons, disans que s'ilz perdoient ceste bataille, toute l'Ytalie estoit perdue pour le Roy leur maistre, et que d'entre eulx nul n'en eschapperoit, parce qu'ilz avoient trois ou quatre rivieres à passer; que tout le monde estoit contre eulx, Pape, roy d'Espaigne, Veniciens et Suisses, et que de l'Empereur n'estoient pas trop asseurez : parquoy vauldroit mieulx temporiser, que se hazarder en ceste maniere. Autres disoient qu'il convenoit combatre, ou mourir de faim comme meschans et lasches; et que desja estoient trop avant pour se retirer, sinon honteusement et en desordre. Bref, chascun en dist son oppinion.

Le bon duc de Nemours, qui avoit desja parlé au bon Chevalier et au cappitaine Jacob, avoit bien au long entendu ce que l'Empereur avoit mandé, et sçavoit bien qu'il estoit force de combatre; aussi qu'il ne venoit poste que le roy de France son oncle ne luy mandast de donner la bataille, et qu'il n'attendoit que l'heure d'estre assailly en son royaulme par deux ou trois endroitz. Il demanda toutesfois encores l'oppinion du bon Chevalier, lequel dist : « Monseigneur, vous
« sçavez que je vins encores hier; je ne sçai riens de
« l'estat des ennemys : messeigneurs mes compaignons
« les ont veuz et escarmouchez tous les jours, qui s'y

« congnoissent mieulx que moy. Je les ay ouyz, les
« ungs louer la bataille, les autres la blasmer; et puis
« qu'il vous plaist m'en demander mon oppinion, sauf
« vostre reverence et de messeigneurs qui cy sont, je la
« vous diray. Qu'il ne soit vray que toutes batailles sont
« perilleuses, si est, et qu'il ne faille bien regarder les
« choses avant que venir à ce point, si fait; mais, à
« congnoistre presentement l'affaire des ennemys et
« de nous, il semble quasi difficille que nous puis-
« sions departir sans bataille : la raison, que desja
« avez fait voz approuches devant ceste ville de Ra-
« venne, laquelle demain matin voulez canonner, et,
« la berche faicte, y faire donner l'assault. Ja estes vous
« adverty que le seigneur Marc Anthoine Colonne,
« qui est dedans puis huyt ou dix jours, y est entré
« soubz la promesse et foy jurée de domp Raymon de
« Cardonne, visroy de Naples et chief de l'armée de
« noz ennemys, de son oncle le seigneur Fabricio
« Colonne, ensemble du comte Pedro Navarre et de
« tous les cappitaines, que s'il peult tenir jusques à
« demain, ou pour le plustard au jour de Pasques,
« qu'ilz le viendront secourir. Or lesditz ennemys le
« luy monstrent bien, car ilz sont aux faulxbours de
« nostre armée. D'autre costé, tant plus sejournerez,
« et plus malheureux deviendrons, car noz gens n'ont
« nulz vivres, et fault que noz chevaulx vivent de ce
« que les saulles gectent à present; et puis vous voyez
« le Roy nostre maistre, qui chascun jour vous es-
« cript de donner la bataille, et que non seulement en
« voz mains repose la seureté de son duché de Milan,
« mais aussi tout son Estat de France, veu les ennemys
« qu'il a au jourd'huy. Parquoy, quant à moy, je suis

« d'advis qu'on la doibt donner, et y aller saigement,
« car nous avons à faire à gens cauteleux et bons
« combatans. Qu'elle ne soit dangereuse, si est; mais
« une chose me reconforte : les Espaignolz ont esté
« depuis ung an en ceste Rommaigne, tousjours nour-
« riz comme le poisson en l'eaue, et sont gras et re-
« pletz; noz gens ont eu et ont encores grant faulte de
« vivres, parquoy ilz en auront pluslongue alayne,
« et nous n'avons mestier d'autre chose; car qui plus
« longuement combattra, le camp lui demourera. »
Chascun commença à rire du propos; car si bien luy
advenoit à dire ce qu'il vouloit, que tout homme y
prenoit plaisir. Les seigneurs de Lautrec, de La Palisse, le grant seneschal de Normandie, le seigneur
de Crussol, et tout ou la pluspart des cappitaines, se
tindrent à l'oppinion du bon Chevalier, qui estoit de
donner la bataille; et dés l'heure en furent advertiz
tous les cappitaines de gens de cheval et de pied.

Le lendemain matin, qui fut le vendredy sainct, fut
canonnée la ville de Ravenne bien asprement; de
sorte que les ennemys, de leur camp, entendoient
bien à cler les coups de canon. Si deliberent, selon la
promesse qu'ilz avoient faicte, de secourir le seigneur
Marc Anthoine Coulonne dedans le jour de Pasques.
Durant la baterie furent blessez deux gaillars cappitaines françois, l'ung le seigneur d'Espy, maistre de
l'artillerie, et l'autre le seigneur de Chastillon, prevost de Paris [1], de coupz de hacquebute, l'ung au
bras, l'autre à la cuysse, dont depuis ilz moururent à
Ferrare, qui fut fort gros dommage. La berche faicte

[1] *Le seigneur de Chastillon, prevost de Paris* : Jacques de Coligny, oncle du fameux amiral de Coligny.

à la ville, ceulx qui avoient esté ordonnez pour l'assault, qui estoient deux cens hommes d'armes et trois mille hommes de pied, s'approcherent : le reste de l'armée se mist en belle et triumphante ordonnance de bataille, laquelle desireement ilz attendoient; et mille ans avoit que gens ne furent plus deliberez qu'ilz estoient, et à leurs gestes sembloit qu'ilz allassent aux nopces. Si tindrent escorte trois ou quatre grosses heures à leurs gens ordonnez pour assaillir, lesquelz firent à la ville de lours et divers assaulx. Et y fist tresbien son debvoir le viconte d'Estoges (1), lors lieutenant de messire Robert de La Marche, et le seigneur Federic de Bazolo; car plusieurs fois furent gectez du hault du fossé au bas. Si les assaillans faisoient bien leur debvoir, ceulx de la ville ne se faignoient pas.

Et là estoit en personne le seigneur Marc Anthoine Coulonne, qui disoit à ses gens : « Messei« gneurs, tenons bon, nous serons secouruz dedans « demain ou dimenche; je vous en asseure sur mon « honneur. La berche est fort petite : si nous sommes « pris, il nous tournera à grande lascheté, et davan« tage il est fait de nous. » Tant bien les confortoit ce seigneur Marc Anthoine, que le cueur leur croissoit de plus en plus; et, à dire aussi la verité, la berche n'estoit pas fort raisonnable.

Quant les François eurent donné cinq ou six assaulx, et qu'ils veirent qu'en ceste sorte n'emporteroient pas la ville, firent sonner la retraicte : et Dieu leur en ayda bien, car s'ilz l'eussent prise, jamais n'en

(1) *Le viconte d'Estoges* : René d'Anglare, aïeul du seigneur de Givry, qui fut l'un des plus fidèles serviteurs de Henri IV.

eussent retiré les aventuriers, pour le pillage, qui eust esté peult estre occasion de perdre la bataille. Quant le duc de Nemours sceut que ses gens se retiroient de l'assault, il fist pareillement retirer l'armée pour le soir, affin d'eulx reposer; car d'heure en autre estoit attendu le combat, pour estre leurs ennemys à deux mille ou environ d'eulx.

Le soir apres soupper, plusieurs cappitaines estoient au logis dudit duc de Nemours, devisans de plusieurs choses, mesmement de la bataille. Si adressa sa parole au bon Chevalier sans paour et sans reprouche icelluy seigneur de Nemours, et lui dist : « Monseigneur de
« Bayart, avant vostre venue les Espaignolz, par de
« noz gens qu'ils ont prins prisonniers, demandoient
« tousjours si estiez point en ce camp; et, à ce que j'en
« ay entendu, font grosse estime de vostre personne.
« Je serois d'advis, s'il vous semble bon, car ja de
« long temps congnoissez leur maniere de faire, que
« demain au matin ilz eussent de par vous quelque
« escarmouche, de sorte que les puissez faire mettre
« en bataille, et que voyez leur contenance. »

Le bon Chevalier, qui pas mieulx ne demandoit, respondit : « Monseigneur, je vous prometz ma foy
« que, Dieu aydant, devant qu'il soit demain midy je
« les verray de si pres que je vous en rapporteray des
« nouvelles. » Là estoit present le baron de Bearn (1), lieutenant du duc de Nemours, lequel estoit advantureux chevalier, et tousjours prest à l'escarmouche. Si pensa en soy mesmes que le bon Chevalier seroit bien matin levé s'il la dressoit plustost que luy, et

(1) *Le baron de Bearn* : Roger de Béarn, baron de Raval et vicomte de Conserans; il descendoit d'un bâtard de la maison de Foix.

assembla aucuns de ses plus privez, ausquelz il declaira son vouloir, à ce que ilz se teinsissent prestz au jour poignant. Vous orrez ce qu'il en advint.

CHAPITRE LIII.

D'une merveilleuse escarmouche qui fut entre les François et les Espaignolz le jour devant la bataille de Ravenne, où le bon Chevalier fist merveilles d'armes.

Suyvant la promesse que le bon Chevalier avoit faicte au duc de Nemours, luy arrivé à son logis appella son lieutenant le cappitaine Pierrepont, son enseigne, son guydon, et plusieurs autres de la compaignie, ausquelz il dist : « Messeigneurs, j'ay promis à
« monseigneur d'aller demain veoir les ennemys, et
« luy en apporter des nouvelles bien au vray : il fault
« adviser comment nous ferons à ce que nous y ayons
« honneur. Je suis deliberé de mener toute la com-
« paignie, et demain desployer les enseignes de mon-
« seigneur de Lorraine, qui n'ont encores point esté
« veues; j'espere qu'elles nous porteront bon heur; elles
« resjouyront beaucoup plus que les cornetes. Vous,
« bastard Du Fay, dist il à son guydon, prendrez cin-
« quante archiers, et passerez le canal au dessoubz de
« l'artillerie des Espaignolz, et yrez faire l'alarme de-
« dans leur camp le plus avant que vous pourrez; et
« quant vous verrez qu'il sera temps de vous retirer
« sans riens hazarder, le ferez jusques à ce que trou-
« vez le cappitaine Pierrepont, qui sera à vostre
« queue avecques trente hommes d'armes et le reste

« des archiers; et si tous deux estiez pressez, je seray
« apres vous à tout le reste de la compaignie, pour
« vous secourir. Et si l'affaire est conduit comme je
« l'entends, je vous asseure, sur ma foy, que nous y
« aurons honneur. ».

Chascun entendit bien ce qu'il avoit à faire; car non pas seullement les cappitaines de la compaignie, mais il n'y avoit homme d'armes en icelle qui ne meritast bien avoir charge soubz luy. Tout homme s'en alla reposer, jusques à ce qu'ils ouyssent la trompette qui les esveilla au point du jour, que chascun s'arma et mist en ordre, comme pour faire telle entreprise qu'ilz avoient en pensée. Si furent desployées et mises au vent les enseignes du gentil duc de Lorraine, qu'il faisoit fort beau veoir; et cela resjouyssoit les cueurs des gentilz hommes de la compaignie, qui commencerent à marcher, ainsi que ordonné avoit esté le soir precedent, en trois bendes, à trois gectz d'arc l'une de l'autre.

Riens ne sçavoit le bon Chevalier de l'entreprise du baron de Bearn, qui desja s'estoit mis aux champs, et avoit dressé ung chault alarme au camp des ennemys, tant qu'il l'avoit quasi tout mis en armes, et y fist ledit baron tresbien son devoir; mais en fin donna, de la part des ennemys, deux ou trois coups de canon dedans sa troppe, dont de l'ung fut emporté le bras droit d'ung fort gaillart gentil homme appellé Bazillac, et d'ung autre fut tué le cheval du seigneur de Bersac, galant homme d'armes, et tous deux de la compaignie du duc de Nemours, lequel fut bien desplaisant de l'inconvenient de Bazillac, car il l'aymoit à merveilles.

Apres ces coups d'artillerie, tout d'une flote vont donner cent ou six vingtz hommes d'armes, espaignolz et neapolitains, sur le baron, qui contrainct fut de reculler le pas, du pas au trot, et du trot au galop, tant que les premiers se vindrent embatre sur le bastard Du Fay, qui s'arresta, et en advertit le bon Chevalier, lequel luy manda incontinent qu'il se gectast en la troppe du cappitaine Pierrepont, et luy mesmes s'avança tant qu'il mist toute sa compaignie ensemble. Si veit retourner le baron de Bearn et ses gens quasi desconfitz, et les suyvoient Espaignolz et Neapolitains hardiement et fierement, lesquelz repasserent le canal apres luy.

Quant le bon Chevalier les veit de son costé, n'en eust pas voulu tenir cent mille escus. Si commença à cryer : *Avant, compaignons! secourons noz gens;* et dist à ceulx qui fuyoient : *Demourez, demourez, hommes d'armes; vous avez bon secours.* Si se mect le beau premier en une troppe des ennemys de cent à six vingtz hommes d'armes : il estoit trop aymé, et fut bien suivy. De la premiere pointe en fut porté par terre cinq ou six : toutesfois les autres se misrent en deffense fort honnestement, mais en fin tournerent le dos, et se misrent au grand galop droit au canal, lequel ilz repasserent à grosse diligence. L'alarme estoit desja en leur camp; de sorte que tout estoit en bataille, gens de pied et de cheval. Ce nonobstant, le bon Chevalier les mena, batant et chassant, jusques bien avant en leurdit camp, où il fist, et ceulx de sa compaignie, merveilles d'armes; car ilz abatirent tentes et pavillons, et pousserent par terre ce qu'ilz trouverent.

Le bon Chevalier, qui avoit tousjours l'œil au boys, va adviser une troppe de deux ou trois cens hommes d'armes qui venoient le grant trot, serrez en gens de guerre. Si dist au cappitaine Pierrepont : « Retirons « nous, car vecy trop gros effort. » La trompette sonna la retraicte, qui fut faicte sans perdre ung homme; et repasserent le canal, marchans droit en leur camp. Quant les Espaignolz veirent qu'ilz estoient repassez, et qu'ilz perdoient leur peine d'aller apres, se retirerent. Bien en passa cinq ou six, qui demanderent à rompre leur lance; mais le bon Chevalier ne voulut jamais que homme tournast, combien que de plusieurs de ses gens en fust assez requis; mais il doubtoit que par là se levast nouvelle escarmouche, et ses gens estoient assez travaillez pour le jour.

Le bon duc de Nemours avoit desja sceu comment tout l'affaire estoit allé avant que le bon Chevalier arrivast; auquel quant il l'apperceut, combien que tresdolent feust de l'inconvenient de Bazillac, le vint embrasser, et luy dist : « C'est vous et voz semblables, « monseigneur de Bayart mon amy, qui doivent aller « aux escarmouches; car bien sagement sçavez aller « et retourner. » Tous ceulx qui furent en ceste dure escarmouche disoient qu'oncques n'avoient veu homme faire tant d'armes, ne qui mieulx entendist la guerre, que le bon Chevalier.

Le lendemain, y en eut une bien plus aspre et cruelle, et dont François et Espaignolz mauldiront la journée toute leur vie.

CHAPITRE LIV.

De la cruelle et furieuse bataille de Ravenne, où les Espaignolz et Neapolitains furent desconfitz; et de la mort du gentil duc de Nemours.

Au retour de ceste chaulde escarmouche qu'avoit faicte le bon Chevalier sans paour et sans reprouche, et apres le disner, furent assemblez tous les cappitaines, tant de cheval que de pied, au logis du vertueux duc de Nemours, le passepreux de tous ceulx qui furent deux mille ans a; car on ne lyra point en cronicque ne hystoire d'empereur, roy, prince, ne autre seigneur, qui en si peu de temps ait fait de si belles choses que luy : mais cruelle mort le print en l'aage de vingt et quatre ans, qui fut abaissement et dommage irreparable à toute noblesse.

Or, les cappitaines assemblez, commença sa parolle le gentil duc de Nemours, et leur dist : « Messeigneurs, « vous voyez le pays où nous sommes, et comment « vivres nous deffaillent; et tant plus demourerions « en ceste sorte, et tant plus languirions. Ceste grosse « ville de Ravenne nous fait barbe d'ung costé; les en- « nemys sont à la portée d'ung canon de nous; les Ve- « niciens et Suysses, ainsi que m'escript le seigneur « Jehan Jacques, font myne de descendre ou duché « de Milan, où vous sçavez que nous n'avons laissé « gens, sinon bien peu. Davantage, le Roy mon oncle « me presse tous les jours de donner la bataille; et « croy qu'il m'en presseroit encores plus, s'il sçavoit

« comment nous sommes abstrainctz de vivres. Par-
« quoy, ayant regard à toutes ces choses, me semble,
« pour le prouffit de nostre maistre et pour le nostre,
« que plus ne devons delayer; mais, avecques l'ayde
« de Dieu qui y peult le tout, aillons trouver noz en-
« nemys : si la fortune nous est bonne, l'en louerons
« et remercirons; si elle nous est contraire, sa voulenté
« soit faicte. De ma part et à mon souhait, povez as-
« sez penser que j'en desire le gaing pour nous, mais
« j'aymerois mieulx y mourir qu'elle feust perdue; et
« si tant Dieu me veult oublier que je la perde, les
« ennemys seront bien lasches de me laisser vif, car je
« ne leur en donneray pas les occasions. Je vous ay icy
« tous assemblez, affin d'en prendre une occasion. »

Le seigneur de La Palisse dist qu'il n'estoit riens plus certain qu'il failloit donner la bataille, et plustost se gecteroient hors de peril. De ceste mesme oppinion furent les seigneur de Lautrec, grant seneschal de Normandie, grant escuyer de France, le seigneur de Crussol, cappitaine Loys d'Ars, et plusieurs autres; lesquelz prindrent conclusion que le lendemain, qui estoit le jour de Pasques, yroient trouver leurs en-nemys. Si fut dressé ung pont de bateaulx sur ung petit canal qui estoit entre les deux armées, pour pas-ser l'artillerie et les gens de pied; car des gens de cheval ilz traversoient le canal bien à leur aise, par ce que aux deux bortz on avoit fait des esplanades.

Le bon Chevalier sans paour et sans reprouche dist, present toute la compaignie, qu'il seroit bon de faire l'ordonnance de la bataille sur l'heure, affin que chas-cun sceust où il devroit estre; et qu'il avoit entendu par tout plain de prisonniers qui avoient esté au camp

3.

des Espaignolz qu'ilz ne faisoient que une troppe de tous leurs gens de pied, et deux de leurs gens de cheval; et que sur cela se faillioit renger. Les plus apparans de la compaignie dirent que c'estoit fort bien parlé, et qu'il y falloit adviser sur l'heure; ce qui fut fait en ceste sorte : c'est que les lansquenetz et les gens de pied des cappitaines Molart, Bonnet, Maugiron, baron de Grantmont, Bardassan et autres cappitaines, jusques au nombre de dix mille hommes, marcheroient tous en une flote, et les deux mille Gascons du cappitaine Odet et du capdet de Duras à leur costé; lesquelz tous ensemble yroient eulx parquer à la portée d'ung canon des ennemys, et devant eulx seroit mise l'artillerie : et puis à coup de canon les ungs contre les autres, à qui premier sortiroit de son fort; car les Espaignolz se logeoient tousjours en lieu avantageux, comme assez entendrez. Joignant les gens de pied, seroient le duc de Ferrare et seigneur de La Palisse, chefz de l'avant garde, avecques leurs compaignons; et quant et eulx les gentilz hommes, soubz le grant seneschal de Normandie, le grant escuyer, le seigneur d'Ymbercourt, La Crote, le seigneur Theode de Trevolz, et autres cappitaines, jusques au nombre de huyt cens hommes d'armes; et ung peu au dessus, et viz à viz d'eulx, seroit le duc de Nemours avecques sa compaignie, le seigneur de Lautrec (1) son cousin, qui fist merveilles d'armes ce jour, le seigneur d'Alegre, le cappitaine Loys d'Ars, le bon Chevalier et autres, jusques au nombre de quatre à cinq cens hommes d'ar-

---

(1) *Le seigneur de Lautrec*: Odet de Foix. Il se distingua sous le règne de François 1; sa sœur, la comtesse de Châteaubriant, fut maîtresse de ce prince.

mes; et les gens de pied ytaliens, dont il y avoit quatre mille ou environ, soubz la charge de deux freres gentilz hommes de Plaisance, les contes Nicolle et Francisque Scot, du marquis Malespine, et autres cappitaines ytaliens, demoureroient deça le canal pour donner seureté au bagaige, de paour que ceulx de Ravenne ne sortissent : et fut ordonné chief de tous les guydons le bastard Du Fay, qui passeroit le pont, et s'en donneroit garde jusques à ce qu'il feust mandé.

Les choses ainsi ordonnées, et le lendemain matin venu, commencerent premier à passer les lansquenetz. Quoy voyant par le gentil seigneur de Molart, dist à ses rustres : « Comment, compaignons, nous sera il « reprouché que les lansquenetz soient passez du costé « des ennemys plustost que nous? J'aymerois mieulx, « quant à moy, avoir perdu ung œil. » Si commencea, par ce que les lansquenetz occupoient le pont, à se mettre, tout chaussé et vestu, au beau gué dedans l'eaue, et ses gens apres (et fault sçavoir que l'eaue n'estoit point si peu profonde qu'ilz n'y feussent jusques au dessus du cul); et firent si bonne diligence qu'ilz furent plus tost passez que lesditz lansquenetz. Ce fait, fut toute l'artillerie passée et mise devant lesditz gens de pied, qui tantost se misrent en bataille; apres passa l'avantgarde des gens de cheval, et puis la bataille. Sur ces entrefaictes, fault que je vous face ung incident.

Le gentil duc de Nemours partit assez matin de son logis, armé de toutes pieces, excepté de l'armet. Il avoit ung fort gorgias acoustrement de broderie, aux armes de Navarre et de Foix; mais il estoit fort pesant. En sortant de sondit logis, regarda le soleil ja levé, qui estoit fort rouge : si commencea à dire à la

compaignie qui estoit autour de luy : « Regardez, mes-
« seigneurs, comme le soleil est rouge. » Là estoit ung
gentil homme qu'il aymoit à merveilles, fort gentil compaignon, qui s'appelloit Haubourdin, qui luy respondit : « Sçávez vous bien que c'est à dire, monseigneur?
« il mourra au jourd'hui quelque prince ou grant
« cappitaine : il fault que ce soit vous ou le visroy. »
Le duc de Nemours se print à rire de ce propos, car
il prenoit en jeu toutes les parolles dudit Haubourdin.
Si s'en alla jusques au pont veoir achever de passer son
armée, laquelle faisoit merveilleuse diligence.

Ce pendant le bon Chevalier le vint trouver, qui luy
dist : « Monseigneur, allons nous esbattre ung peu le
« long de ce canal, en attendant que tout soit passé. »
A quoy s'accorda le duc de Nemours; et mena en sa
compaignie le seigneur de Lautrec, le seigneur d'A-
legre, et quelques autres, jusques au nombre de vingt
chevaulx. L'alarme estoit gros au camp des Espaignolz,
comme gens qui s'attendoient d'avoir la bataille en ce
jour, et se mettoient en ordre comme pour recevoir
leurs mortelz ennemys. Le duc de Nemours, allant
ainsi à l'esbat, commencea à dire au bon Chevalier :
« Monseigneur de Bayart, nous sommes icy en bute
« fort belle; s'il y avoit des hacquebutiers du costé de
« delà cachés, ilz nous escarmoucheroient à leur
« aise. » Et, sur ces parolles, vont adviser une troppe
de vingt ou trente gentilz hommes espaignolz, entre
lesquelz estoit le cappitaine Pedro de Pas, chef de tous
leurs genetaires; et estoient lesditz gentilz hommes à
cheval. Si s'avança le bon Chevalier vingt ou trente
pas, et les salua, en leur disant : « Messeigneurs, vous
« vous esbatez comme nous, en attendant que le beau

« jeu se commence; je vous prie que l'on ne tire point
« de coups de hacquebute de vostre costé, et on ne
« vous en tirera point du nostre. »

Le cappitaine Pedro de Pas luy demanda qu'il
estoit; et il se nomma par son nom. Quant il entendit
que c'estoit le cappitaine Bayart, qui tant avoit eu de
renommée au royaulme de Naples, fut joyeulx à merveilles. Si luy dist en son langage : « Sur ma foy,
« monseigneur de Bayart, encores que je soye tout
« asseuré que nous n'avons riens gaigné en vostre
« arrivée, mais, par le contraire, j'en tiens vostre
« camp enforcy de deux mille hommes, si suis je
« bien aise de vous veoir; et pleust à Dieu qu'il y
« eust bonne paix entre vostre maistre et le mien, à
« ce que peussions deviser quelque peu ensemble,
« car tout le temps de ma vie vous ay aymé par vostre
« grande prouesse. » Le bon Chevalier, qui tant courtois estoit que nul plus, luy rendit son change au
double. Si regardoit Pedro de Pas que chascun honnoroit le duc de Nemours, qui demanda : « Seigneur
« de Bayart, qui est ce seigneur tant bien en ordre,
« et à qui voz gens portent tant d'honneur? » Le bon
Chevalier luy respondit : « C'est nostre chef, le duc
« de Nemours, nepveu de nostre prince, et frere à
« vostre Royne. » A grant peine il eut achevé son propos, que le cappitaine Pedro de Pas et tous ceulx qui
estoient avecques luy misrent pied à terre, et commencerent à dire, adressans leurs parolles au noble
prince : « Seigneur, sauf l'honneur et le service du
« Roy nostre maistre, vous declairons que nous
« sommes et voulons estre et demourer à jamais voz
« serviteurs. » Le duc de Nemours, comme plein de

courtoisie, les remercia, et puis leur dist : « (1) Mes-
« seigneurs, je voy bien que dedans au jourd'huy nous
« sçaurons à qui demourera la campaigne, à vous ou
« à nous; mais à grant peine se desmeslera cest affaire
« sans grande effusion de sang. Si vostre visroy vou-
« loit vuyder ce different de sa personne à la mienne,
« je ferois bien que tous mes amys et compaignons
« qui sont avecques moy s'y consentiront; et si je suis
« vaincu, s'en retourneront ou duché de Milan, et
« vous laisseront paisibles par deça : aussi, s'il est
« vaincu, que tous vous en retourniez au royaulme
« de Naples. » Quant il eut achevé son dire, luy fut
incontinent respondu par ung dit le marquis de La
Palule : « Seigneur, je croy que vostre gentil cueur
« vous feroit voulentiers faire ce que vous dictes;
« mais à mon advis que nostre visroy ne se fiera point
« tant en sa personne qu'il s'accorde à vostre dire. —
« Or à Dieu doncques, messeigneurs, dit le gentil
« prince; je m'en vois passer l'eaue, et prometz à Dieu
« de ne la repasser de ma vie que le camp ne soit
« vostre ou nostre. » Ainsi se departit des Espaignolz
le duc de Nemours. Allant et venant veoient tout acier
les ennemys, et comment ilz se mettoient en bataille;
mesmement leur avantgarde de gens de cheval, dont
estoit chef le seigneur Fabricio Coulonne, se monstroit
en belle veue, et toute descouverte. Si en parlerent le
seigneur d'Alegre et le bon Chevalier au duc de Nemours, et luy dirent : « Monseigneur, vous voyez
« bien ceste troppe de gens de cheval? — Ouy, dist
« il; ilz sont en belle veue. — Par ma foy, dist le sei-
« gneur d'Alegre, qui vouldra amener icy deux pieces

(1) Ce défi a été supprimé dans toutes les autres éditions.

« d'artillerie seulement, on leur fera ung merveilleux
« dommage. » Cela fut trouvé tresbon; et luy mesmes
alla faire amener ung canon et une longue coule-
vrine. Desja les Espaignolz avoient commencé à tirer
de leur camp, qui estoit fort à merveilles, car ilz
avoient ung bon fossé devant eulx. Derriere estoient
tous leurs gens de pied couchez sur le ventre, pour
doubte de l'artillerie des François. Devant eulx estoit
toute la leur en nombre de vingt pieces, que canons que
longues coulevrines, et environ deux cens hacquebutes
à croc; et entre deux hacquebutes avoient sur petites
charrettes à roues de grans pieces de fer aceré et tren-
chant, en maniere d'ung ronçon, pour faire rooller
dedans les gens de pied, quand ilz vouldroient entrer
parmy eulx. A leur esle estoit leur avantgarde, que
conduysoit le seigneur Fabricio Coulonne, où il y
avoit environ huyt cens hommes d'armes; et ung peu
plus hault estoit la bataille, en laquelle avoit plus de
quatre cens hommes d'armes, que menoit le visroy
domp Raymon de Cardonne; et joignant de luy avoit
seulement deux mille Ytaliens, que menoit Ramassot;
mais quant à la gendarmerie, on n'en ouyt jamais parler de mieulx en ordre, ne mieulx montez.

Le duc de Nemours, passé qu'il eust la riviere,
commanda que chascun marchast. Les Espaignolz tiroient en la troppe des gens de pied françois comme
en une bute, et en tuerent, avant que venir au combat,
plus de deux mille. Ilz tuerent aussi deux triumphans
hommes d'armes, l'ung appellé Iasses, et l'autre L'He-
risson. Aussi moururent ensemble, d'ung mesme coup
de canon, ces deux vaillans cappitaines, le seigneur
de Molart et Philippes de Fribourg; qui fut ung gros

dommage et grant desavantage pour les François, car ilz estoient deux apparens et aymez cappitaines, sur tout le seigneur de Molart, car tous ses gens se feussent faitz mourir pour luy. Il fault entendre que, nonobstant toute l'artillerie tirée par les Espaignolz, les François marchoient tousjours. Les deux pieces que le seigneur d'Alegre et le bon Chevalier avoient fait retourner deça le canal tiroient incessamment en la troppe du seigneur Fabricio, qui luy faisoient ung dommage non croyable, car il luy fut tué trois cens hommes d'armes ; et dist depuis, luy estant prisonnier à Ferrare, que d'ung coup de canon luy avoit esté emporté trente trois hommes d'armes. Cela faschoit fort aux Espaignolz, car ilz se veoyent tuer, et ne sçavoient de qui : mais le cappitaine Pedro Navarre avoit si bien conclud en leur conseil, qu'il estoit ordonné qu'on ne sortiroit point du fort jusques à ce que les François les y allassent assaillir, et qu'ilz se defferoient d'eulx mesmes. Il n'estoit riens si vray ; mais il ne fut plus possible au seigneur Fabricio de tenir ses gens, qui disoient en leur langage : *Coerpo de Dios, sommos matados del cielo; vamos combater los umbres.* Et commencerent, pour evader ces coups d'artillerie, à sortir de leur fort, et entrer en ung beau champ pour aller combatre.

Ilz ne prindrent pas le chemin droit à l'avantgarde, mais adviserent la bataille où estoit ce vertueux prince duc de Nemours, avec petite troppe de gendarmerie ; si tirerent ceste part. Les François de la bataille, joyeulx d'avoir le premier combat, baisserent la veue, et d'ung hardy courage marcherent droit à leurs ennemys, lesquelz se misrent en deux troppes,

pour par ce moyen enclorre ceste petite bataille.
De ceste ruse s'apperceut bien le bon Chevalier, qui
dist au duc de Nemours : « Monseigneur, mectons nous
« en deux parties, jusques à ce qu'ayons passé le
« fossé ; car ilz nous veullent enclorre. » Cela fut incontinent fait, et se departirent. Les Espaignolz firent
ung bruyt et ung cry merveilleux à l'aborder : *Espaigne, Espaigne! Sant Yago! aux canailles, aux
canailles!* Furieusement venoient ; mais plus furieusement furent receuz des François, qui cryoient aussi :
France, France! aux chevaulx, aux chevaulx! car les
Espaignolz ne taschoient à autre chose, sinon d'arrivée tuer les chevaulx, pource qu'ilz ont ung proverbe
qui dit : *Moerto el cavaillo, perdido l'umbre d'armes.*

Depuis que Dieu crea ciel et terre, ne fut veu ung
plus cruel ne dur assault que François et Espaignolz
se livrerent les ungz aux autres ; et dura plus d'une
grande demye heure ce combat. Ilz se reposoient les
ungs devant les autres pour reprendre leur alayne, puis
baissoient la veue, et recommençoient de plus belle,
criant *France!* et *Espaigne!* le plus impetueusement
du monde. Les Espaignolz estoient la moytié plus que
les François. Si s'en courut le seigneur d'Alegre droit
à son avantgarde, et de loing advisa la bende de messire Robert de La Marche, qui portoient en devise :
Blanc et noir ; si leur escria : *Blanc et noir, marchez,
marchez!* et aussi les archiers de la garde. Le duc
de Ferrare et seigneur de La Palisse penserent bien
que, sans grant besoing, le seigneur d'Alegre ne les
estoit pas venu querir. Si les firent incontinent desloger, et à bride abatue vindrent secourir le duc de
Nemours et sa bende, laquelle, combien qu'elle feust

de peu de nombre, reculloient tousjours peu à peu les Espaignolz.

A l'arrivée de ceste fresche bende, y eut ung terrible hutin ; car les Espaignolz furent vivement assaillis. Les archiers de la garde avoient de petites coignées dont ilz faisoient leurs loges, qui estoient pendues à l'arson de la selle des chevaulx : ilz les misrent en besongne, et donnoient de grans et rudes coups sur l'armet de ces Espaignolz, qui les estonnoit merveilleusement. Oncques si furieux combat ne fut veu ; mais en fin convint aux Espaignolz habandonner le camp, sur lequel et entre deux fossez moururent trois ou quatre cens hommes d'armes ; aucuns princes du royaulme de Naples y furent prins prisonniers, ausquelz on sauva la vie. Chascun se vouloit mettre à la chasse ; mais le bon Chevalier sans paour et sans reprouche dist au vaillant duc de Nemours, qui estoit tout plein de sang et de cervelle d'ung de ses hommes d'armes qui avoit esté emporté d'une piece d'artillerie : « Monseigneur,
« estes vous blessé ? — Non, dist il, Dieu mercy ; mais
« j'en ay bien blessé d'autres. — Or, Dieu soit loué,
« dist le bon Chevalier, vous avez gaigné la bataille, et
« demourrez au jourd'huy le plus honnoré prince du
« monde. Mais ne tirez plus avant, et rassemblez vos-
« tre gendarmerie en ce lieu ; qu'on ne se mecte point
« au pillage encores, car il n'est pas temps : le cappi-
« taine Loys d'Ars et moy allons apres ces fuyans, à
« ce qu'ilz ne se retirent derriere leurs gens de pied ; et
« pour homme vivant ne departez point d'icy que le-
« dit cappitaine Loys d'Ars ou moy ne vous viengnons
« querir. » Ce qu'il promist faire ; mais il ne le tint pas, dont mal luy en print.

Vous avez entendu comment les gens de pied des Espaignolz estoient couchez sur le ventre, en ung fort merveilleux et dangereux à assaillir, car on ne les voyoit point. Si fut ordonné que les deux mille Gascons yroient sur la queue deslacher leur traict, qui seroit cause de les faire lever : or les gens de pied françois n'en estoient pas loing de deux picques, mais le fort estoit trop desavantageux ; car, pour ne veoir point leurs ennemys, ilz ne sçavoient par où ilz devoient entrer. Le cappitaine Odet et le capdet de Duras dirent qu'ilz estoient tous prestz d'aller faire lever les Espaignolz, mais qu'on leur baillast quelques gens de picque, à ce que, apres que leurs gens auroient tiré, s'il sortoit quelques enseignes sur eulx, ilz feussent soustenuz : cela estoit raisonnable ; et y alla avecques eulx le seigneur de Moncaure, qui avoit mille Picars. Les Gascons deslacherent tresbien leur traict, et navrerent plusieurs Espaignolz; à qui il ne pleut gueres, comme ilz monstrerent, car tout soubdainement se leverent en belle ordonnance de bataille, et du derriere sortirent deux enseignes de mille ou douze cens hommes, qui vindrent donner dedans ces Gascons. Je ne sçay de qui fut la faulte ou d'eulx ou des Picars, mais ilz furent rompuz des Espaignolz ; et y fut tué le seigneur de Moncaure, le chevalier Desbories, lieutenant du cappitaine Odet, le lieutenant du capdet de Duras, et plusieurs autres.

A qui il ne pleut gueres, ce fut à leurs amys : mais les Espaignolz en firent une grant huée, comme s'ilz eussent gaigné entierement la bataille. Toutesfois ilz congnoissoient bien qu'elle estoit perdue pour eulx, et ne voulurent pas retourner en derriere ces deux enseignes qui avoient rompu les Gascons; mais se delibererent d'aller gaigner Ravenne, et se misrent sur la chaussée du canal, où ilz marchoient trois ou quatre de fronc. Je laisseray ung peu à parler d'eulx, et retourneray à la grosse flote des gens de pied françois et espaignolz. C'est que quant lesditz Espaignolz furent levez, se vont presenter sur le bord de leur fossé, où les François livrerent fier, dur et aspre assault; mais ilz furent serviz de hacquebutes à merveilles, de sorte qu'il en fut beaucoup tué; mesmement le gentil cappitaine Jacob eut ung coup au travers du corps, dont il tumba; mais soubdain se releva, et dist à ses gens en almant: « Messeigneurs, servons au jourd'hui le roy « de France aussi bien qu'il nous a traictez. » Le bon gentil homme ne parla depuis, car incontinent tumba mort. Il avoit ung cappitaine soubz lui, nommé Fabien [1], ung des beaulx et grans hommes qu'on veit jamais; lequel, quant il apperceut son bon maistre mort, ne voulut plus vivre, mais bien fist une des grandes hardiesses qu'oncques homme sceut faire; car, ainsi que les Espaignolz avoient ung gros hoc de picques croysées au bort de leur fossé, qui gardoit que les François ne povoient entrer, ce cappitaine Fabien voulant plustost mourir qu'il ne vengeast la mort de son gentil cappitaine, print sa picque par le travers: il estoit grant à merveilles, et tenant ainsi sa picque, la mist dessus celles des Espaignolz, qui estoient couchées, et de sa grande puissance leur fist mettre le fer en terre. Quoy voyant par les François, pousserent roidement, et entrerent dedans le fossé; mais pour le passer y eut ung meurdre merveilleux,

---

[1] *Nommé Fabien*: Fabicin de Schlaberstorf; il étoit Saxon.

car oncques gens ne firent plus de deffense que les Espaignolz, qui, encores n'ayant plus bras ne jambe entiere, mordoient leurs ennemys. Sur ceste entrée y eut plusieurs cappitaines françois mors, comme le baron de Grantmont, le cappitaine Maugiron, qui y fist d'armes le possible, le seigneur de Bardassan. Le cappitaine Bonnet eut ung coup de picque dedans le fronc, dont le fer luy demoura en la teste. Brief, les François y receurent gros dommage; mais plus les Espaignolz, car la gendarmerie de l'avantgarde françoise leur vint donner sur le costé, qui les rompit du tout; et furent tous mors et mis en pieces, excepté le conte Pedro Navarre, qui fut prisonnier, et quelques autres cappitaines.

Il fault retourner à ces deux enseignes qui s'enfuyoient pour cuyder gaigner Ravenne; mais en chemin rencontrerent le bastard Du Fay et les guydons et archiers, qui leur firent retourner le visage le long de la chaussée : gueres ne les suyvit le bastard Du Fay, mais retourna droit au gros affaire, où il servit merveilleusement bien. Entendre devez que quant ces deux enseignes sortirent de la troppe, et qu'ilz eurent deffaictz les Gascons, plusieurs s'en fuyrent, et aucuns jusques au lieu où estoit le vertueux duc de Nemours, lequel, venant au devant d'eulx, demanda que c'estoit. Ung paillart respondit : « Ce sont les Espaignolz qui « nous ont deffaictz. » Le povre prince, cuydant que ce feust la troppe de ses gens de pied, fut desesperé, et, sans regarder qui le suyvoit, se va gecter sur ceste chaussée par laquelle se retiroient ces deux enseignes, qui le vont rencontrer en leur chemin, et bien quatorze ou quinze hommes d'armes. Ilz avoient encores rechargé quelques hacquebutes, qui vont deslacher, et puis à coups de picque sur ce gentil duc de Nemours et sur ceulx qui estoient avecques luy, lesquelz ne se povoient gueres bien remuer, car la chaussée estoit estroicte, et d'ung costé le canal où on ne povoit descendre, de l'autre y avoit ung merveilleux fossé que l'on ne povoit passer. Brief, tous ceulx qui estoient avecques le duc de Nemours furent gectez en l'eaue, ou tumbez dedans le fossé. Le bon duc eut les jarretz de son cheval couppez : si se mist à pied, l'espée au poing; et oncques Rolant ne fist à Roncevaulx tant d'armes qu'il en fist là, ne pareillement son cousin le seigneur de Lautrec, lequel veit bien le grant dangier où il estoit, et cryoit tant qu'il povoit aux Espaignolz : « Ne le tuez pas! c'est nostre visroy, le frere « à vostre Royne. » Quoy que ce feust, le povre seigneur y demoura, apres avoir eu plusieurs playes; car, depuis le menton jusques au fronc, en avoit quatorze ou quinze; et par là monstroit bien le gentil prince qu'il n'avoit pas tourné le doz.

Dedans le canal fut noyé le filz du seigneur d'Alegre, nommé Viverolz, et son pere tué à la deffaicte des gens de pied; le seigneur de Lautrec y fut laissé pour mort, et assez d'autres. Ces deux enseignes se sauverent le long de la chaussée, qui duroit plus de dix mille; et quant ilz furent à cinq ou six mille du camp, rencontrerent le bon Chevalier, qui venoit de la chasse avecques environ trente ou quarante hommes d'armes tant las et travaillez que merveilles. Toutesfois il se delibera de charger ses ennemys; mais ung cappitaine sortit de la troppe, qui commença à dire en son langaige : « Seigneur, que voulez vous faire ? Assez con-

« gnoissez n'estre pas puissant pour nous deffaire. Vous
« avez gaigné la bataille et tué tous noz gens; suffise vous
« de l'honneur que vous avez eu, et nous laissez aller
« la vie sauve, car par la voulenté de Dieu sommes
« eschappez. » Le bon Chevalier congneut bien que
l'Espaignol disoit vray; aussi n'avoit il cheval qui se
peust soustenir : toutesfois il demanda les enseignes,
qui luy furent baillées; et puis ilz s'ouvrirent, et il
passa parmy eulx, et les laissa aller. Las! il ne sçavoit pas que le bon duc de Nemours feust mort, ne
que ce feussent ceulx qui l'avoient tué; car il feust
avant mort de dix mille mors, qu'il ne l'eust vengé,
s'il l'eust sceu. Durant la bataille, et avant la totalle
deffaicte, s'en fuyt domp Raynon de Cardonne (1),
visroy de Naples, environ trois cens hommes d'armes,
et le cappitaine Ramassot avecques ses gens de pied;
le demourant fut mort ou pris.

Le bon Chevalier et tous les François retournerent
de la chasse environ quatre heures apres midy, et la
bataille estoit commencée environ huyt heures de matin. Chascun fut adverty de la mort de ce vertueux et
noble prince le gentil duc de Nemours, dont ung
dueil commença au camp des François, si merveilleux que je ne cuyde point, s'il feust arrivé deux
mille hommes de pied fraiz, et deux cens hommes

(1) *S'en fuyt domp Raymon de Cardonne* : « Sur la fin de la jour-
« née, dit Champier, le viceroy de Naples voulut descendre de che-
« val, et monter sur ung aultre moult beau; mais le noble Bayard le
« surprit de si pres que il n'eut loisir de monter, et bouta en fuyte; et
« print Bayard le cheval sur lequel il vouloit monter, lequel depuis
« donna à monseigneur de Lorraine. Ce cheval j'ai veu plusieurs fois à
« Nancy, lequel estoit le plus bel et hardy cheval et mieulx harnaché
« que je vis oncques. »

d'armes, qu'ilz n'eussent tout deffaict, tant de la peine et fatigue que tout au long du jour avoient souffert (car nul ne fut exempté de combattre s'il voulut), que aussi la grande et extreme douleur qu'ilz portoient en leur cueur de la mort de leur chef, lequel par ses gentilz hommes, en grans pleurs et plains, fut porté à son logis. Il y a eu plusieurs batailles depuis que Dieu crea ciel et terre; mais jamais n'en fut veu, pour le nombre qu'il y avoit, de si cruelle, si furieuse, ne mieulx combatue de toutes les deux parties, que la bataille de Ravenne (1).

(1) *Que la bataille de Ravenne* : Nous croyons devoir placer ici une relation de cette bataille, faite par Bayard, et adressée à Laurent Alleman, son oncle.

« Monsieur, si treshumblement que faire puis, à vostre bonne grace
« me recommande.

« Monsieur, depuis que dernierement vous ay escrit, avons eu,
« comme ja avez peu sçavoir, la bataille contre nos ennemis : mais, pour
« vous en advertir bien au long, la chose fut telle. C'est que nostre ar-
« mée vint loger aupres de cette ville de Ravenne; nos ennemis y feu-
« rent aussi-tost que nous, afin de donner cœur à ladite ville ; et au
« moyen, tant d'aucunes nouvelles qui couroient chacun jour de la
« descente des Suisses, qu'aussi la faute de vivres qu'avions en nostre
« camp, monsieur de Nemours se delibera de donner la bataille, et
« dimanche dernier passa une petite riviere qui estoit entre nosdits
« ennemis et nous. Si les vinsmes rencontrer : ils marchoient en tres-
« bel ordre, et estoient plus de dix-sept cens hommes d'armes, les
« plus gorgias et triomphans qu'on vid jamais, et bien quatorze mille
« hommes de pied, aussi gentils galands qu'on sçauroit dire. Si vin-
« drent environ mille hommes d'armes des leurs (comme gens deses-
« perez de ce que nostre artillerie les affoloit) ruer sur nostre bataille,
« en laquelle estoit M. de Nemours en personne, sa compagnie, celles
« de M. de Lorraine, de M. d'Ars, et autres, jusques au nombre de
« quatre cens hommes d'armes ou environ, qui receurent lesdits en-
« nemis de si grand cœur qu'on ne vid jamais mieux combattre. Entre
« nostre avant-garde, qui étoit de mille hommes d'armes, et nous, il
« y avoit de grands fossés, et aussi elle avoit affaire ailleurs que nous

CHAPITRE LV.

Des nobles hommes qui moururent à la cruelle bataille de Ravenne tant du costé des François que des Espaignolz, et des prisonniers. La prinse de la ville de Ravenne. Comment les François furent chassez deux moys apres d'Ytalie, en l'an 1512. De la griefve maladie du bon Chevalier; d'une fort grande courtoysie qu'il fist. Du voyage fait ou royaulme de Navarre; et de tout ce qui advint en ladicte année.

En ceste cruelle bataille fist le royaulme de France grosse perte; car le nompareil en prouesse qui feust au

« pouvoir secourir : si conveint à ladite bataille porter le faiz desdits
« mille hommes ou environ. Eu cet endroict, M. de Nemours rompit sa
« lance entre les deux batailles, et perça un homme d'armes des leurs
« tout en travers, et demie brassée davantage. Si feurent lesdits mille
« hommes d'armes defaits et mis en fuite; et, ainsi que leur donnions
« la chasse, vinsmes rencontrer leurs gens de pied aupres de leur
« artillerie, avec cinq ou six cens hommes d'armes qui estoient par-
« qués; et au devant d'eux avoient des charettes à deux roues, sur les-
« quelles il y avoit un grand fer à deux aisles, de la longueur de deux
« ou trois brasses; et estoient nos gens de pied combattus main à main.
« Leursdits gens de pied avoient tant d'arquebutes, que quand ce vint
« à l'aborder ils tuerent quasi tous nos capitaines de gens de pied, en
« voye d'esbranler et tourner le dos; mais ils feurent si bien secourus
« des geusd'armes, qu'apres bien combattre nosdits ennemis furent
« defaits, perdirent leur artillerie, et sept ou huit cens hommes d'ar-
« mes qui leur feurent tués, et la plupart de leurs capitaines, avec sept
« ou huit mille hommes de pied. Et ne sçait-on point qu'il se soit sau-
« vé aucuns capitaines que le viceroy; car nous ayons prisonniers les
« seigneurs Fabrice Colonne, le cardinal de Medicis, legat du Pape,
« Petro Navarre, le marquis de Pesquere, don Jean de Cardonne, et
« d'autres dont je ne sçay le nom. Ceux qui se sauverent furent chassez

4.

monde pour son aage y mourut : ce fut le gentil duc de Nemours, dont, tant que le monde aura durée, sera memoire. Il y avoit quelque intelligence secrete pour le faire roy de Naples s'il eust vescu, et s'en fut trouvé pape Julles mauvais marchant; mais il ne pleut pas à Dieu le laisser plusavant vivre. Je croy que les neuf

« huit ou dix milles, et s'en vont par les montagnes ecartez : encor
« dit-on que les vilains les ont mis en pieces.

« Monsieur, si le Roy a gaigné la bataille, je vous jure que les pau-
« vres gentils-hommes l'ont bien perdue : car, ainsi que nous donnions
« la chasse, M. de Nemours vint trouver quelques gens de pied qui se
« rallioient : si voulut donner dedans, mais le gentil prince se trouva
« si mal accompagné qu'il y fut tué; dont de toutes les desplaisances
« et deuils qui furent jamais faits ne fut pareil que celuy qu'on a de-
« mené et qu'on demene encore en nostre camp, car il semble que
« nous ayons perdu la bataille. Bien vous promets-je, monsieur, que
« c'est le plus grand dommage de prince qui mourut cent ans a; et s'il
« eut vescu aage d'homme, il eut fait des choses que onques prince
« ne fit, et peuvent bien dire ceux qui sont deçà qu'ils ont perdu
« leur pere; et de moy, monsieur, je n'y sçaurois vivre qu'en mélan-
« colie, car j'ay tant perdu que je ne le vous sçaurois escrire.

« Monsieur, en d'autres lieux furent tuez M. d'Alegre et son fils,
« M. Du Molar, six capitaines allemands, et le capitaine Jacob, leur
« colonel; le capitaine Maugiron, le baron de Grantmont, et plus
« de deux cens gentils-hommes de nom, et tous d'estime, sans plus de
« deux mille hommes de pied des nostres; et vous asseure que de cent
« ans le royaume de France ne recouvrera la perte qu'y avons eue.

« Monsieur, hier matin fut amené le corps de feu Monsieur à Mi-
« lan, avec deux cens hommes d'armes, au plus grand honneur qu'on a
« sceu adviser; car on portoit devant luy dix-huit ou vingt enseignes,
« les plus triomphantes qu'on vid jamais, qui ont esté en cette bataille
« gagnées. Puisque cecy est despeché, je croy qu'aurons abstinence de
« guerre. Toutesfois les Suisses font quelque bruit toujours; mais
« quand ils sauront cette defaite, peut-estre ils mettront quelque peu
« d'eau en leur vin. Incontinent que les choses seront un peu appai-
« sées, je vous iray voir; priant Dieu, monsieur, qu'il vous donne
« tresbonne vie et longue. Escript au camp de Ravenne, ce quator-
« ziesme jour d'avril.

« Votre humble serviteur,   BAYART. »

preux luy avoient fait ceste requeste; car s'il eust vescu aage competant, les eust tous passez. Le gentil seigneur d'Alegre, et son filz le seigneur de Viverolz, y finerent leurs jours. Aussi firent le cappitaine La Crothe, le lieutenant du seigneur d'Ymbercourt, les cappitaines Molart, Jacob, Philippes de Fribourg, Maugiron, baron de Grantmont, Bardassan, et plusieurs autres cappitaines; des gens de pied environ trois mille hommes, et quatre vingtz hommes d'armes des ordonnances du roy de France, avecques sept de ses gentilz hommes et neuf archiers de sa garde; et de ce qui en demoura la pluspart estoient blecez. Les Espaignolz y eurent perte dont de cent ans ne seront reparez, car ilz perdirent vingt cappitaines de gens de pied, dix mille hommes, ou peu s'en faillit; et leur cappitaine general, le conte Pedro Navarre, y fut prisonnier. Des gens de cheval, furent tuez domp Menaldo de Cardonne, domp Pedro de Coignes, prieur de Messine, domp Diego de Guynonnes, le cappitaine Alnarade, le cappitaine Alonce de L'Esteille, et plus de trente cappitaines ou chefz d'enseignes, et bien huyt cens hommes d'armes, sans les prisonniers, qui furent domp Jehan de Cardonne, qui mourut en prison, le marquis de Betonte, le marquis de Licite, le marquis de La Padule, le marquis de Pescare, le duc de Trayete, le conte de Conche, le conte de Populo, et ung cent d'autres gros seigneurs et cappitaines, avecques le cardinal de Medicis, qui estoit legat du Pape en leur camp; ilz perdirent toute leur artillerie, hacquebutes et cariage. Brief, de bien vingt mille hommes qu'ilz estoient à cheval et à pied, n'en eschappa jamais quatre mille, que tous ne fussent mors ou pris.

Le lendemain, les adventuriers françois et lansquenetz pillerent la ville de Ravenne ; et se retira le seigneur Marc Anthoine Coulonne dedans la cytadelle, qui estoit bonne et forte. Le cappitaine Jacquyn, qui avoit si bien parlé à l'astrologue de Carpy, en fut cause, par dessus la deffence qui estoit faicte ; à l'occasion dequoy le seigneur de La Palisse le fist pendre et estrangler. Il y avoit bien entreprise d'aller plus avant, si le bon duc de Nemours feust demouré vif : mais par son trespas tout cessa, combien que Petre Morgant et le seigneur Robert Ursin avoient tresbien fait leur debvoir de ce qu'ilz avoient promis, aussi que le seigneur Jehan Jacques escripvoit chascun jour que les Veniciens et Suysses s'assembloient et vouloient descendre en la duché de Milan ; et l'empereur Maximilian commençoit desja secretement à se revolter.

Parquoy l'armée des François se mist au retour vers ladicte duché de Milan, où tous les cappitaines se trouverent en la ville ; lesquelz firent enterrer dedans le dosme le gentil duc de Nemours, en plusgrant triumphe que jamais avoit esté enterré prince ; car il y avoit plus de dix mille personnes portans le dueil, la pluspart à cheval, quarante enseignes prises sur ses ennemys, que l'on portoit devant son corps, traynans en terre, et ses enseigne et guidon apres, et prochains de sa personne, en demonstrant que c'estoient ceulx qui avoient abatu l'orgueil des autres. En ce doloreux obseque y eut grans pleurs et gemissemens.

Apres sa mort tous les cappitaines avoient esleu le seigneur de La Palisse pour leur chef, comme tresvertueulx chevalier, aussi que le seigneur de Lautrec estoit blessé à la mort, et avoit esté mené à Ferrare pour

se faire garir, où il eut si bon et gracieulx traictement
du duc et de la duchesse, qu'il revint en assez bonne
santé.

Le pape Julles, voulant tousjours continuer en son
charitable vouloir, fist du tout declarer l'Empereur
ennemy des François; lequel manda à si peu de lansquenetz qui estoient demourez apres la journée de
Ravenne avecques les François, qu'ilz eussent à se
retirer; dont le principal cappitaine estoit le frere du
cappitaine Jacob, lequel, à son mandement, s'en retourna et les emmena tous, excepté sept ou huyt cens
que ung jeune cappitaine aventurier, qui n'avoit que
perdre en Allemaigne, retint.

En ceste saison, ainsi que les François cuydoient
emmener le cardinal de Medicis en France, fut recoux à Petre de Qua, qui luy fut bonne fortune; et en
fut bien tenu à messire Mathé de Becarya, de Pavye,
qui fist cest exploit, car depuis il fut pape.

Peu apres, l'armée des Veniciens, Suysses et gens
de par le Pape, descendirent en gros nombre, qui
trouverent celle des François deffaicte et ruynée; et
combien qu'ilz feissent resistance en plusieurs passaiges, toutesfois en fin furent contrainctz eulx venir retirer à Pavye, que delibererent garder. Et furent ordonnez les cappitaines par les portes à fortiffier chascun
son quartier; ce qu'ilz commencerent tresbien : mais
peu y demourerent, car les ennemys y furent deux
jours apres. Les François avoient fait faire ung pont sur
bateaulx, combien qu'il y en eust ung de pierre audit
Pavye; mais c'estoit à fin que si aucun inconvenient
leur advenoit, eussent meilleure retraicte; ce qu'il advint
bien tost : car une journée (je ne sçay par quel moyen

ce fut) les Suysses entrerent en la ville par le chasteau, et vindrent jusques sur la place, où desja, au moyen de l'alarme, estoient les gens de pied et plusieurs gens de cheval, comme le cappitaine Loys d'Ars, qui en estoit lors gouverneur, et y fist merveilles d'armes. Si fist aussi le seigneur de La Palisse et le gentil seigneur d'Ymbercourt; mais sur tous le bon Chevalier fist choses non croyables, car il arresta, avecques vingt ou trente de ses hommes d'armes, les Suysses sur le cul plus de deulx heures, tousjours combatant; et durant ce temps luy fut tué deux chevaulx entre ses jambes. Ce pendant se retiroit l'artillerie pour passer le pont; et sur ces entrefaictes le cappitaine Pierrepont, qui alloit visitant les ennemys d'ung costé et d'autre, vint dire à la compaignie qui combatoit en la place : « Messeigneurs, retirez vous; car au dessus de nostre « pont de boys, en force petiz bateaulx, passent les « Suysses dix à dix : et si une fois passent quelque « nombre compectant, ilz gaigneront le bout de nostre « pont, et nous serons enclos en ceste ville, et tous « mis en pieces. » C'estoit ung saige et vaillant cappitaine : parquoy, à sa parolle, tousjours combatant, se retirerent les François jusques à leur pont, où, pour estre vivement poursuyvis, y eut lourt et dur escarmouche. Toutesfois les gens de cheval passerent, et demoura environ troys cens lansquenetz derriere pour garder le bord dudit pont. Mais ung grant malheur y advint; car ainsi que l'on achevoit de passer la derniere piece d'artillerie, qui estoit une longue coulevryne nommée *madame de Fourly*, et avoit esté regaignée sur les Espaignolz à Ravenne, elle enfondra la premiere barque; parquoy les povres lansquenetz, voyant qu'ilz estoient perduz, se saulverent au mieulx qu'ilz peurent : toutesfois y en eut aucuns tuez, et d'autres qui se noyerent au Tezin.

Quant les François eurent passé le pont, ilz le rompirent; parquoy ne furent plus poursuiviz. Mais ung grant malheur advint au bon Chevalier : ce fut qu'ainsy qu'il estoit au bout du pont pour le garder, fut tiré ung coup de faulconneau de la ville, qui luy fraya entre l'espaule et le col; de sorte que toute la chair luy fut emportée jusques à l'oz. Ceulx qui virent le coup cuydoient bien qu'il feust mort; mais luy, qui ne s'effraya jamais de chose qu'il veist, combien qu'il se sentist merveilleusement blessé, et par ce aussi qu'il congnoissoit bien n'estre pas à l'heure saison de faire l'estonné, dist à ses compaignons : « Messeigneurs, ce « n'est riens. » On mist paine de l'estancher le mieulx qu'on peut, avec mousse qu'on print aux arbres, et linge que aucuns de ses souldars prindrent à leurs chemises; car il n'y avoit nul cyrurgien là, à l'occasion du mauvais temps. Ainsi se retira l'armée des François jusques à Alexandrie, où le seigneur Jehan Jacques estoit allé devant leur faire faire ung pont. Gueres n'y sejournerent; mais leur convint du tout habandonner la Lombardie, excepté les chasteaulx de Milan et Cremonne, Lugan, Lucarne, la ville et le chasteau de Bresse, où estoit demouré le seigneur d'Aulbigny, et quelques autres places en la Vautelyne.

Les François repasserent les mons, et se logerent quelque temps es garnisons qui leur avoient esté ordonnées. Le bon Chevalier s'en retira droit à Grenoble pour visiter l'evesque son bon oncle, lequel long temps a n'avoit veu. C'estoit ung aussi vertueux et bien vivant prelat qu'il en feust pour lors ou monde. Il receut son nepveu tant honnestement que merveilles, et le fist loger en l'evesché, où chascun jour estoit traicté comme la pierre en l'or; et le venoient veoir les dames d'alentour Grenoble, mesmement celles de la ville, qui toutes ensemble ne se povoient saouller de le louer, dont il avoit grant honte.

Or, en ces entrefaictes, ne sçay si ce fut par le grant labeur que le bon Chevalier avoit souffert par plusieurs années, ou si ce fut par le coup du faulconneau qu'il eut à la retraicte de Pavye; mais une grosse fiebvre continue le va empoigner, qui luy dura dix-sept jours, de sorte que l'on n'y esperoit plus de vie. Le povre gentil homme, qui de maladie se voyoit ainsi abatu, faisoit les plus piteuses complainctes qu'on ouyt jamais; et, à l'ouyr parler, il eust eu bien dur cueur à qui les larmes ne feussent tumbées des yeulx : « Las! disoit-il, mon Dieu, puisque c'estoit
« ton bon plaisir m'oster de ce monde si tost, que ne
« fiz tu ceste grace de me faire mourir en la com-
« paignie de ce gentil prince le duc de Nemours, et
« avecques mes autres compaignons, à la journée de
« Ravenne, ou qu'il ne te pleut consentir que je fi-
« nasse à l'assault de Bresse, où je fus si griefvement
« blessé. Helas! j'en feusse mort beaucoup plus joyeulx,
« car aumoins j'eusse ensuivy mes bons predecesseurs,
« qui sont tousjours demourez aux batailles. Mon Dieu!
« et j'ay passé tant de gros dangiers d'artilleries, en
« batailles, en assaulx et en rencontres, dont tu m'as
« faict la grace d'estre eschappé, et il fault que pre-
« sentement je meure en mon lict comme une pucelle.
« Toutesfois, combien que je le desirasse autrement,

« ta saincte voulenté soit faicte. Je suis ung grant
« pecheur, mais j'ay espoir en ton infinie misericorde.
« Helas! mon Createur, je t'ay par le passé grande-
« ment offencé; mais si plus longuement eusse vescu,
« j'avoys bon espoir, avecques ta grace, de bien tost
« amender ma mauvaise vie. »

Ainsi faisoit ses regretz le bon Chevalier sans paour
et sans reprouche; et puis, par ce qu'il brusloit de
chaleur pour la grande fiebvre qui le tenoit, s'adres-
soit à monseigneur sainct Anthoine, en disant : « Hé!
« glorieux confesseur et vray amy de Dieu, sainct An-
« thoine, toute ma vie je t'ay tant aymé et tant eu de
« fiance en toy, et tu me laisses icy brusler en si ex-
« treme challeur, que je ne desire fors que briefve
« mort me prengne. Helas! et as tu point de souve-
« nance que, durant la guerre contre le Pape en Ytalie,
« moy estant logé à Rubere en une de tes maisons, je
« la garday de brusler, et sans moy y eust esté mis le
« feu; mais, en commemoration de ton sainct nom, je
« me loge dedans, combien qu'elle feust hors de la for-
« teresse et ou dangier des ennemys, qui nuyt et jour
« me povoient venir visiter sans trouver chose qui les
« en eust sceu garder; et toutesfois j'ayme mieulx de-
« mourer ung moys en ceste façon, que ta maison
« feust destruicte : aumoins je te supplie m'aleger de
« ceste grande challeur, et faire requeste à Dieu pour
« moy, ou que bien tost il me oste de ce miserable
« monde, ou qu'il me donne santé. » Tant piteusement
se dolosoit le bon Chevalier, qu'il n'y avoit personne
autour de luy qui ne fondist en larmes; mesmement
son bon oncle l'evesque, qui sans cesse estoit en oraison pour luy, et non pas luy seullement, mais tous

les nobles, bourgeois, marchans, religieux et religieuses, jour et nuyct estoient en prieres et oraisons pour luy; et n'est possible qu'en tant de peuple n'y eust quelque bonne personne que Nostre Seigneur voulut ouyr, comme assez apparut, car sa fiebvre le laissa peu à peu, et commença à reposer et donner goust aux viandes; de sorte qu'en quinze jours ou trois sepmaines, avecques le bon traictement, il en fut du tout guery, et aussi gaillart qu'il avoit jamais esté. Et se print à aller ung peu à l'esbat pres de la ville, visitant ses amys et les dames de maison en maison, à qui il faisoit force bancquetz pour se resjouyr; et tellement que, comme assez povez entendre qu'il n'estoit pas sainct (1), ung jour luy print voulenté d'avoir compaignie françoyse; si dist à ung sien varlet de chambre qu'on nommoit le bastard Cordon : « Bastard, je « te prie que aujourd'huy, à coucher avecques moy,

---

(1) *Povez entendre qu'il n'estoit pas sainct* : Bayard avoit eu en Italie une liaison amoureuse, sur les suites de laquelle le président d'Expilly donne les détails suivans :

« Il eut une fille naturelle d'une belle demoiselle de la maison de « Trecque, à Cantu, entre Milan et Côme. Il fit soigneusement nourrir « et élever cette fille, qui s'appelloit Jeanne, et l'aima autant que si « elle eût été légitime. Un an après la mort du pere, elle fut mariée à « François de Bocsozel, sieur de Chastelar, par ses trois oncles, dont « l'un étoit évêque de Glandêve, avec aussi ample et grosse dot que « si elle eût été légitime. Elle ne fut jamais qualifiée naturelle, ains pu- « rement fille du chevalier Bayard; et depuis, dans tous les contracts « passés avec ses oncles, ils l'appelloient leur niece, et l'ont toujours « grandement honorée. Elle a si bien vêcu, qu'on l'estima digne fille « d'un si digne pere. De François Bocsozel et de Jeanne Terrail sont « sortis de braves gentils hommes, dont il y a deux vivans à présent « [1651], tous deux sages et vaillans, qui se sont signalés par les armes « en de belles charges, pleins d'honneur et de vertu, qui ne demen- « tent pas le sang dont ils sont. »

« j'aye quelque belle fille; je croy que je ne m'en trou-
« veray que mieulx. »

Le bastard, qui estoit diligent, et vouloit bien complaire à son maistre, s'alla adresser à une povre gentil femme qui avoit une belle fille de l'aage de quinze ans, laquelle, pour la grande povreté en quoy elle estoit, consentit sa fille estre baillée quelque temps au bon Chevalier, esperant aussi que apres il la marieroit. Si fut la fille langagée par la mere, qui luy fist tant de remonstrances, que, nonobstant le bon vouloir qu'elle avoit, se condescendit au marché, moytié par amour et moytié par force. Si fut emmenée secrettement par le bastard au logis du bon Chevalier, et mise en une sienne garderobbe. Le temps fut venu de se retirer pour dormir : si s'en retourna à son logis ledit bon Chevalier, lequel avoit souppé en ung bancquet en la ville.

Arrivé qu'il feust, le bastard luy dist qu'il avoit une des belles jeunes filles du monde, et si estoit gentil femme; si le mena en la garderobbe, et la luy monstra. Belle estoit comme ung ange, mais tant avoit ploré que tous les yeulx luy en estoient enflez. Quant le bon Chevalier la veit en ceste sorte, luy dist : « Com-
« ment, m'amye, qu'avez vous? Ne sçavez-vous pas
« bien pourquoy vous estes venue icy? » La povre fille se mist à genoulx, et dist : « Helas! ouy, mon-
« seigneur, ma mere m'a dit que je feisse ce que vous
« vouldriez; toutesfois je suis vierge, et ne feiz jamais
« mal de mon corps, ne n'avoys pas voulenté d'en
« faire si je n'y feusse contraincte; mais nous sommes
« si povres ma mere et moy, que nous mourons de
« fain; et pleust à Dieu que je feusse bien morte, au

« moins ne seroye point ou nombre des malheureuses
« filles, et en deshonneur toute ma vie. » Et, disant
ces parolles, ploroit si tresfort qu'on ne la povoit appaiser.

Quant le bon Chevalier apperceut son noble courage, quasi larmoyant luy dist : « Vrayment, m'amye,
« je ne seray pas si meschant que je vous oste de
« vostre bon vouloir. » Et, changeant vice à vertu, la
prist par la main, et luy fist affubler ung manteau, et
au bastard prendre une torche, et la mena luy mesmes
coucher sur une gentil femme sa parente, qui se tenoit
pres de son logis. Et le lendemain matin envoya querir
la mere, à laquelle il dist : « Venez ça, m'amye; ne
« me mentez point : vostre fille est elle pucelle? qui
respondit : « Sur ma foy, monseigneur, quant le bas-
« tard la vint hier querir, jamais n'avoit eu congnois-
« sance d'homme. — Et n'estes vous doncques bien
« malheureuse, dist le bon Chevalier, de la vouloir
« faire meschante? » La povre femme eut honte et
paour, et ne sceut que respondre, sinon qu'elles estoient si povres que riens plus.

« Or, dist le bon Chevalier, ne faictes jamais ung
« si lasche tour que de vendre vostre fille, qui estes
« gentil femme; on vous en debveroit plus griefvement
« pugnir. Venez ça : avez vous personne qui la vous
« ait jamais demandée en mariage? — Ouy bien, dist
« elle, ung mien voisin, honneste homme; mais il de-
« mande six cens florins, et je n'en ay pas vaillant la
« moytié. — Et s'il avoit cela, l'espouseroit il? dist le
« bon Chevalier. — Ouy seurement, dist elle. » Alors
il prist une bourse qu'il avoit fait prendre au bastard,
et luy bailla trois cens escus, disant: « Tenez, m'amye,

« vela deux cens escus, qui vallent six cens florins de
« ce pays, et mieulx, pour marier vostre fille, et cent
« escus pour l'abiller. » Et puis fist encores compter
cent autres escus, qu'il donna à la mere; et commanda
au bastard qu'il ne les perdist jamais de veue, qu'il
n'eust veu la fille espousée : ce qu'elle fut trois jours
apres, et a fait depuis ung treshonnorable mesnage :
elle retira sa mere en sa maison. Et ainsi, par la grande
courtoysie et grande liberalité du bon Chevalier, la
chose fut ainsi menée qu'il est cy dessus recité. Je
croy que vous n'avez gueres leu en cronicque ny hystoire d'une plus grande honnesteté.

Icelluy bon Chevalier fut encores quelque temps
apres ou Daulphiné, faisant grosse chere, jusques à ce
que le roy de France son maistre envoya une armée en
Guyenne soubz la charge du duc de Longueville, pour
cuyder recouvrer le royaulme de Navarre, que depuis
ung peu avoit usurpé par force le roy d'Arragon sur
celluy qui le tenoit à juste tiltre; et n'y trouva ocasion, sinon qu'il estoit du party du roy de France.

Je ne sçay comment il alla de ce beau voyage; mais
apres y avoir longuement esté sans riens executer, la
grosse armée s'en retourna, et firent passer les montz
Pyrenées à une partie d'icelle, dont fut chief le seigneur de La Palisse. Et puis, aucun temps apres, luy
fut envoyé de renfort le bon Chevalier sans paour et
sans reprouche, qui luy mena quelques pieces de
grosse artillerie. Le roy de Navarre dechassé estoit
avecques eulx. Ils prindrent quelques petis fortz, puis
vindrent mettre le siege devant Pampelune. Ce pendant le bon Chevalier alla prendre ung chasteau, où
il eut gros honneur, comme vous entendrez.

CHAPITRE LVI.

Comment le bon Chevalier prist ung chasteau d'assault ou royaulme de Navarre, ce pendant qu'on assist le siege devant la ville de Pampelune, où il fist ung tour de sage et appert chevalier.

Ce pendant que le gentil seigneur de La Palisse plantoit avecques le roy de Navarre le siege devant la ville de Pampelune, fut advisé qu'il seroit bon d'aller prendre ung chasteau à quatre lieues de là, qui nuysoit merveilleusement au camp des François. Je croy bien qu'en la place n'y povoit pas avoir grosse force; toutesfois, par ce que l'on se doubtoit que dedans une petite ville pres de là, appellée le Pont la Royne, y pourroient estre quelques gens qui peult-estre la vouldroient secourir, fut advisé qu'on meneroit assez bonne bende de gens de cheval et de pied.

Le roy de Navarre et seigneur de La Palisse prierent au bon Chevalier qu'il voulsist prendre ceste entreprinse en main; et luy, qui jamais ne fut las de travail qu'on luy sceust bailler, l'accorda incontinent. Il prist sa compaignie, et celle du cappitaine Bonneval, hardy chevalier, quelque nombre d'adventuriers, et deux enseignes de lansquenetz, qui estoient de chascune de quatre cens hommes; et ainsi s'en alla tout de plain jour devant ceste place. Il envoya ung trompette, pour faire entendre à ceulx qui estoient dedans qu'ilz eussent à la mettre entre les mains de leur souverain le roy de Navarre, et qu'il les prendroit à mercy, et les laisseroit aller, leurs vies et bagues saufves; autrement, s'ilz estoient pris d'assault, seroient mis en pieces. Ceulx de la forteresse estoient gens de guerre que le duc de Nagere, et l'alcado de Las Donzelles, lieutenant oudit royaulme pour le roy d'Espaigne, y avoient mis; et estant tous bons et loyaulx serviteurs à leur maistre, firent responce qu'ilz ne rendroient point la place, et eulx encores moins. Le trompette en vint faire son rapport, lequel ouy par le bon Chevalier, ne fist autre delay, sinon de faire asseoir quatre grosses pieces d'artillerie qu'il avoit, et bien canonner la place, et vivement. Ceulx de dedans, qui estoient environ cent hommes, avoient force hacquebutes à croc et deux faulconneaux, qui firent tresbien leur devoir de tirer à leurs ennemys; mais si bien ne sceurent jouer leur roolle, qu'en moins d'une heure n'y eust berche à leur place assez grandete, mais mal aysée, pource qu'il failloit monter. Or en telles matieres fault autre chose que souhaiter.

Si fist le bon Chevalier sonner l'assault, et vint aux lansquenetz, les enhortant d'y aller. Leur truchement parla pour eulx, et dist que c'estoit leur ordonnance que toutesfois qu'il se prenoit place d'assault, qu'ilz devoient avoir double paye, et que si on leur vouloit promettre, yroient audit assault, autrement non. Le bon Chevalier n'entendoit point ces ordonnances: toutesfois il leur fist responce que sans nulle faulte, s'ilz prenoient la place, qu'ilz auroient ce qu'ilz demandoient; et leur en respondoit, pource qu'il ne vouloit pas demourer longuement là. Il eut beau promettre; mais au dyable le lansquenet qui monta jamais à la berche. Les adventuriers y allerent gaillardement, mais ilz furent lourdement repoussez par deux ou trois fois; et de fait ceulx qui deffendoient monstroient bien qu'ilz estoient gens de guerre.

Quant le bon Chevalier congneut leur cueur, pensa bien qu'il ne les auroit jamais de ceste lute. Si fist sonner la retraicte, laquelle faicte, fist encores tirer dix ou douze coups d'artillerie, faisant myne qu'il vouloit agrandir la berche; mais il avoit autre chose en pensée, car, ce pendant qu'on tiroit l'artillerie, vint à ung de ses hommes d'armes, fort gentil compaignon, qu'on nommoit Petit Jehan de La Vergne, auquel il dist : « La Vergne, si vous voulez, ferez ung bon ser-
« vice, et qui vous sera remuneré. Voyez vous bien
« ceste grosse tour qui est au coing de ce chasteau?
« Quant vous verrez que je feray recommencer l'as-
« sault, prenez deux ou trois eschelles, et avecques
« trente ou quarante hommes essayez de monter en
« ceste tour; car, sur ma vie, n'y trouverrez personne
« pour la deffendre; et si vous n'entrez en la place
« par là, dictes mal de moy. »

L'autre entendit tresbien le commandement. Si ne demoura gueres que l'assault ne feust recommencé, plus aspre que devant, où tous ceulx de la place vindrent pour deffendre la berche, et n'avoient regard ailleurs, car ilz n'eussent jamais pensé qu'on eust entré par autre lieu : dont ilz furent trompez, car La Vergne fist tresbien sa charge, et, sans estre d'eulx apperceu, dressa ses eschelles, par lesquelles il monta dedans ceste tour, et plus de cinquante compaignons avecques luy, lesquelz ne furent jamais veuz des ennemys qu'ilz ne feussent dedans la place, où ilz crierent : *France, France! Navarre, Navarre!* et vin-

drent ruer par le derriere sur ceulx qui estoient à
deffendre la berche, qui, pour estre surpris, furent
estonnez à merveilles. Toutesfois ilz se mirent en deffence, et firent devoir de bien combatre; mais leur
prouesse ne leur servit de gueres, car les assaillans
entrerent dedans, qui misrent tout en pieces, ou peu
s'en faillit; et fut toute la place courue et pillée. Ce
fait, le bon Chevalier y laissa ung des gentilz hommes
du roy de Navarre avecques quelques compaignons,
puis se mist au retour droit au camp.

Ainsi qu'il vouloit partir, deux ou trois cappitaines
de ses lansquenetz vindrent devers luy, et par leur
truchement luy firent dire qu'il leur tiensist sa promesse de leur faire bailler double paye, et que la
place avoit esté prise. De ce propos fut le bon Chevalier si fort fasché que merveilles, et respondit tout
courroucé au truchement : « Dictes à voz coquins
« de lansquenetz que je leur ferois plustost bailler
« chascun ung licol pour les pendre. Les meschans
« qu'ilz sont n'ont jamais voulu aller à l'assault, et
« ilz demandent double paye! J'en parleray à mon-
« seigneur de La Palice et à monseigneur de Suffoc (1)
« leur cappitaine general; mais ce sera pour les faire
« casser, ilz ne vallent pas putains. » Le truchement
leur dist le propos, et incontinent commencerent ung
bruyt merveilleux; mais le bon Chevalier fist sonner
à l'estandart, et assembla ses gensd'armes et adventuriers : de façon que s'ilz eussent fait semblant de

(1) *Monseigneur de Suffoc:* il étoit de la maison de La Pole. Pro-
scrit en Angleterre, il servoit dans les armées du roi de France.
Henri VIII avoit donné le titre de duc de Suffolck à Charles Brandon
son favori, qui depuis épousa la sœur de son maître, veuve de Louis XII.

5.

rien, estoit deliberé de les mettre en pieces. Ilz s'appaiserent petit à petit, et s'en vindrent au camp devant Pampelune, en troppe comme les autres. Il fault faire icy ung petit discours pour rire.

Quant le bon Chevalier fut arrivé, eut grant chere du roy de Navarre, du seigneur de La Palice, du duc de Suffoc, et de tous les cappitaines, ausquelz il compta la maniere de faire des lansquenetz, dont il y eut assez ris. Le soir, il donna à soupper à tout plain de cappitaines; et entre autres y estoit le duc de Suffoc, cappitaine general de tous les lansquenetz qui estoient au camp, dont il y avoit six ou sept mille.

Ainsi qu'ilz achevoient de soupper, va arriver ung lansquenet qui avoit assez bien beu; et quant il entra ne sçavoit qu'il devoit dire, sinon qu'il cherchoit le cappitaine Bayart pour le tuer, pour ce qu'il ne leur vouloit point faire bailler d'argent. Il parloit quelque peu de françois, et assez mauvais. Le cappitaine Pierrepont l'entendit, qui dist au bon Chevalier en ryant : « Monseigneur, vecy ung lansquenet qui vous cherche « pour vous tuer. » C'estoit la plus joyeuse et recreative personne qu'on eust sceu trouver. Si se leva de table, l'espée au poing, et s'adressa au lansquenet, en luy disant : « Esse vous qui voulez tuer le cappi- « taine Bayart? Le vecy, deffendez vous. » Le povre lansquenet, quelque yvre qu'il feust, eut belle paour, et respondit en assez mauvais langaige : « Ce n'est pas « moi qui veulx tuer le cappitaine Bayart tout seul, « mais ce sont tous les lansquenetz. — Ha ! sur mon « ame, dist le bon Chevalier qui pasmoit de rire, je « le quicte, et ne suis point deliberé moy seul de « combatre sept mille lansquenetz : appoinctement,

« compaignon, pour l'amour de Dieu. » Toute la compaignie se print si tresfort à rire du propos, que merveilles. Et fut assis à table le lansquenet viz à viz du bon Chevalier, qui le fist achever d'abiller, comme il estoit commencé : de sorte que avant qu'il partist de là promist que tant qu'il vivroit deffendroit le cappitaine Bayart envers et contre tous, et jura qu'il estoit homme de bien, et qui avoit bon vin. Le roy de Navarre et le seigneur de La Palisse le sceurent le soir, qui en rirent comme les autres.

Le lendemain de l'arrivée du bon Chevalier, commença l'artillerie à tirer contre la ville de Pampelune, qui fut batue assez bien, et y voulut on donner l'assault, qui fut essayé; mais si bien se deffendirent ceulx de dedans, qu'on la laissa là, et y eurent les François grosse perte. Dedans estoit ce gentil chevalier espaignol que l'on nommoit l'alcado de Las Donzelles (1).

Ce fut ung voyage assez malheureux; car les François, à leur entrée en Navarre, gasterent et dissiperent tous les biens, rompirent les moulins, et firent beaucoup d'autres choses, dont ilz eurent depuis grande indigence, car la famine y fut si grosse que plusieurs gens en moururent : et si n'y eut jamais en armée si grande necessité de souliers, car une meschante paire pour ung lacayz coustoit ung escu. Brief, tous ces malheurs assemblez, et aussi que le duc de Nagere estoit arrivé au Pont La Royne, pres de Pampelune, avecques ung secours de huyt ou dix mille hommes, fut le roy de Navarre conseillé, par le seigneur de La Palice et tous les cappitaines, de se retirer jusques à une autre saison. Si fut levé le siege en plain jour de de-

(1) *L'alcado de Las Donzelles* : Didago Fernandez de Cordoue.

vant Pampelune, et l'artillerie mise à chemin; mais peu de journées fut conduicte, car les montaignes par où elle devoit passer estoient trop estranges. Si furent contrainctz les François, apres que à force de gens et d'argent l'eurent menée trois journées, la laisser au pied d'une montaigne, où ilz la rompirent, aumoins la misrent en sorte que leurs ennemys ne s'en feussent sceu ayder.

Il fault entendre que, au repasser des montaignes Pirenées, y eut de grandes povretez, par le deffault des vivres; et si n'estoit heure au jour qu'il n'y eust alarme chault et aspre. Le duc de Suffoc, dit La Blanche Roze, cappitaine général des lansquenetz, y estoit, qui grande et parfaicte amytié avoit avecques le bon Chevalier. Ung jour qu'il avoit tant travaillé que plus n'en povoit, car toute ceste journée n'avoit beu ne mangé, ainsi qu'on se vouloit retirer d'une escarmouche, sur le soir bien tard, vint trouver icelluy bon Chevalier, auquel il dist: « Cappitaine Bayart
« mon amy, je meurs de fain; je vous prie, donnez
« moy au jourd'huy à soupper, car mes gens m'ont
« dit qu'il n'y a riens à mon logis. » Le bon Chevalier, qui ne s'estonna jamais de riens, respondit: « Ouy
« vrayement, monseigneur, et si serez bien traicté. »
Puis devant luy appella son maistre d'hostel, auquel il dist: « Monseigneur de Mylieu, allez devant faire
« haster le soupper; et que nous soyons ayses comme
« dedans Paris. » De laquelle parolle le duc de Suffoc rist ung quart d'heure; car desja y avoit deux jours qu'ilz ne mangeoient que pain de milet.

Bien vous asseure que, sans perdre gens que de famyne, les François firent une aussi belle retraicte que gens de guerre firent oncques : et sur tous y acquist ung merveilleux honneur le bon Chevalier, qui tousjours demoura sur la queue, tant que le dangier fust passé ; car voulentiers luy a l'on tousjours fait cest honneur aux affaires, qu'en allant a tousjours esté mis des premiers, et aux retraictes des derniers.

Bien joyeulx furent les François, quant par leurs journées eurent gaigné Bayonne, car ilz mangerent à leur aise : mais plusieurs gens de pied, qui estoient affamez, mangerent tant qu'il en mourut tout plain. Ce fut ung assez fascheux voyage.

En ceste année mourut le pape Julles, ce bon François ; et fut esleu en son lieu le cardinal de Medicis, pape Leon nommé.

Il vint aussi en la coste de Bretaigne quelque armée des Angloys, qui ne firent pas grant chose. Ung jour entre les autres, ung gros navire d'Angleterre, dicte *la Regente*, et une nef de la royne de France, duchesse de Bretaigne, nommée *la Cordeliere*, se trouverent, et s'acrocherent pour combatre. Durant le combat, quelcun gecta du feu dedans l'une des nefz ; mais finablement furent toutes deux bruslées. Les Anglois y firent grosse et lourde perte ; car sur ladicte Regente y avoit gros nombre de gentilz hommes quy moururent, sans leur estre possible trouver le moyen d'eschapper.

CHAPITRE LVII.

Comment le roy Henry d'Angleterre descendit en France, et comment il mist le siege devant Therouenne. D'une bataille dicte la journée des Esperons, où le bon Chevalier fist merveilles d'armes, et gros service en France.

En l'an 1513, vers le commencement, le roy de France renvoya une armée en Ytalie, soubz la charge de La Trimoille. Ja avoit esté fait l'appoinctement entre le roy de France et les Veniciens, qui y portoient faveur : toutesfois le cas alla assez mal pour les François, car ilz perdirent une journée contre les Suysses, et y furent les enfans de messire Robert de La Marche, qui avoient charge de lansquenetz, quasi laissez pour mors; et les alla querir leur pere dedans ung fossé. Si convint encores aux Françoys habandonner la Lombardie pour ceste année.

A leur retour fut adverty le roy de France comment Henry, roy d'Angleterre, alyé de l'empereur Maximilian, estoit descendu à Calays avecques grosse puissance pour entrer en son pays de Picardie ; ouquel, pour y resister, envoya incontinent grosse puissance, et fist son lieutenant general le seigneur de Pyennes gouverneur oudit pays.

Les Angloys, entrez qu'ilz feussent en la campagne, de pleine arrivée allerent planter le siege devant la ville de Therouenne, qui estoit bonne et forte, où, pour icelle garder, estoient commis deux treshardiz et gaillars gentilz hommes : l'ung, le seigneur de Theligny (1), seneschal de Rouergue, cappitaine saige et asseuré, et ung autre du pays mesmes, appellé le seigneur de Pontdormy, avecques leurs compaignies, quelques aventuriers françoys, avecques aucuns lansquenetz soubz la charge d'ung cappitaine Brandec. Ilz estoient tous gens de guerre, et pour bien garder la ville longuement s'ilz eussent eu vivres; mais ordinairement en France ne se font pas voulentiers les provisions de saison ne de raison. Le siege assis par les Anglois devant ladicte ville de Theroenne, commencerent à la canonner. Encores n'y estoit pas la personne du roy d'Angleterre, ains pour ses lieutenans y estoient le duc de Suffoc, messire Charles Brandon, et le cappitaine Talbot; mais peu de jours apres y arriva, qui ne fut pas sans avoir une grosse frayeur entre Calays et son siege de Theroenne, aupres d'ung village dit Tournehan; car bien cuyda là estre combatu par les François, qui estoient en nombre de douze cens hommes d'armes, tous bien deliberez. Mais avecques eulx n'avoient pour l'heure nulz de leurs gens de pied, qui leur fut gros malheur; et luy par le contraire n'avoit nulz gens de cheval, mais environ douze mille hommes de pied, duquel nombre estoient quatre mille lansquenetz. Si s'approcherent les deux armées à une portée de canon l'une de l'autre. Quoy voyant par le roy d'Angleterre, eut paour d'estre trahy: si descendit à pied, et se mist au meillieu des lansquenetz. Les Françoys vouloient donner dedans, et mesmement le bon Che-

(1) *Le seigneur de Theligny* : François de Teligny. Il fut l'aïeul de Charles de Teligny, qui épousa la fille du fameux amiral de Coligny, et qui périt avec son beau-père au massacre de la Saint-Barthelemy.

valier, qui dist au seigneur de Piennes plusieurs fois :
« Monseigneur, chargeons les; il ne nous en peult ad-
« venir dommage, sinon bien peu ; car si à la pre-
« miere charge les ouvrons, ilz sont rompuz; s'ilz nous
« repoussent, nous nous retirerons tousjours; ilz sont
« à pied, et nous à cheval. » Quasi tous les François
furent de ceste oppinion; mais ledit seigneur de Piennes
disoit : « Messeigneurs, j'ay charge, sur ma vie, du
« Roy nostre maistre, de ne riens hazarder, mais seul-
« lement garder son pays. Faictes ce qu'il vous plaira;
« mais, de ma part, je ne m'y consentiray point. »
Ainsi demoura ceste chose, et passa le roy d'Angleterre et sa bende au nez des François.

Le bon Chevalier, qui envys (1) eut laissé departir la
chose en ceste sorte, va donner sur la queue avecques
sa compaignie; et les fist serrer si bien, qu'il leur convint habandonner une piece d'artillerie dicte Sainct
Jehan; et en avoit le roy d'Angleterre encores unze
autres de ceste façon, et les appelloit ses douze apostres. Ceste piece fut gaignée, et amenée au camp des
François. Quant le roy d'Angleterre fut arrivé au
siege de Theroenne avecques ses gens, ne fault pas
demander s'il y eut joye demenée, car il estoit gaillart prince, et assez liberal. Trois ou quatre jours
apres, arriva l'empereur Maximilian avecques quelque
nombre de Hennuyers et Bourguignons. Si se firent
les princes grant chere l'ung à l'autre. Apres ce, furent
faictes les approuches devant la ville, et icelle canonnée furieusement. Ceulx de dedans respondoient de
mesmes, et faisoient leurs rampars au mieulx qu'ilz povoient; mais sans doubte ilz avoient necessité de vivres.

(1) *Envys* : à regret.

Le roy de France estoit marché jusques à Amyens, lequel mandoit tous les jours à son lieutenant general le seigneur de Piennes que, à quelque peril que ce feust, on advitaillast Theroenne. Cela ne se povoit faire sans grant hazart, car elle estoit toute enclose d'ennemys. Toutesfois, pour complaire au maistre (1), fut conclud qu'on yroit avecques toute la gendarmerie dresser ung alarme au camp ; et ce pendant que quelques ungs, ordonnez à porter des lartz pour mettre dedans la ville, les yroient gecter dedans les fossez, et que apres ceulx de la garnison les retireroient assez. Si fut pris le jour d'executer ceste entreprinse, dont le roy d'Angleterre et l'Empereur furent advertis, comme povez entendre, par quelques espies, dont assez s'en trouve parmy les armées ; et y en avoit alors de doubles, qui faignoient estre bons François, et ilz estoient du contraire party. Le jour ainsi ordonné d'aller advitailler la ville de Theroenne, monterent les cappitaines du roy de France à cheval, avecques leurs gensd'armes. Dés le poinct du jour, le roy d'Angleterre, qui sçavoit ceste entreprinse, avoit fait mectre au haut d'ung tertre dix ou douze mille archiers anglois et quatre ou cinq mille lansquenetz, avecques huyt ou dix pieces d'artillerie, affin que, quant les François seroient passez oultre, ilz descendissent, et leur couppassent chemin ; et par le devant avoit ordonné tous les gens de cheval, tant Anglois, Bourguignons que Hennuyers, pour les assaillir. Il

---

(1) *Toutesfois, pour complaire au maistre* : Champier raconte que, dans un conseil qui fut tenu avant cette tentative, Bayard fut d'avis, ou de livrer une bataille générale, ou de donner ordre à la garnison de Thérouane de se rendre.

fault entendre une chose que peu de gens ont sçeue, et qui ont donné blasme de ceste journée aux gentilz hommes de France à grant tort. C'est que tous les cappitaines françois declarerent à leurs gensd'armes que ceste course qu'ilz faisoient estoit seulement pour refreschir ceulx de Theroenne, et qu'ilz ne vouloient aucunement combatre : de sorte que s'ilz rencontroient les ennemys en grosse troppe, ilz vouloient qu'ilz retournassent au pas ; et s'ilz estoient pressez, du pas au trot, et du trot au galop ; car ilz ne vouloient riens hazarder.

Or commencerent à marcher les François, et approcherent la ville de Theroenne d'une lieue pres et plus, où commença l'escarmouche forte et rudde ; et tresbien fist son devoir la gendarmerie françoise, jusques à ce qu'ilz vont veoir sur le coustau ceste grosse troppe de gens de pied en deux bendes, qui estoient marchez plus avant qu'ilz n'estoient, et vouloient descendre pour les enclorre. Quoy voyant, fut la retraicte sonnée par les trompettes des François. Les gensd'armes, qui avoient leur leçon de leurs cappitaines, se misrent le grant pas au retour. Ilz furent pressez, et allerent le trot, et puis au grant galop : tellement que les premiers se vindrent gecter sur le seigneur de La Palice, qui estoit en la bataille avec le duc de Longueville, en si grande fureur qu'ilz misrent tout en desordre. Les chassans, qui tresbien poursuyvoient leur pointe, voyant si povre conduyte, pousserent tousjours oultre ; tellement qu'ilz firent du tout tourner le doz aux François. Le seigneur de La Palice et plusieurs autres y firent plus que leur debvoir, et cryoient à haulte voix : *Tourne, homme d'ar-*

mes, tourne, ce n'est riens! Mais cela né servoit de riens; ains chascun taschoit de venir gaigner leur camp, où estoit demourée l'artillerie et les gens de pied. En ce grant desordre fut prins prisonnier le duc de Longueville et plusieurs autres, comme le seigneur de La Palice; mais il eschappa des mains de ceulx qui l'avoient pris.

Le bon Chevalier sans paour et sans reprouche se retiroit à grant regret, et tousjours tournoit sur ses ennemys menu et souvent, avecques quatorze ou quinze hommes d'armes qui estoient demourez auprès de luy. Si vint en se retirant à trouver ung petit pont, où il ne povoit passer que deux hommes à cheval de fronc; et y avoit ung gros fossé plain d'eaue, qui venoit de plus de demye lieue loing, et alloit à bien demy quart de lieue plus bas faire mouldre ung moulin. Quant il fut sur ce pont, il dist à ceulx qui estoient avecques luy : « Messeigneurs, arrestons nous « icy ; car d'une heure noz ennemys ne gaigneront ce « pont sur nous. » Et puis il appella ung de ses archiers, auquel il dist : « Allez vistement à nostre « camp, et dictes à monseigneur de La Palice que « j'ay arresté les ennemys sur le cul pour le moins « d'icy à demye heure, et que ce pendant il face « chascun mettre en bataille, et qu'on ne s'espouvente « point, ains qu'il me semble qu'il doibt tout belle- « ment marcher ença ; car si les gens ainsi desroyez « poussoient jusques là, ilz se trouveroient deffaictz. » L'archer va droit au camp, et laissa le bon Chevalier avecques si peu de gens qu'il avoit, gardant ce petit pont, où il fist d'armes le possible. Les Bourguignons et Hennuyers y vindrent; mais là convint il combatre, car bonnement ne povoient passer à leur aise; et l'arrest qu'ilz firent là donna loysir aux François qui estoient retournez en leur camp d'eulx mettre en ordre et en deffence, si besoing en eust esté.

Quant les Bourguignons veirent que si peu de gens leur faisoient barbe, commencerent à crier qu'on fist venir des archiers à diligence, et aulcuns d'eulx les allerent haster. Ce pendant plus de deux cens chevaulx chevaucherent le long de ce ruysseau, et allerent trouver le moulin, où ilz passerent. Ainsi fut encloz le bon Chevalier de deux costez, lequel dist à ses gens : « Messeigneurs, rendons nous à ces gentilz hommes, car « nostre prouesse ne nous serviroit de riens; noz che- « vaulx sont recreuz; ilz sont dix contre ung. Noz « gens sont à trois lieues d'icy; et si nous attendons « encores ung peu, et les archiers anglois arrivent, « ilz nous mettront en pieces. » Sur ces parolles, vont arriver ces Bourguignons et Hennuyers, cryans *Bourgongne, Bourgongne!* et firent grosse envahye sur les François, qui, pour n'avoir moyen d'eulx plus deffendre, se rendoient l'ung ça et l'autre là aux plus apparens. Et, ainsi que chascun taschoit à prendre son prisonnier, le bon Chevalier va adviser ung gentil homme bien en ordre soubz de petitz arbres, lequel, pour la grande et extreme chaleur qu'il avoit, de façon qu'il n'en povoit plus, avoit osté son armet, et estoit tellement affligé et travaillé qu'il ne se daignoit amuser aux prisonniers. Si picqua son cheval droit à luy l'espée au poing, qu'il luy vient mettre sur la gorge, en luy disant : *Rendz toy, homme d'armes, ou tu es mort.* Qui fut bien esbahy, ce fut le gentil homme; car il pensoit bien que tout feust

prins. Toutesfois il eut paour de mourir, et dist : « Je
« me rends doncques, puis que prins suis en ceste
« sorte. Qui estes vous ? — Je suis, dist le bon Cheva-
« lier, le cappitaine Bayart, qui me rends à vous; et
« tenez mon espée, vous suppliant que vostre plaisir soit
« moy emmener avecques vous. Mais une courtoysie
« me ferez : si nous trouvons des Anglois en chemin
« qui nous voulsissent tuer, vous me la rendrez. » Ce
que le gentil homme luy promist, et le luy tint; car,
en tirant au camp, convint à tous deux jouer des
cousteaulx contre aucuns Anglois qui vouloient tuer
les prisonniers, où ilz ne gaignerent riens.

Or fut le bon Chevalier mené au camp du roy
d'Angleterre en la tente de ce gentil homme, qui luy
fist tresbonne chere pour trois ou quatre jours. Au
cinquiesme, le bon Chevalier luy dist : « Mon gentil
« homme, je vouldrois bien que me voulsissiez faire
« mener seurement au camp du Roy mon maistre,
« car il m'ennuye desja icy. — Comment, dist l'autre,
« encores n'avons nous point advisé de vostre rançon.
« — De ma rançon, dist le bon Chevalier, mais à moy
« de la vostre, car vous estes mon prisonnier; et si
« depuis que j'euz vostre foy me suis rendu à vous,
« ce a esté pour me sauver la vie, et non autrement. »
Qui fut bien estonné, ce fut le gentil homme; car encores luy dist plus le bon Chevalier, ce fut : « Mon
« gentil homme, où ne me tiendrez promesse, je suis
« asseuré qu'en quelque sorte que ce soit j'eschap-
« peray; mais croyez apres que j'aurai le combat à
« vous. » Ce gentil homme ne sçavoit que respondre,
car il avoit assez ouy parler du cappitaine Bayart,
et de combat n'en vouloit point. Toutesfois il estoit

assez courtoys chevalier, et en fin dist : « Monseigneur
« de Bayart, je ne vous veulx faire que la raison ; j'en
« croyray les cappitaines. »

Il fault entendre qu'on ne sceut si bien celer le
bon Chevalier, qu'il ne feust sceu parmy le camp;
et sembloit advis, à ouyr parler les ennemys, qu'ilz
eussent gaigné une bataille. L'Empereur l'envoya querir (1), et fut mené à son logis, qui luy fist une grande

(1) *L'Empereur l'envoya querir :* Champier entre dans beaucoup de détails sur cette intéressante conversation. « Quand l'Empereur vit Bayard, si lui dict : « Capitaine Bayard, quel vent vous meine à cette « heure ? — Sire, dit Bayard, le vent imperial de votre pays de Ger- « manie, dont suis tout joyeulx de ce qu'il m'a mieulx conduict que je « ne pensois. — Certes, Bayard, dit l'Empereur, vous dictes moult « bien, si fussiez venu pour me veoir seulement; mais ça esté contre « vostre vouloir. — Sire, dict Bayard, vous dictes vray : mais puisque « je suis prisonnier, j'aime mieux estre le vostre que de prince qui soit « sur la terre, et loue Dieu qui m'a bouté en vos mains. » L'Empereur se plaignit alors de Louis XII, et Bayard prit chaudement la defense de son roy. « Or delaissons, continua l'Empereur, de parler de telles « matieres facheuses; je suis joyeulx vous veoir, capitaine, et le serois « plus cent fois si me feussiez venu veoir en prosperité en mon pays. « — Sire, dit Bayard, si Dieu plait, sera à quelquefois; car vous êtes « le prince, apres le Roy mon maistre et seigneur, qui soit au monde « que plus voulontiers vouldroye servir. » Et ainsy que Bayard devisoit avec l'Empereur, le roy d'Angleterre Henry survint. « Si, lui « dict Maximilien, mon frere, congnoissez vous ce gentilhomme fran- « çois ? — Nenny, dict le roy Henry, sur ma foy. — Certes, dit l'Em- « pereur, vous en avez souvent ouy parler : c'est le François le plus « renommé, crainct et hay qui fust oncques aux Espaignes. » Lors répond le Roy : « Sire, je crois que c'est Bayard de France. — « Certes, dict l'Empereur, mon frere, vous estes bon devin pour cette « fois icy. » Quant le Roy entendit que c'estoit Bayard, si le prinst par la main et l'embrassa, comme s'il eust esté un prince; mais Bayard bouta un genouil en terre, et le Roy le print et luy dict : « Capitaine, « je suis joyeux de vous veoir, et vouldroye pour vostre honneur et « profit vous veoir aultrement que prisonnier. — Sire, dict Bayard, « je suis vrayement prisonnier volontaire, car ils ne me ont pas prins

et merveilleuse chere, en luy disant : « Cappitaine
« Bayart mon amy, j'ay tresgrant joye de vous veoir.
« Que pleust à Dieu que j'eusse beaucoup de telz
« hommes que vous! je croy que, avant qu'il feust
« gueres de temps, je me sçaurois bien venger des
« bons tours que le Roy vostre maistre et les François
« m'ont faiz par le passé. » Encores luy dist il en
riant : « Il me semble, monseigneur de Bayart, que
« autresfois avons esté à la guerre ensemble; et m'est
« advis qu'on disoit en ce temps là que Bayart ne
« fuyoit jamais. » A quoy le bon Chevalier respondit :
« Sire, si j'eusse fuy, je ne feusse pas icy. »

En ces entrefaictes arriva le roy d'Angleterre, à
qui fist congnoistre le bon Chevalier, qui luy fist fort
bonne chere; et il luy fist la reverence, comme à tel

« prisonnier, mais liberalement me suis donné à eulx; car je avois
« grant desir de veoir la majesté imperiale, et aussy la vostre, laquelle
« je vois à present; et n'ay voulu fuyr comme les aultres, car oncques
« ne fus à escolle pour apprendre à fuyr. » De ces paroles moult se
bouta à rire Maximilien l'empereur. Si lui dict : « Certes, capitaine
« Bayard, ce n'est pas de maintenant que commencez à gaudir, sans
« espargner ne roy, empereur, ne prince. — Sire, dict Bayard, à
« Dieu ne plaise que d'ung si noble et beau prince comme le roy de
« la Grande Bretagne me veuille gaudir! Mais j'ay dict la verité en
« leur racomptant comment il s'estoit rendu. » A doncques l'Empereur
et le Roy se bouterent plus fort à rire. « Or, ce dict Bayard, sire em-
« pereur, et vous sire roy, je proteste que ne me veuilliez traicter en
« prisonnier prins par force, car si je eusse voulu, ne fusse prison-
« nier; mais je loue Dieu de ce que je n'ay eu vouloir de fuyr comme
« les aultres, car oncques ne fuys en guerre, ne feray, avec l'ayde du
« createur du monde : mais veuillez moy traitter en capitaine, comme
« vous, sire empereur, m'avez aultrefois congneu. — Certes, dict l'Em-
« pereur, si serez traicté non seulement en capitaine prisonnier, mais
« en amy. » Champier ajoute que Maximilien voulut payer la rançon
de Bayard; mais que Louis XII en ayant été instruit, s'empressa d'envoyer un gentilhomme pour l'acquitter.

prince appartenoit. Si commencerent à parler de ceste retraicte; et disoit le roy d'Angleterre que jamais n'avoit veu gens si bien fuyr et si en gros nombre que les François, qui n'estoient chassez que de quatre à cinq cens chevaulx; et en parloient en assez povre façon l'Empereur et luy. « Sur mon ame, dist le « bon Chevalier, la gendarmerie de France n'en doit « aucunement estre blasmée; car ilz avoient expres « commandement de leurs cappitaines de ne combatre point, par ce qu'on se doubtoit bien, si ve« niez au combat, ameneriez toute vostre puissance, « comme avez fait; et nous n'avions ne gens de pied « ny artillerie : et ja sçavez, haulx et puissans sei« gneurs, que la noblesse de France est renommée « par tout le monde. Je ne dis pas que je doive estre « du nombre. —Vrayement, dist le roy d'Angleterre, « monseigneur de Bayart, si tous estoient voz sem« blables, le siege que j'ay mis devant ceste ville me « seroit bien tost levé. Mais, quoy que ce soit, vous « estes prisonnier. — Sire, dist le bon Chevalier, je « ne le confesse pas, et en vouldrois bien croire l'Em« pereur et vous. » Là present estoit le gentil homme qui l'avoit amené, et à qui il s'estoit rendu depuis qu'il avoit eu sa foy. Si compta tout le faict, ainsi que cy dessus est recité; à quoy le gentil homme ne contredit en riens, ains dist : « Il est vray ainsi que le sei« gneur de Bayart le compte. »

L'Empereur et le roy d'Angleterre se regarderent l'ung l'autre; puis commença à parler l'Empereur, et dist que, à son oppinion, le cappitaine Bayart n'estoit point prisonnier, mais plustost le seroit le gentil homme de luy. Toutesfois, pour la courtoysie qu'il luy

avoit faicte, demourerent quictes l'ung envers l'autre
de leur foy, et le bon Chevalier s'en pourroit aller
quant bon sembleroit au roy d'Angleterre; lequel
dist qu'il estoit bien de son oppinion, et que s'il vouloit demourer six sepmaines sur sa foy sans porter
armes, que apres luy donnoit congé de s'en retourner, et que ce pendant il allast veoir les villes de
Flandres. De ceste gracieuseté remercia le bon Chevalier treshumblement l'Empereur et le roy d'Angleterre; et puis s'en alla esbatre par le pays, jusques au
jour qu'il avoit promis. Le roy d'Angleterre, durant ce
temps, le fist praticquer pour estre à son service, luy
faisant presenter beaucoup de biens; mais il perdit sa
peine, car son cueur estoit du tout françois.

Or fault entendre une chose, que combien que le
bon Chevalier n'eust pas de grans biens, homme son
pareil ne s'est trouvé de son temps qui ait tenu meilleure maison que luy; et tant qu'il fut es pays de l'Empereur, la tint opulentement aux Hennuyers et Bour-
gongnons; et neantmoins que le vin y soit fort cher,
si ne leur failloit il riens quant ilz s'alloient coucher;
et fut tel jour qu'il despendit vingt escus en vin. Plusieurs eussent bien voulu qu'il n'en feust jamais party;
toutesfois il s'en retourna en France quant il eut achevé son terme, et fut conduit et tresbien acompaigné
jusques à trois lieues des pays de son maistre.

Quelques jours demourerent l'Empereur et le roy
d'Angleterre devant Theroenne, qui en fin se rendit
par faulte de vivres; et fut la composition que les
cappitaines et gens de guerre sortiroient vies et bagues sauves, et que mal ne seroit fait aux habitans de
la ville, ne icelle desmolie. Ce qu'on promist aux gens

6.

de guerre fut bien tenu, mais non pas à ceulx de la ville; car le roy d'Angleterre fist abatre les murailles, et mettre le feu en plusieurs lieux, qui fut grosse pitié. Toutesfois depuis les François la remisrent en bonne ordre, et plus forte que jamais.

De là leverent leur siege l'Empereur et le roy d'Angleterre, et l'allerent planter devant la ville de Tournay, qui se feust assez deffendue, si les habitans eussent voulu accepter le secours des François qu'on leur vouloit bailler; mais ilz dirent qu'ilz se deffendroient bien d'eulx mesmes : dont mal leur en print, car leur ville fut prinse et mise es mains du roy d'Angleterre, qui la fortiffia à merveilles.

L'yver estoit desja avancé, parquoy fut l'armée rompue; et se retira le roy d'Angleterre en son royaulme, et l'Empereur en Almaigne. Pareillement le camp du roy de France se deffist; et se logea l'on par les garnisons sur les frontieres de Picardie.

Il fault sçavoir une chose, qui est digne d'estre mis par escript. C'est que, durant le camp du roy d'Angleterre et de l'Empereur en Picardie, les Suysses, ennemys pour lors du roy de France, le seigneur du Vergy, et plusieurs lansquenetz, en nombre de bien trente mille hommes de guerre, descendirent en Bourgongne, où gouverneur estoit le vertueux seigneur de La Trimoille, qui pour l'heure estoit au pays. Et pour n'avoir puissance à les combatre aux champs, fut contrainct se retirer dedans Dyjon, devant laquelle ville il esperoit arrester ceste grosse armée, qui peu apres y vint mettre le siege en deux lieux; et icelluy assis, la canonnerent furieusement. Le bon seigneur de La Trimoille faisoit son devoir en ce qui estoit possible, et luy mesmes jour et nuyt estoit aux rampars.

Mais quant il veit les berches faictes, et si mal garny de gens de guerre qu'il estoit, congneut à l'œil que la ville s'en alloit perdue, et par consequent le royaulme de France en gros dangier (car si Dyjon eust esté prins, ilz feussent allez jusques à Paris) : si fist secretement traicter avecques les Suysses, et leur fist faire plusieurs belles remonstrances des biens et honneurs qu'ilz avoient receuz de la maison de France, et qu'il esperoit qu'en brief seroient encores amys plus que jamais; et que quant ilz entendroient bien leurs affaires, la ruyne de la maison de France estoit à leur grant desavantage. Ilz entendirent à ces propos, et encores, sur saufconduit, furent d'accord qu'il allast parler à eulx; ce qu'il fist : et si bien les mena et de si belles parolles, aussi moyennant certaine grosse somme de deniers qu'il leur promist (pour seureté de laquelle leur bailla pour hostaiges son nepveu le seigneur de Maizieres, le seigneur de Rochefort, filz du chancelier de France, et plusieurs bourgeois de la ville), qu'ilz s'en retournerent. De ceste composition fut blasmé ledit seigneur de La Trimoille de plusieurs; mais ce fut à grant tort, car jamais homme ne fist si grant service en France pour ung jour, que quant il fist retourner les Suysses de devant Dyjon; et depuis l'a on bien congneu en plusieurs manieres.

Le bon roy Loys douziesme, en ceste année 1513, eut de terribles affaires, et ses alliez aussi; dont l'ung des plus apparans estoit le roy d'Escosse (1), qui en une bataille, cuydant entrer en Angleterre, fut deffaict

---

(1) *Le roy d'Escosse* : Jacques IV, aïeul de Marie Stuart.

par le duc de Norfort, lieutenant du roy d'Angleterre, et luy mesmes y fut tué. Or, quelque chose qu'il y eust, le roy de France estoit tant aymé de ses subjectz, que, à leur requeste, Dieu luy ayda : et combien que la pluspart des princes d'Europe eussent juré sa ruyne, et mesmement tous ses voisins, garda tresbien son royaulme. Du partement de Picardie s'en retourna par ses petites journées en sa ville de Bloys, qu'il aymoit fort, par ce qu'il y avoit prins sa naissance; mais gueres n'y sejourna que ung grant et irreparable malheur luy advint, comme vous orrez.

CHAPITRE LVIII.

Du trespas de la magnanyme et vertueuse princesse Anne, royne de France et duchesse de Bretaigne; du mariage du roy Loys douziesme avecques Marie d'Angleterre; et de la mort dudit roy Loys.

Le bon roy de France Loys douziesme, après avoir passé toutes ses fortunes en ceste année 1513, et qu'il eut fait asseoir ses garnisons en Picardie, s'en retourna en sa ville de Bloys, où il se vouloit resjouyr quelque peu : mais le plaisir qu'il y pensoit prendre luy tourna en grande douleur et tristesse; car, environ le commencement de janvier, sa bonne compaigne et espouse Anne, royne de France et duchesse de Bretaigne, tumba malade fort griefvement; car, quelques medicins que le Roy son mary ny elle eussent pour luy ayder à recouvrer santé, en moins de huyt jours rendit l'ame à Dieu; qui fut dommage nompareil pour le royaulme de France, et dueil perpetuel pour les Bretons. La noblesse des deux pays y fist perte inestimable; car de plus magnanyme, plus vertueuse, plus sage, plus liberalle, ne plus acomplie princesse n'avoit porté couronne en France, depuis qu'il y a eu tiltre de royne.

Les François et Bretons ne plaignirent pas seullement son trespas, mais es Almaignes, Espaignes, Angleterre, Escosse, et en tout le reste de l'Europe, fut plaincte et plorée. Le Roy son mary ne donnoit pas les grans sommes de deniers, de paour de fouller son peuple; mais ceste bonne dame y satisfaisoit, et y avoit peu de gens de vertus en ses pays à qui une fois en sa vie n'eust fait quelque present. Pas n'avoit trente et huyt ans acomplis la gentille princesse, quant cruelle mort en fist si grant dommage à toute noblesse; et qui vouldroit ses vertus et sa vie descripre comme elle a mérité, il fauldroit que Dieu fist ressusciter Cicero pour le latin, et maistre Jehan de Meung pour le françois, car les modernes n'y sçauroient attaindre.

De ce tant lamentable et trespiteux trespas en fut le bon roy Loys si affligé, que huyt jours durant ne faisoit que larmoyer, souhaitant à toute heure que le plaisir de Nostre Seigneur feust luy aller tenir compaignie. Tout le reconfort qui luy demoura, c'estoit que de luy et de la bonne trespassée estoient demourées deux bonnes et belles princesses, Claude et Renée, qui avoit environ trois ans. Elle fut menée à Sainct Denys, et là enterrée; et luy fut fait son service tant audit Bloys que audit lieu de Sainct Denys, autant sollempnel qu'il fut possible. Plus de trois moys entiers, par tout le royaulme de France et par la duché de Bretaigne, n'eust on ouy parler d'autre chose que de ce lacrymable trespas; et croy certainement qu'il en souvient encores à plusieurs, car les grans dons, le doulx recueil et gracieulx parler qu'elle faisoit à chascun la rendront immortelle.

Environ le moys de may apres, qu'on disoit 1514, espousa monseigneur François, duc de Valois et d'Angolesme, prochain heritier de la couronne, madame Claude, aisnée fille de France et duchesse de Bretaigne, au lieu de Sainct Germain en Laye.

En ladicte année, et environ le moys d'octobre, par le moyen du seigneur de Longueville, luy estant prisonnier, qui avoit traicté le mariage en Angleterre du roy Loys et de madame Marie, seur audit roy d'Angleterre, fut icelle dame amenée à Abbeville, où ledit seigneur l'espousa. Il n'avoit pas grant besoing d'estre marié, pour beaucoup de raisons, et aussi n'en avoit il pas grant vouloir; mais par ce qu'il se voyoit en guerre de tous costez, qu'il n'eust peu soustenir sans grandement fouller son peuple, ressembla au pellican; car apres que la royne Marie eut fait son entrée à Paris, qui fut fort triumphante, et que plusieurs joustes et tournois furent achevez, qui durerent plus de six sepmaines, le bon Roy, qui à cause de sa femme avoit changé toute maniere de vivre (car où il souloit disner à huyt heures convenoit qu'il disnast à midy, où il se souloit coucher à six heures du soir souvent se couchoit à minuyt), tumba malade à la fin du moys de decembre; de laquelle maladie tout remede humain ne le peult garantir qu'il ne rendist son âme à Dieu le premier de janvier ensuyvant, apres la minuyct. Ce fut en son vivant ung bon prince, saige et vertueux, qui maintint son peuple en paix sans le fouller aucunement, fors que par contraincte. Il eut en son temps du bien et du mal beaucoup; parquoy il avoit ample congnoissance du monde. Plusieurs victoires obtint sur ses ennemys; mais, sur la fin de ses jours, fortune luy tourna ung peu son effrayé visaige. Le bon prince fut plainct et ploré de tous ses subjectz, et non sans cause, car il les avoit tenuz en paix et en grande justice; de façon que apres sa mort, et toutes louenges dictes de luy, fut appellé *pere du peuple*. Ce tiltre luy fut donné à bonne raison. Il n'avoit pas encores cinquante six ans, quant il paya le tribut de nature. On le porta enterrer à Sainct Denys avecques ses bons predecesseurs, en grans pleurs et criz, et au grant regret de ses subjectz.

Apres luy succeda à la couronne Françoys, premier de ce nom, en l'aage de vingt ans, beau prince autant qu'il en y eust point au monde, lequel avoit espousé madame Claude de France, fille aisnée du Roy son predecesseur, et duchesse de Bretaigne. Jamais n'avoit esté veu roy en France de qui la noblesse s'esjouyt autant. Et fut mené sacrer à Reims (1), acompaigné de tous ses princes, gentilz hommes et officiers, dont il y avoit si grant nombre que c'est quasi chose incroyable; et fault dire que les logis estoient pressez, car il n'y avoit grant, moyen ne petit qu'ilz ne voulsissent estre de la feste.

(1) *Et fut mené sacrer à Reims*: Champier, qui assista au sacre de François 1, remarque que cette cérémonie fut faite de nuit.

CHAPITRE LIX.

Comment le roy de France Françoys, premier de ce nom, passa les montz; et comment il envoya devant le bon Chevalier sans paour et sans reprouche; et de la prinse du seigneur Prospre Coulonne par sa subtilité.

APRES le sacre du roy François, premier de ce nom, et sa couronne prinse à Sainct Denys, s'en revint faire son entrée à Paris, qui fut la plus gorgiase et triumphante qu'on ait jamais veu en France; car de princes, ducz, contes et gentilz hommes en armes, y avoit plus de mille ou douze cens. L'entrée faicte, y eut plusieurs joustes et tournoiz en la rue Sainct Anthoine, où chascun fist le mieulx qu'il peut. Ledit seigneur s'y tint jusques apres Pasques, où ce pendant se traicta l'appoinctement de luy et de l'archeduc, conte de Flandres, moyennant le mariage de luy et de madame Renée de France, belle seur du Roy. Il y fut aussi fait d'aultres mariages, comme de madame Marie d'Angleterre, lors vefve du feu roy Loys douziesme, et douairiere de France, avec le duc de Suffort, messire Charles Brandon, qui estoit fort aymé du roy d'Angleterre son maistre; et du conte de Nansso à la seur du prince d'Orenge. Le duc de Bourbon fut faict connestable de France; et, environ le mois de may, partirent de Paris en l'an 1515, et s'en vindrent, leurs belles petites journées, à Amboise, où le gentil duc de Lorraine espousa la seur germaine dudit duc de Bourbon.

Durant toutes ces choses, faisoit le roy de France
secretement preparer son voyage pour la conqueste
de sa duché de Milan, et peu à peu envoyoit son armée
vers le Lyonnois et Daulphiné, où desja estoit le
bon Chevalier, lors son lieutenant au pays, ouquel il estoit
autant aymé que s'il eust esté leur naturel seigneur.
Or, comme par cy devant avez entendu en plusieurs
passaiges, tousjours en allant sur les ennemys estoit
voulentiers le bon Chevalier mis devant, et au retourner
derriere, comme encores il fut en ce voyage; car
il fut envoyé avecques sa compaignie et troys ou
quatre mille hommes de pied sur les confins du Daulphiné
et des terres du marquis de Saluces, lesquelles
il avoit toutes perdues, excepté ung chasteau appellé
Ravel, assez fort. Es places du marquis de Saluces y
avoit gros nombre de Suysses en garnison, et mesmement
y faisoit residence le seigneur Prospre Coulonne,
lors lieutenant general du Pape, qui tenoit tout le
pays en apatis, et en faisoit ce qu'il vouloit; fort bien
estoit acompaigné, comme de trois cens hommes d'armes
d'eslite, montez comme sainct George, et si avoit
quelques chevaulx legiers. Le bon Chevalier secretement
sentoit par ses espies ouquel lieu ce seigneur
Prospre repairoit le plus souvent; et tant en enquist
qu'il congneut à la verité que s'il avoit puissance pareille
à la sienne quant aux gens de cheval, il luy feroit
une mauvaise compaignie. Si en advertit le duc
de Bourbon, connestable de France, qui estoit à
Brianson au Daulphiné; lequel le fist entendre au
Roy, qui desja estoit à Grenoble pour parachever son
voyage : et, selon la demande que faisoit le bon Chevalier,
furent soubdainement envoyez trois cappitaines

triumphans avec leurs bendes, les seigneurs de La Palice, d'Ymbercourt et d'Aubigny. Il estoit venu quelques bonnes nouvelles au bon Chevalier ; parquoy, par ung lieu appellé Dronyez, descendit en la plaine du Pyemont, dont fut adverty ce seigneur Prospre ; mais par ce qu'il entendit qu'il n'avoit que sa compaignie, n'en fist pas grosse estime, et disoit souvent en son langaige : *Questo Bayardo a passato gly monti, lo prendero, come uno pipione in la gabia.* De toutes ces parolles estoit bien adverty le bon Chevalier, et aussi estoit acertené comment les bons cappitaines marchoient pour parachever l'entreprise.

Le seigneur de Morete, de la maison du Solier, et ung sien cousin pymontois, s'en mesloient d'une grande ruse, et en faisoient tresbien leur debvoir : de sorte que la chose fut conclute que l'on yroit trouver le seigneur Prospre dedans la ville de Carmaignolle, en laquelle de nuyt on entroit par le chasteau, ouquel on avoit intelligence, mais que les cappitaines françois feussent arrivez, qui ne sejournerent gueres. Et se vindrent tous rendre en la plaine du Pymont, en une petite ville dicte Saveillan, en laquelle ilz trouverent le bon Chevalier, qui les receut au mieulx qu'il peut. Bien leur dist : « Messeigneurs, il ne nous fault pas
« reposer icy ; car si le seigneur Prospre scet vostre
« arrivée, nostre entreprise s'en va rompue ; car il se
« retirera, ou bien il appellera les Suysses à son se-
« cours, dont il y a bon nombre à Pynerol et à Sa-
« luces. Je suis d'advis que nous facions bien repaistre
« noz chevaulx ceste nuyt, et puis au point du jour
« nous paracheverons nostre affaire. Il y a grosse eaue

« à passer; mais le seigneur de Morete, que vecy
« present, scet ung gué où il nous menera sans dan-
« gier. »

Ainsi fut la chose conclute, et s'en alla chascun reposer ung petit : mais on regarda premier si riens failloit aux chevaulx; et quant ce vint deux ou trois heures apres la mynuyt, tout homme monta à cheval sans grant bruyt. Le seigneur Prospre estoit dedans Carmaignolle, et avoit bien entendu par ses espies que les François estoient à la campaigne. Il ne s'en effrayoit gueres; car pas ne cuydoit qu'il y eust autre compaignie en la plaine que celle du bon Chevalier, et n'estoit point deliberé de desloger de Carmaignolle, n'eust esté que le soir, dont les François luy cuydoient trouver le matin. Il eut des nouvelles pour se retirer à Pynerol, affin d'entendre aux affaires, par ce qu'on sçavoit au vray que les François estoient aux passages. Si deslogea non pas trop matin, et se mist à chemin tresbien en ordre pour s'en aller disner à une petite villette à sept ou huyt mille de là, appellée Villefranche.

Quant les François furent arrivez devant le chasteau de Carmaignolle, parlerent au castelan, qui leur dist comment il n'y avoit pas ung quart d'heure que le seigneur Prospre et ses gens estoient deslogez; dont ilz furent si tresmarriz qu'on ne pourroit penser, et se misrent en conseil qu'ilz devoient faire. Les ungs vouloient aller apres, autres faisoient des doubtes; mais quant chascun eut parlé, le bon Chevalier dist :
« Messeigneurs, puis que nous sommes si avant, je
« suis d'advis que nous poursuyvons. Si nous les ren-
« controns à la campaigne, il y aura beau butin, s'il

« ne nous en demoure quelcun. — Par Dieu, dist le « seigneur d'Ymbercourt, oncques homme ne dist « mieulx. » Les seigneurs de La Palice et d'Aubigny n'allerent pas à l'encontre, et commencerent à marcher; mais devant envoyerent en habit dissimulé le seigneur de Morete, pour entendre en quel estat seroient leurs ennemys. Si fist si bonne diligence, qu'il sceut au vray que le seigneur Prospre et sa bende disnoient à Villefranche. Ilz furent bien aises, et conclurent en leur affaire, qui fut tel : c'est que le seigneur d'Ymbercourt marcheroit devant avec cent archiers, et, ung gect d'arc apres, le suyvroit le bon Chevalier avec cent hommes d'armes; et les seigneurs de La Palice et d'Aubigny yroient apres, avec tout le reste de leurs gens. Or entendez qu'il advint.

Le seigneur Prospre avoit bonnes espies, et fut adverty, en allant à la messe dedans ceste petite ville de Villefranche, que les François estoient aux champs en gros nombre : il fist response, en son langage, qu'il sçavoit bien qu'il n'y avoit que le cappitaine Bayart et sa bende, si les autres ne sont vollez par dessus les montaignes. Ainsi qu'il retournoit de la messe, vindrent encores d'autres espies, qui luy dirent : « Sei« gneur, je vous advertys que j'ay laissé pres d'icy « plus de mille chevaulx des François; et vous viennent « trouver icy. » Il fut ung peu esbahy. Si regarda ung gentil homme des siens, auquel il dist : « Prenez vingt « chevaulx, et allez le chemin de Carmaignolle jus« ques à deux ou trois mille d'icy, et regardez si ver« rez riens qui puisse nuyre. »

Ce pendant il commanda au mareschal des logis de ses bendes qu'il fist sonner la trompette, et qu'il allast faire le logis à Pynerol, où il le suyvroit mais qu'il eust mangé ung morceau. Il fist son commandement sur l'heure. Les François marchoient tousjours selon l'ordonnance cy devant dicte, et approcherent Villefranche d'environ mille et demy, où, en sortant d'ung petit tailliz, vont rencontrer ceulx que le seigneur Prospre envoyoit pour les descouvrir ; lesquelz quant il les adviserent commencerent à tourner le doz, et à bride abatue retourner devers Villefranche. Le gentil seigneur d'Ymbercourt leur donna la chasse à tire de cheval, et manda au bon Chevalier, par ung archer, qu'il se hastast. Il ne luy convint pas dire deux fois. Avant que les gens du seigneur Prospre eussent gaigné Villefranche, ou à tout le moins ainsi qu'ilz vouloient rentrer en la porte, les attaignit le seigneur d'Ymbercourt, qui commença à crier : *France, France!* On voulut serrer la porte, mais il les en garda tant qu'il peut ; et y fist d'armes le possible sans estre blessé, fors ung peu au visaige.

Ce pendant va arriver le bon Chevalier, qui fist ung bruyt merveilleux, en sorte qu'ilz gaignerent la porte. Ce mareschal des logis, qui ja estoit monté à cheval avecques aucuns gensd'armes, et s'en cuydoit aller à Pynerol, ouyt le bruyt : si se va gecter en la place, et se voulut mettre en deffence ; mais tout cela fut poussé par terre, et en fut tué une partie. Les seigneurs de La Palice et d'Aubigny arriverent, qui misrent garde à la premiere porte, et en allerent garder une autre affin que personne n'eschappast, car il n'y en avoit que ces deux en la ville ; mais il ne fut possible de si bien les garder, que par dessus la petite planchete qui est joignant du pont leviz ne se sauvassent deux Albanoys, qui, comme se tous les dyables les eussent emportez, coururent dire, à une troppe de quatre mille Suysses qui n'estoient que à trois mille de là, le meschief qui estoit advenu au seigneur Prospre; lequel ce pendant fut assailly en son logis (1), où il disnoit, et se voulut deffendre comme homme de guerre qu'il estoit; mais quant il congneut que peu luy vauldroit son effort, et qu'il entendit les noms des cappitaines qui estoient là assemblez, se rendit, au plusgrant regret du monde, mauldissant sa fortune d'avoir ainsi esté surpris, et que Dieu ne luy avoit fait ceste grace d'avoir trouvé les François aux champs.

Le bon Chevalier, oyans ces parolles, le reconfortoit le mieulx qu'il povoit, en luy disant : « Seigneur « Prospre, c'est l'heur de la guerre, une fois perdre « et l'autre gaigner. » Mais tousjours y avoit il meslé quelque mot joyeulx, et disoit encores : « Seigneur

(1) *Fut assailly en son logis* : Voici les détails que donne Champier sur la prise de Prosper Colone : « Il estoit à table et disnoit; ses ser-« viteurs lui crierent : « Levez vous, seigneur Prosper ; veez cy les Fran-« çois en grosse bande : si sont desja en ceste porte. » Alors le seigneur cria : « Enfans, gardez ceste porte ung petit, jusques soyons un peu « acoustrés pour nous defendre (laquelle chose feut faicte). » Mais le noble Bayard, d'ung coté feit combattre ses gens à la porte du logis, les aultres feit escheller les fenestres, et entra dedans, bien armé, le premier; si cria : « Seigneur Prosper, où estes vous? rendez vous, « aultrement vous estes mort. » En disant cela, la porte fut gaignée, et par force entroient en grosse presse. Quant le seigneur Prosper Colone veit que la maison estoit ja pleine, si cria : « Seigneurs françois, « qui est vostre capitaine? » Repond Bayard : « C'est moy, seigneur. « — Vostre nom, capitaine? — Seigneur, respond-il, je suis Bayard « de France; et voicy le seigneur de La Palice, et le seigneur d'Aubi-« gny et Imbercourt, la fleur des capitaines de France. — Or, dist le « seigneur Prosper, j'ay été bien surprins. »

« Prospre, vous souhaitez nous avoir trouvez à la cam-
« paigne : je vous prometz ma foy que ne le deveriez
« pas vouloir pour la moytié de vostre bien ; car, à la
« fureur et ou talent de bien combatre qu'estoient noz
« gens, eust esté bien difficille que vous ne nulz des
« vostres feussiez eschappez vifz. » Le seigneur Prospre respondoit froidement : « J'eusse bien voulu, s'il
« eust pleu à Nostre Seigneur, prendre sur ce hazart
« l'adventure. » Quant et le seigneur Prospre furent
pris le conte Policastre, Petre Morgant et Charles
Cadamosto, lesquelz estoient cappitaines des gens de
guerre estans là, qui furent aussi prisonniers. Et puis
chascun se mist au pillage, qui fut fort grant pour si
petite compaignie ; car s'il eust esté bien mené, on en
eust tiré cent cinquante mille ducatz ; et entre autres
choses c'estoit ung tresor des chevaulx qui y furent
gaignez, où il y en avoit six ou sept cens, dont les quatre cens estoient de pris, tous coursiers ou chevaulx
d'Espaigne ; et a l'on depuis ouy dire au seigneur
Prospre que ceste prise luy cousta cinquante mille
escus, tant en vaisselle d'or et d'argent, argent mon-
noyé, que autres meubles.

Les François n'eurent pas loysir de tout emporter,
car nouvelles vindrent que les Suysses devers lesquelz ces deux Albanoys estoient allez marchoient
le grant trot, et estoient desja bien pres. Si furent
entre eulx mesmes conseillez d'eulx mettre au retour,
et sonna la trompette à ceste fin. Chascun prist le meilleur de son butin, misrent leurs prisonniers devant
eulx, puis s'en retournerent ; et comme ilz sortoient
par une porte, les Suysses entroient par l'autre : mais
les ungs estoient à pied et les autres à cheval, qui ne

s'en soucyoient gueres. Ce fut une des belles entreprinses qui deux cens ans devant eust esté faicte; et le seigneur Prospre, qui se ventoit qu'il prendroit le bon Chevalier comme le pyjon dedans la caige, eut le contraire sur luy mesmes, et tout par la vigilance d'icelluy bon Chevalier. Le roy de France estoit desja par les montaignes, où jamais n'avoit passé armée; et eut les nouvelles de ceste belle deffaicte à la montaigne de Sainct Pol, dont il fut joyeulx à merveilles; si fut toute sa compaignie. Or n'est il riens si certain que la prinse de Prospre Coulonne fist moult de service aux François; car sans cela se feust trouvé à la bataille qui fut quelque temps apres, et par son moyen s'y feussent trouvez tous les Espaignolz et le reste de l'armée du Pape, qui eulx assemblez eussent fait nombre de mille hommes d'armes, qui estoient pour faire de l'ennuy et de la fascherie, dont on se passa bien.

CHAPITRE LX.

De la bataille que le roy de France François, premier de ce nom, eut contre les Suysses à la conqueste de sa duché de Milan, où il demoura victorieux; et comment, apres la bataille gaignée, voulut estre fait chevalier de la main du bon Chevalier sans paour et sans reprouche.

Le roy de France, qui fut bien joyeulx de la prinse du seigneur Prospre (aussi avoit il raison) marcha avecques son armée le plus legierement qu'il peut, et vint par dedans le Pymont à Thurin, où le duc de Savoye son oncle le receut honnestement.

Les Suysses qui s'estoient mis sur les passages, quant ilz sceurent la prinse du seigneur Prospre et la rotte de sa bende, les habandonnerent, et se retirerent vers Milan, où ilz furent tousjours poursuyviz. Quelque propos d'appoinctement se mist sus, et le tenoit l'on quasi conclud : parquoy le duc de Gueldres, alyé et tousjours loyal serviteur de la maison de France, lequel avoit amené une troppe de dix mille lansquenetz au service du Roy, s'en retourna en ses pays; mais il laissa ses gens à son nepveu le seigneur de Guyse (¹), frere de ce gentil prince le duc de Lorraine, et à ung sien lieutenant, qu'on appelloit le cappitaine Miquel.

Ce propos continua tousjours que l'appoinctement se feroit, tant que l'armée du Roy approcha à douze ou quinze mille de Milan, où s'estoient retirez les Suysses avecques ce bon prophete le cardinal de Syon, qui toute sa vie a esté ennemy mortel des François, comme encores bien le monstra à ceste fois; car, neantmoins que le seigneur de Lautrec feust allé porter les deniers à Galezas pour satisfaire au pourparlé appoinctement, ung jeudy au soir prescha si bien ses Suysses, et leur remonstra tant de choses, que, comme gens desesperez, sortirent de Milan, et vindrent ruer sur le camp du roy de France.

Le connestable duc de Bourbon, qui menoit l'avantgarde, se mist en ordre incontinent, et advertit le Roy, qui se vouloit mettre au soupper : mais il le

(¹) *Le seigneur de Guyse*: Claude de Lorraine. Il fut le père des Guise qui exciterent tant de troubles sous les règnes suivans.

laissa là, et s'en vint droit vers ses ennemys, qui estoient desja meslez à l'escarmouche, qui dura longuement devant qu'ilz feussent au grant jeu. Le roy de France avoit gros nombre de lansquenetz, et voulurent faire une hardiesse de passer ung fossé pour aller trouver les Suysses, qui en laisserent passer sept ou huyt rencs, puis les vous pousserent; de sorte que tout ce qui estoit passé fut gecté dedans le fossé, et furent fort effrayez lesditz lansquenetz : et n'eust esté le seigneur de Guyse, qui resista à merveilles, et en fin fut laissé pour mort le duc de Bourbon, connestable, le gentil conte de Sainct Pol, le bon Chevalier, et plusieurs autres, qui donnerent au travers de ceste bende de Suysses, ilz eussent fait grosse fascherie, car il estoit ja nuyt, et la nuyt n'a point de honte. Par la gendarmerie de l'avantgarde fut le soir rompue ceste bende de Suysses, où une partie d'environ deux mille vint passer viz à viz du Roy, qui gaillardement les chargea. Et y eut lourt combat, de sorte qu'il fut en gros dangier de sa personne; car sa grant buffe y fut percée à jour d'ung coup de picque. Il estoit desja si tard, que l'on ne voyoit pas l'ung l'autre : et furent contrainctz pour ce soir les Suysses se retirer d'ung costé, et les François d'ung autre, et se logerent comme ilz peurent; mais je croy bien que chascun ne reposa pas à son ayse : et y prist aussi bien en gré la fortune le roy de France que le moindre de ses souldars, car il demoura toute la nuyt à cheval comme les autres.

Il fault sçavoir une chose du bon Chevalier sans paour et sans reprouche, qui fut bien estrange, et tresdangereuse pour luy. A la derniere charge qu'on fist sur les Suysses, le soir, il estoit monté sur ung gaillart coursier, qui estoit le second, car à la premiere charge luy en fut tué ung entre ses jambes : ainsi qu'il voulut donner dedans, fut tout enferré de picques, de façon que sondit cheval fut desbridé. Quant il se sentit sans frain, se mist à la course, et, en despit de tous les Suysses ne de leur ordre, passa tout oultre, et emportoit le bon Chevalier droit en une autre troppe de Suysses, n'eust esté qu'il rencontra en ung champ des seps de vigne qui tiennent d'arbre en arbre, où il par force s'arresta.

Le bon Chevalier fut bien effrayé, et non sans cause; car il estoit mort, sans nul remede, s'il feust tumbé entre les mains des ennemys. Il ne perdit toutesvoyes point le sens, mais tout doulcement se descendit, et gecta son armet et ses cuyssotz, et puis le long des fossez, à quatre beaulx piedz, se retira à son oppinion vers le camp des François, et où il oyoit crier *France!* Dieu luy fist la grace qu'il y parvint sans dangier; et encores (qui mieulx fut pour luy), c'est que le premier homme qu'il trouva fut le gentil duc de Lorraine, l'ung de ses maistres, qui fut bien esbahy de le veoir ainsi à pied. Si luy fist ledit duc incontinent bailler ung gaillart cheval qu'on nommoit le Carman, dont luy mesmes autresfois luy avoit fait present, et fut gaigné à la prinse de Bresse, et à la journée de Ravenne fut laissé pour mort, et en descendit le bon Chevalier par ce que il avoit deux coups de picque aux flancs, et en la teste plus de vingtz coups d'espée; mais le lendemain quelcun le trouva qu'il paissoit, et commença à hannir; parquoy fut ramené au logis du bon Chevalier, qui le fist guarir. Mais c'estoit une chose non croyable que de son faict; car comme une personne se laissoit coucher, et mettre tentes en ses playes, sans remuer aucunement; et depuis quant il voyoit une espée, couroit l'empoigner à belles dens. Ne jamais ne fut veu ung plus hardy cheval, et y feust Bucifal, celluy de Alexandre.

Quoy que ce soit, le bon Chevalier fut bien joyeulx de se veoir eschappé de si gros dangier, et remonté sur ung si bon cheval; mais il luy faschoit qu'il n'avoit point d'armet, car en telz affaires fait moult fort dangereux avoir la teste nue. Il advisa ung gentil homme fort son amy, qui faisoit porter le sien à son paige, auquel il dist : « J'ay paour de me morfondre, pource « que j'ay sué d'avoir si longuement esté à pied : je vous « prie, faictes moy bailler vostre armet, que vostre « homme porte, pour une heure ou deux. » Le gentil homme, qui ne pensoit pas à ce que le bon Chevalier entendoit, le luy fist bailler : dont il fut bien ayse, car depuis ne le laissa que la bataille ne feust finye, qui fut le vendredy environ dix ou unze heures; car dés le point du jour les Suysses voulurent recommencer, et vindrent droit à l'artillerie des François, dont ilz furent bien serviz. Toutesfois jamais gens ne combatirent mieulx, et dura l'affaire trois ou quatre bonnes heures; en fin furent rompus et deffaictz, et en mourut sur le camp dix ou douze mille. Le demourant, en assez bon ordre le long d'ung grant chemin, se retirerent à Milan, où ilz furent conduytz à coups d'espée, tant par les François que par le cappitaine general de la seigneurie de Venise, messire Barthelome d'Alvyano, qui peu devant estoit arrivé avecques le secours des Veniciens; et y perdit en une charge qu'il fist deux ou trois cappitaines, entre lesquelz fut le filz du conte Petilano. Les François y firent grosse perte; car, du jeudy ou du vendredy, moururent François monsieur de Bourbon, le gentil cappitaine Ymbercourt, le conte de Sanxerre, et le seigneur de Mouy; et y furent blessez le prince de Talmont et le seigneur de Bucy, dont depuis moururent.

Le Roy se mist en conseil pour veoir si l'on poursuyvroit les Suysses ou non. Plusieurs furent de diverses oppinions : en fin il fut advisé pour le mieulx que on les laisseroit aller, car on en pourroit bien avoir à faire le temps advenir. Le jour qu'ilz deslogerent du camp demourerent à Milan, et le lendemain en partirent, tirans en leur pays. Ilz furent poursuyvis de quelques gens, mais non pas à l'extremité; car si le Roy eust voulu, ne s'en feust pas sauvé ung.

Le soir du vendredy, dont fina la bataille à l'honneur du roy de France, fut joye demenée parmy le camp, et en parla l'on en plusieurs manieres, et s'en trouva de mieulx faisans les ungs que les autres; mais sur tous fut trouvé que le bon Chevalier, par toutes les deux journées, s'estoit monstré tel qu'il avoit acoustumé es autres lieux où il avoit esté en pareil cas. Le Roy le voulut grandement honnorer, car il print l'ordre de chevalerie de sa main (¹). Il avoit bien raison, car de meilleur ne l'eust sceu prendre.

(¹) *Il print l'ordre de chevalerie de sa main :* Champier nous a conservé la conversation qui précéda cette cérémonie, si glorieuse pour Bayard. « Le Roy, dit-il, voulut faire et créer les chevaliers qui luy avoient servy en ceste bataille; et pource qu'il appartient, par l'ordre de chevalerie, au seul chevalier créer et faire ung aultre chevalier,

Le seigneur Maximilian Sforce, qui occupoit la duché, comme son pere le seigneur Ludovic avoit fait autresfois, demoura ou chasteau de Milan, où on mist le siege; mais gueres ne demoura qu'il ne se rendist, et luy fut faicte composition, dont il se contenta : et s'en allerent ceulx qui estoient dedans, leurs bagues saufves.

Je laisseray à parler de tout ce qui advint en deux moys; mais ou moys de decembre alla le roy de

le Roy, avant de créer les chevaliers, appella le noble chevalier Bayard; si luy dist : « Bayard mou amy, je veulx que aujourd'huy
« soye faict chevalier par vos mains, pource que le chevalier qui a
« combattu à pied et à cheval en plusieurs batailles entre tous les
« aultres est tenu et réputé le plus digne chevalier. Or est ainsy de
« vous, qui avez vertueusement, en plusieurs royaulmes et provinces,
« et en plusieurs batailles et conquestes, combattu contre plusieurs
« nations, comme Espaignols, au royaulme de Naples, en Italie, à
« Bresse, à Paudin, à Ravenne; je delaisse la France, en laquelle on
« vous cognoit assez. » Aux parolles du Roy répond Bayard : « Sire,
« celuy qui est couronné, sacré et oingt de l'huile envoyée du ciel, et
« est roy d'un si noble royaulme, le premier fils de l'Eglise, est che-
« valier sur tous aultres chevaliers. — Si, dit le Roy, Bayard, dépê-
« chez vous; il ne faut icy alleguer ne loix ne canons : faictes mon
« vouloir et commandement, si voulez estre du nombre de mes bons
« serviteurs et sujets. — Certes, répond Bayard, sire, si ce n'est assez
« d'une fois, puisqu'il vous plaist, je le feray sans nombre pour ac-
« complir, moy indigne, vostre vouloir et commandement. » Alors
prinst son espée Bayard, et dist : « Sire, autant vaille que si estois Ro-
« land ou Olivier, Godefroy ou Baudouyn son frere. Certes, vous estes
« le premier prince que oncques fis chevalier : Dieu veuille que en
« guere ne prenez la fuyte! » Et puis apres, pour maniere de jeu, si
cria haultement, l'espée en la main dextre : « Tu es bien heureuse d'a-
« voir aujourd'huy à ung si beau et puissant roy donné l'ordre de che-
« valerie. Certes, ma bonne espée, vous serez moult bien comme reli-
« que gardée, et sur toutes aultres honorée; et ne vous porteray jamais,
« si ce n'est contre Turcs, Sarrasins ou Mores. » Et puis feit deux saults, et apres remit au fourreau son espée.

France visiter le Pape en la cité de Boulongne, qui luy fist gros recueil. Ilz eurent devis ensemble de plusieurs choses, dont je n'empescheray aucunement ceste histoire.

CHAPITRE LXI.

De plusieurs incidences qui advinrent en France, Ytalie et Espaigne, durant trois ou quatre ans.

Au retour de Boulongne, le roy de France vint à Milan, où, apres avoir laissé le duc de Bourbon, connestable de France, son lieutenant general, s'en retourna en ses pays; et alla droit en Prouvence, où il trouva sa bonne et loyalle espouse, et madame sa mere, qu'il avoit, à son partement, laissée regente en son royaulme.

Vers ceste saison trespassa Ferrande, roy d'Arragon, qui en son vivant a eu de belles et grosses victoires. Il estoit vigilant, cault et subtil, et ne trouve l'on gueres d'histoires qui facent mention qu'on l'aye trompé en sa vie; ains durant icelle augmenta merveilleusement les biens de son successeur.

Le seigneur Julian de Medicis, qu'on appella duc de Modene, frere du pape Leon, alla aussi de vie à trespas. Il eut espouse la duchesse de Nemours, fille de Savoye, et tante du roy de France.

L'empereur Maximilian, desplaisant de la belle victoire qu'avoit eue le roy de France sur les Suysses, et de ce qu'il avoit conquesté sa duché de Milan, assembla gros nombre de lansquenetz et quelques

Suysses du canton de Zuric et de la Ligue grise; et s'en vint en personne oudit duché de Milan, où, pour la grosse puissance qu'il avoit, le connestable ne fut pas conseillé de l'attendre à la campaigne, et se retira avecques son armée dedans la ville de Milan, où peu de jours apres luy vindrent huyt ou dix mille Suysses de secours. Quoy voyant par l'Empereur, qui estoit le plus souspeçonneux homme du monde, se retira en ses pays : il n'eut pas grant honneur en son entreprinse, et le connestable y acquist gros renom. Le bon Chevalier fist plusieurs courses sur les Almans, et en print de prisonniers beaucoup; mais jamais n'en avoit que la picque et la dague.

L'année ensuyvant, Jehan, roy de Navarre, qui en avoit esté spolié par Ferrande, roy d'Arragon, alla de vie à trespas.

Oudit an, environ le moys de juillet, fut fait certain appoinctement entre le roy de France et le roy de Castille Charles, paravant archeduc d'Austriche, moyennant le mariage de luy et de Loyse, fille aisnée de France. Il fut conclud en la ville de Noyon, mais il ne dura gueres. Je ne feray nul discours dudit traicté, car il est assez escript ailleurs.

Environ le moys d'octobre, fut donné le pardon de la croisade en France par pape Leon, dont il sortit beaucoup de scandalles et de mocqueries, à l'occasion des predicateurs, qui disoient beaucoup plus que la bulle ne portoit.

Le dernier jour de fevrier 1517 (1), la bonne, sage et tresparfaicte royne de France Claude acoucha de son premier filz Françoys, daulphin de Vien-

---

(1) 1517 : c'est-à-dire 1518, suivant le calendrier grégorien.

noys, en la ville d'Amboise; qui fut gros esjouyssement par tout le royaume de France. Et, entre autres villes, celle d'Orleans fist merveille, car durant ung jour entier y eut devant la maison de la ville deux fontaines qui gectoient vin cleret et blanc; et par ung petit tuyau sortoit de l'ypocras, auquel beaucoup de gens, apres qu'ilz en avoient tasté, se tenoient. Le Daulphin fut baptisé en ladicte ville d'Amboise, et furent parrains pape Leon (mais son nepveu le magnificque Laurens de Medicis le tint pour luy), le duc de Lorraine, et madame la duchesse d'Alençon commere. Il y fut fait fort grosse chere.

Ce seigneur Laurens de Medicis, en ce temps, espousa une des filles de Boulongne, et l'emmena en Ytalie; mais elle n'y vesquit gueres, ne luy apres elle : toutesfois d'eulx deux est demourée une fille [1].

L'an 1519, alla de vie à trespas l'empereur Maximilian, qui mist beaucoup de gens en peine. Il avoit esté en son vivant de bonne nature, liberal autant que fut jamais prince : et s'il eust esté puissant de biens, il eust achevé beaucoup de choses; mais il estoit povre selon son cueur. Le filz de son filz, Charles, roy des Espaignes, fut esleu empereur apres luy.

---

[1] *Est demourée une fille* : cette fille fut Catherine de Médicis, femme de Henri II, et mère de François II, Charles IX et Henri III.

CHAPITRE LXII.

Comment messire Robert de La Marche fist quelques courses sur les pays de l'esleu Empereur, qui dressa grosse armée; et de ce qu'il en advint.

Peu de temps apres (ne sçay qui en donna le conseil) le seigneur de Sedan, qu'on nomme messire Robert de La Marche, qui pour lors estoit au service du roy de France, fist quelques courses sur les pays de l'esleu Empereur, qui commença à lever grosse armée, et telle qu'il fut maistre et seigneur de la campaigne. Les chiefs de son armée estoient le conte de Nansso et ung autre cappitaine nommé Francisque, gaillart homme à la guerre, et qui avoit bon credit parmi les compaignons. Ilz estoient bien en nombre, tant de cheval que de pied, quarante mille hommes ou plus. Durant cest affaire, le roy de France et ledit esleu Empereur estoient en paix, et ne demandoient riens l'ung à l'autre; parquoy l'armée des Almans tira droit aux places dudit seigneur de Sedan, et en furent les aucunes assiegées, et bien deffendues. Toutesfois en fin s'en perdirent quatre, c'est assavoir Florenges, Buillon, Loigne et Messancourt; et peu de gens eschapperent vifz desdictes places. Ledit seigneur de Sedan estoit dedans sa place de Sedan, qui est quasi imprenable; parquoy fut exempte de siege, et pareillement ceulx qui estoient dedans une de ses autres places, nommée Jamais.

Le roy de France, deuement acertené de ceste grosse

armée qui costoyoit sa conté de Champaigne, eut doubte qu'on lui jouast quelque finesse. Si envoya son beau frere le duc d'Alençon, avecques quelque nombre de gensd'armes, sur la frontiere, et tira jusques à Reims. Les Almans usoient d'une subtilité pour parvenir à leurs attainctes, car ilz ne prenoient riens es pays du roy de France sans bien payer; et faisoit semer parmy son camp le conte de Nansso que l'Empereur son maistre le luy avoit ainsi enchargé, comme deliberé de demourer tousjours en l'amytié qu'il avoit avecques France. Ce neantmoins, sans faire autrement sommation de guerre, s'en vint planter le siege devant une petite ville appellée Mozon, de laquelle estoit gouverneur et cappitaine le seigneur de Montmor, grant escuyer de Bretaigne, pour le roy de France; et avoit quelques gens de pied avecques sa compaignie en la ville, qui n'estoit gueres bien munye d'artillerie ny de vivres; et qui pis est les compaignies qui estoient dedans ne se trouverent pas du vouloir de leur cappitaine et gouverneur, qui deliberoit jusques à la mort garder la ville; et quelques remonstrances qu'il sceust faire aux gens de pied, se trouva en dangier dedans et dehors. Parquoy, pour eviter plus gros inconvenient, rendit la ville, leurs vies saufves. On en murmura en beaucoup de sortes, et disoient aucuns que le cappitaine ne s'estoit pas bien porté; mais les gens d'honneur et de vertu congneurent bien qu'il ne se povoit faire autrement, et qu'il n'avoit pas tenu audit seigneur de Montmor qu'il n'estoit mort sur la berche; car si tous ceulx qui estoient avecques luy eussent esté de son cueur, les Almans ne fussent pas tirez plus oultre.

Or la ville de Mozon, rendue si soubdainement, donna quelque tiltre d'esbahyssement aux François, qui ne pensoient jamais que l'Empereur eust voulu rompre la trefve. Toutesfois en telles choses le souverain remede est de prompte provision. On regarda que Maizieres estoit la plus prochaine ville apres Mozon, et qu'il failloit entendre à la garder et deffendre; car si elle se perdoit, la Champaigne s'en alloit en mauvais parti. Le roy de France en fut adverty, lequel manda soubdainement qu'on envoyast le bon Chevalier sans paour et sans reproche dedans ladicte ville de Maizieres, et qu'il ne congnoissoit homme en son royaulme en qui il se fiast plus. Davantage, que son espoir estoit qu'il la garderoit si bien et si longuement que sa puissance seroit assemblée, pour resister aux surprinses que l'Empereur luy vouloit faire. De ce commandement n'eust pas voulu tenir le bon Chevalier sans paour et sans reproche cent mille escuz; car tout son desir estoit de faire service à son maistre, et d'acquerir honneur. Il s'en alla gecter dedans Maizieres avecques le jeune seigneur de Montmorency[1], et quelques autres jeunes gentilz hommes qui de leur gré l'accompaignerent, et d'ung nombre de gens de pied, soubz la charge de deux jeunes gentilz hommes, l'ung, nommé le cappitaine Boncal, de la maison de Reffuge, et l'autre le seigneur de Montmoreau.

---

[1] *Le jeune seigneur de Montmorency* : Anne de Montmorency, qui fut depuis maréchal, grand-maître et connétable.

CHAPITRE LXIII.

Comment le bon Chevalier sans paour et sans reprouche garda la ville de Maizieres contre la puissance de l'Empereur, où il acquist gros honneur.

Quant le bon Chevalier fut entré dedans Maizieres, trouva la ville assez mal en ordre pour attendre siege; ce qu'il esperoit avoir du jour à lendemain. Si voulut user de diligence qui en telle necessité passe tout sens humain, et commença à faire ramparer jour et nuyt, et n'y avoit homme d'armes ni homme de pied qu'il ne mist en besongne; et luy mesmes, pour leur donner courage, y travailloit ordinairement, et disoit aux compaignons de guerre : « Comment, mes-
« sieurs, nous sera il reprouché que par nostre faulte
« ceste ville soit perdue, veu que nous sommes si belle
« compaignie ensemble, et de si gens de bien? Il me
« semble que quant nous serions en ung pré, et que
« devant nous eussions fossé de quatre piedz, que
« encore combatrions nous ung jour entier avant que
« estre deffaictz; et Dieu mercy nous avons fossé, mu-
« raille et rampart, où je croy, avant que les ennemys
« mettent le pied, beaucoup de leur compaignie dor-
« miront aux fossés. » Bref, il donnoit tel courage à ses gens, qu'ilz pensoient tous estre en la meilleure et plus forte place du monde.

Deux jours apres, fut le siege assis devant Maizieres en deux lieux, l'ung deça l'eaue, et l'autre delà. L'ung des sieges tenoit le conte Francisque, qui avecques luy avoit quatorze ou quinze mille hommes; et en l'autre estoit le conte de Nansso, avecques plus de vingt mille.

Le lendemain du siege, lesditz conte de Nansso et seigneur Francisque envoyerent ung herault devers le bon Chevalier, pour luy remonstrer qu'il eust à rendre la ville de Maizieres, qui n'estoit pas tenable contre leur puissance; et que, pour la grande et louable chevalerie qui estoit en luy, seroient merveilleusement desplaisans s'il estoit prins d'assault, car son honneur grandement en amoindriroit, et par adventure luy cousteroit il la vie; et qu'il ne failloit que ung malheur en ce monde venir à ung homme, pour faire oublier tous les beaulx faictz qu'il auroit menez à fin en son vivant; et que là où il vouldroit entendre à raison, luy feroient si bonne composition qu'il se deveroit contenter. Plusieurs autres beaulx propos luy manderent par ce herault, qui, apres avoir esté ouy et bien entendu par le bon Chevalier, se print à soubzrire, et ne demanda conseil pour respondre à homme vivant, mais tout soubdain luy dist : « Mon amy, je
« m'esbahys de la gracieuseté que me font et presen-
« tent messeigneurs de Nansso et le seigneur Fran-
« cisque, consideré que jamais n'euz praticque ne
« grande congnoissance avecques eulx, et ilz ont si
« grant paour de ma personne. Herault mon amy,
« vous vous en retournerez, et leur direz que le Roy
« mon maistre avoit beaucoup plus de suffisans per-
« sonnages en son royaulme que moy pour envoyer
« garder ceste ville, qui vous fait frontiere; mais puis
« qu'il m'a fait cest honneur de s'en fier en moy, j'es-
« pere avecques l'ayde de Nostre Seigneur, la luy con-

« server si longuement, qu'il ennuyra beaucoup plus
« à voz maistres d'estre au siege que à moy d'estre
« assiegé; et que je ne suis plus enfant qu'on estonne
« de parolles. »

Si commanda qu'on festoyast fort bien le herault, et puis qu'on le mist hors de la ville. Il s'en retourna au camp, et rapporta la responce que le bon Chevalier luy avoit faicte, qui ne fut gueres plaisante aux seigneurs, en presence desquelz estoit ung cappitaine nommé Grant Jehan, picart, qui toute sa vie avoit esté au service des roys de France en Ytalie, et mesmement où le bon Chevalier avoit eu charge, qui dist tout hault, adressant sa parolle au conte de Nansso et au seigneur Francisque : « Messeigneurs, ne vous
« attendez pas, tant que vive monseigneur de Bayart,
« d'entrer dedans Maizieres. Je le congnois, et plu-
« sieurs fois m'a mené à la guerre; mais il est d'une
« condition que s'il avoit les plus couars gens du
« monde en sa compaignie, il les fait hardis; et sa-
« chez que tous ceulx qui sont avecques luy mour-
« ront à la berche, et luy le premier, devant que
« nous mections le pied dedans la ville; et quant à
« moy, je vouldrois qu'il y eust deux mille hommes
« de guerre davantage, et sa personne n'y feust point. »
Le conte de Nansso respondit : « Cappitaine Grant Je-
« han, le seigneur de Bayart n'est de fer ny d'acier,
« nemplus que ung autre. S'il est gentil compaignon,
« qu'il le monstre; car, devant qu'il soit quatre jours,
« je luy feray tant donner de coups de canon, qu'il
« ne sçaura de quel costé se tourner. — Or on verra
« que ce sera, dist le cappitaine Grant Jehan; mais
« vous ne l'aurez pas ainsi que vous entendez. »

Ces parolles cesserent, et ordonnerent les conte de Nansso et seigneur Francisque leurs bateries chascun en son endroit, et de faire tous les efforts qu'on pourroit pour prendre la ville. Ce qui fut fait; et en moins de quatre jours il fut tiré plus de cinq mille coups d'artillerie. Ceulx de la ville respondoient fort bien, selon l'artillerie qu'ilz avoient; mais du camp de Francisque se faisoit grant dommage en la ville, par ce qu'il estoit logé sur ung hault, et batoit beaucoup plus à son aise que ne faisoit le conte de Nansso.

Le bon Chevalier, combien qu'il feust tenu ung des plus hardis hommes du monde, avoit bien une autre chose en luy autant à louer, car c'estoit ung des vigillans et subtilz guerroyeurs qu'on eust sceu trouver. Si advisa en soy mesmes comme il pourroit trouver moyen de faire repasser l'eaue au seigneur Francisque; car de son camp estoit il fort dommagé. Si fist escripre unes lettres à messire Robert de La Marche, qui estoit à Sedan, lesquelles estoient en ceste substance :
« Monseigneur mon cappitaine, je croy qu'estes assez
« adverty comme je suis assiegé en ceste ville par
« deux endrois; car d'ung costé est le conte de Nans-
« so, et deça la riviere le seigneur Francisque. Il me
« semble que puis demy an m'avez dit que voulez
« trouver moyen de le faire venir au service du Roy
« nostre maistre, et qu'il estoit vostre alyé. Pource
« qu'il a bruyt d'estre tresgentil galant, je le desire-
« rois à merveilles; mais si vous congnoissez que cela
« se puisse conduyre, vous ferez bien de le sçavoir de
« luy, mais plustost au jourd'huy que demain. S'il en
« a le vouloir, j'en seray tresayse; et s'il l'a autre, je
« vous advertiz que, devant qu'il soit vingt et quatre

« heures, luy et tout ce qui est en son camp sera mis
« en pieces; car à trois petites lieues d'icy viennent
« coucher douze mille Suysses et huyt cens hommes
« d'armes, et demain, à la pointe du jour, doivent
« donner sur son camp, et je feray une saillye de
« ceste ville par ung des costez; de façon qu'il sera
« bien habille homme s'il se sauve. Je vous en ay bien
« voulu advertyr; mais je vous prie que la chose soit
« tenue secrete. »

Quant la lectre fut escripte, prist un paysant, auquel il donna ung escu, et luy dist : « Va t'en à « Sedan (il n'y a que trois lieues d'icy) porter ceste « lectre à messire Robert; et luy dis que c'est le cap-« pitaine Bayart qui luy envoye. » Le bon homme s'en va incontinent. Or sçavoit bien le bon Chevalier que impossible seroit qu'il passast sans estre pris des gens du seigneur Francisque, comme il fut, avant qu'il feust à deux gectz d'arc de la ville. Incontinent fut amené devant ledit seigneur Francisque, qui luy demanda où il alloit. Le povre homme eut belle paour de mourir; aussi estoit il en grant dangier. Si dist : « Monseigneur, le grant cappitaine qui est dedans « nostre ville m'envoye à Sedan porter unes lettres à « messire Robert, » que le bon homme tira d'une boursette où il l'avoit mise.

Quant le seigneur Francisque tint ceste lectre, l'ouvrit, et commença à lire; et fut bien esbahy quant il eut veu le contenu. Si se commença à doubter que par envye le comte de Nansso luy avoit fait passer l'eaue, affin qu'il feust deffaict; car au paravant y avoit eu quelque peu de picque entre eulx, par ce que icelluy seigneur Francisque ne vouloit pas bien obeyr

au conte. A grant peine eut il achevé de lyre la lectre, qu'il commença à dire tout hault : « Je congnois
« bien à ceste heure que monseigneur de Nansso ne
« tasche que à me perdre; mais, par le sang Dieu, il
« n'en sera pas ainsi. » Si appella cinq ou six de ses
plus privez, et leur declaira le contenu en la lectre,
qui furent aussi estonnez que luy. Il ne demanda
point de conseil, mais feit sonner le tabourin et à
l'estendart, charger tout le bagaige, et se mist au
passage delà l'eaue.

Quant le conte de Nansso ouyt le bruit, fut bien
estonné, et envoya sçavoir que c'estoit par ung gentil homme; lequel, quant il arriva, trouva le camp du
seigneur Francisque en armes. Il s'enquist que c'estoit : on luy dist qu'il vouloit passer du costé du conte
de Nansso. Le gentil homme le luy alla dire, dont il
fut bien esbahy; car en ceste sorte se levoit le siege
de devant la ville. Si envoya ung de ses plus privez
dire au seigneur Francisque qu'il ne remuast point
son camp que premier n'eussent parlé ensemble, et
que s'il le faisoit autrement, ne feroit pas bien le service de son maistre. Le messagier luy alla dire sa
charge; mais Francisque, tout esmeu et courroucé,
luy respondit : « Retournez dire au conte de Nansso
« que je n'en feray riens, et que à son appetit je ne
« demoureray pas à la boucherie; et s'il me veult
« garder de loger aupres de luy, nous verrons par le
« combat à qui demourera le camp, à luy ou à moy. »

Le gentil homme du conte de Nansso s'en retourna,
et luy dist ce qu'il avoit ouy de la bouche du seigneur
Francisque. Jamais homme ne fut si esbahy qu'il fut ;
toutesfois, pour n'estre point surpris, fist mettre tous

ses gens en bataille. Ce pendant passerent les gens du seigneur Francisque, et eulx passez, se misrent pareillement en bataille; et, à les veoir, sembloit qu'ilz voulsissent combatre les ungs les autres, et sonnoient tabourins impetueusement. Le povre homme qui avoit porté la lectre à l'occasion de laquelle s'estoit eslevé ce bruyt (ne sçay comme Dieu le voulut) eschappa, et s'en retourna bien esbahy, comme ung homme qui pensoit estre eschappé de mort, dedans Maizieres, devers le bon Chevalier, auquel il alla faire ses excuses, disant qu'il n'avoit peu aller à Sedan, et qu'on l'avoit pris en chemin, et mené devant le seigneur Francisque, qui avoit veu ses lectres, et que incontinent s'estoit deslogé.

Le bon Chevalier se prist à rire à plaine gorge, et congneut bien que sa lectre l'avoit mis en pensement. Il s'en alla sur le rampart avecques quelques gentilz hommes, et veit ces deux camps en bataille l'ung devant l'autre. « Par ma foy, dist il, puis qu'ilz
« ne veullent commencer à combatre, je vois moy-
« mesmes commencer. » Si fist tirer cinq ou six coups de canon au travers des ennemys, qui, par gens lesquelz allerent d'ung costé puis d'autre, se rapaiserent et se logerent. Le lendemain, trousserent leurs quilles et leverent le siege, sans jamais y oser donner assault; et tout pour la crainte du bon Chevalier. Si tost ne se fist pas la paix du conte de Nansso et du seigneur Francisque, car plus de huyt jours furent sans loger ensemble. Et s'en alla Francisque vers la Picardie, du costé de Guyse, mettant le feu par tout; et plushault marchoit le conte de Nansso : mais peu après se rapaiserent, et furent amys.

Ainsi, par la maniere que dessus avez ouy, fut levé le siege de devant Maizieres, où le bon Chevalier sans paour et sans reprouche acquist couronne de laurier; car, bien qu'on ne livrast nul assault, il tint les ennemys trois sepmaines durant en aboy, pendant lequel temps le roy de France leva grosse armée, et assez puissante pour combatre ses ennemys; et vint luy mesmes en personne dedans son camp, où le bon Chevalier luy alla faire la reverence, et en passant reprist la ville de Mozon. Le Roy son maistre luy fist recueil merveilleux, et ne se povoit saouller de le louer devant tout le monde. Il le voulut honnestement recompencer du grant et recommandable service qu'il luy venoit freschement de faire : il le fist chevalier de son ordre, et luy donna cent hommes d'armes en chef; puis marcha apres ses ennemys, qu'il expulsa hors de ses pays, et les chassa jusques dedans Valenciennes, où le bon Chevalier se porta comme il avoit tousjours de coustume. Les Almans firent en Picardie beaucoup de mal par le feu ; mais les François ne furent point ingratz, et le leur rendirent au double en Henault.

Au retour que le Roy fist en la ville de Compiegne, eut quelques nouvelles de Gennes, et qu'il estoit besoing y envoyer quelque sage, hardy et advysé chevalier; parquoy ledit seigneur, sachant la bonne nature du bon Chevalier sans paour et sans reprouche, et que jamais ne se lassoit de faire service, luy en bailla la commission, le priant tresfort que, pour l'amour de luy, voulsist faire ce voyage, car il avoit grant espoir en sa personne. Il l'accepta d'aussi bon cueur qu'on le luy bailla; puis passa les montz, et fut à Gennes tresbien receu, tant du gouverneur, des gentilz hommes, que de tous les habitans; et tant qu'il y demoura fut honnoré et prisé d'ung chascun.

Il y eut plusieurs affaires en Ytalie, dont ne vous feray aucune mention, pour beaucoup de raisons; mais vous viendray à declairer le trespas du bon Chevalier sans paour et sans reprouche, qui fut ung grief irreparable, dolente et malheureuse la journée pour toute la noblesse de France.

CHAPITRE LXIV.

Comment le bon Chevalier sans paour et sans reprouche, en une retraicte qu'il fist en Ytalie, fut tué d'ung coup d'artillerie.

Au commencement de l'an 1524, le roy de France avoit une grosse armée en Ytalie soubz la charge de son admiral le seigneur de Bonnyvet, à qui il en avoit donné la charge, car il lui vouloit beaucoup de bien. Il avoit en sa compaignie force bons cappitaines: mesmement y estoit nouvellement arrivé ung jeune prince, enfant de la maison de Lorraine, nommé le conte de Vaudemont, lequel desiroit à merveilles sçavoir des armes, et suyvre par œuvres vertueuses ses ancestres. Or le camp du roy de France se tenoit pour lors en une petite ville nommée Biagras, où eulx estans là, le chef de l'armée, qui estoit l'admiral, appella ung jour le bon Chevalier, et lui dist: « Monseigneur de « Bayart, il fault que vous aillez loger à Robec avec « deux cens hommes d'armes et les gens de pied de

« Lorges; car par ce moyen travaillerons merveilleu-
« sement ceulx de Milan, tant pour les vivres que
« pour mieulx entendre de leurs affaires. »

Il fault sçavoir que combien que le bon Chevalier ne murmurast jamais de commission qu'on luy baillast, ne se povoit bonnement contenter de ceste là, pour la congnoistre dangereuse et doubteuse; et respondit comme à son lieutenant de roy : « Monsei-
« gneur, je ne sçay comment vous l'entendez; car,
« pour garder Rebec au lieu où il est assis, la moytié
« des gens qui sont en nostre camp y feroient bien
« besoing. Je congnois noz ennemys, ils sont vigilans;
« et suis bien asseuré qu'il est quasi difficile que je n'y
« reçoive de la honte : car il m'est bien advis que si
« quelque nombre de noz ennemys y estoient par
« une nuyt, les yrois resveiller à leur desavantage.
« Et pour ce, monseigneur, je vous supplie que vous
» advisez bien où vous me voulez envoyer. » L'admiral luy tint plusieurs propos, et qu'il ne se souciast point, car il ne sortiroit pas une soris de Milan qu'il n'en feust adverty; et tant luy en dist d'unes et d'autres, que le bon Chevalier, avecques grosse fascherie, s'en alla, avecques les gens qu'on luy avoit baillez, dedans Rebec; mais il n'y mena que deux grans chevaulx, car ses muletz et tout le reste de son train envoya dedans Novare, quasi prevoyant perdu ce qu'il detenoit avecques luy.

Venuz qu'ilz feussent en ce village de Rebec, adviserent comment ilz le fortifieroient; mais nul moyen n'y trouverent, sinon faire barrieres aux venues; mais par tous les costez on n'y povoit entrer. Le bon Chevalier escripvit plusieurs fois à l'admiral qu'il estoit en lieu tresdangereux, et que s'il vouloit qu'il s'y tiensist longuement, luy envoyast du secours; mais il n'en eut point de response. Les ennemys, qui estoient dedans Milan en nombre de quatorze ou quinze mille hommes, furent advertiz par leurs espies que le bon Chevalier estoit dedans Rebec à petite compaignie, dont ilz furent tres joyeulx. Si delibererent par une nuyt l'aller surprendre et deffaire; et suyvant ce vouloir se misrent aux champs environ mynuyt, en nombre de six à sept mille hommes de pied, et de quatre à cinq cens hommes d'armes : ilz estoient guydez par des gens qui sçavoient le village et les logis des plus apparans. Le bon Chevalier, qui tousjours se doubtoit, mettoit quasi toutes les nuyctz la moytié de ses gens au guet et aux escoutes, et luy mesmes y passa deux ou trois nuytz; tellement qu'il tumba malade, tant de melencolie que de froidure, beaucoup plus fort qu'il n'en faisoit le semblant : toutesfois contrainct fut de garder la chambre ce jour.

Quant ce vint sur le soir, il ordonna à quelques cappitaines qui estoient avecques luy aller au guet, et adviser bien de tous costez à ce qu'ilz ne feussent surpris. Ilz y allerent, ou firent semblant d'y aller; mais par ce qu'il plouvinoit ung peu, se retirerent tous ceulx qui estoient au guet, reservé trois ou quatre povres archiers. Les Espaignolz marchoient tousjours; et avoient, pour mieulx se congnoistre la nuyt, chascun une chemise vestue par dessus leur harnois. Quant ilz approcherent d'un gect d'arc du village, furent bien esbahis qu'ilz ne trouverent personne, et eurent pensement que le bon Chevalier avoit esté adverty de leur entreprinse, et qu'il s'estoit retiré à Byagras. Toutesfois ilz marchoient tousjours, et ne furent point cent pas loing qu'ilz ne trouvassent ce peu d'archiers qui estoient demourez au guet, lesquelz, sans escrier, commencerent à charger. Les povres gens ne firent point de resistence, ains se misrent à la fuyte, en criant : *Alarme, alarme!* mais ilz furent si vivement suyviz, que lesditz ennemys furent aux barrieres aussi tost que eulx. Le bon Chevalier, qui en tel dangier ne dormoit jamais que vestu, garny de ses avanbraz et cuyssolz, et sa cuyrasse aupres de luy, se leva soubdainement, et fist brider ung coursier qui ja estoit sellé, sur lequel il monta, et s'en vint, avecques cinq ou six hommes d'armes des siens, droit à la barriere, où incontinent survint le cappitaine Lorges et quelque nombre de ses gens de pied, qui se porterent tresbien.

Les ennemys estoient à l'entour du village, cherchant le logis du bon Chevalier; car s'ilz l'eussent prins, peu leur estoit le demourant : mais encores ne le tenoient ilz pas. La huée fut grosse, et l'alarme chault. Durant ce combat à la barriere, le bon Chevalier va ouyr les tabourins des gens de pied aux ennemys, qui sonnoient l'alarme tant dru que merveilles. Alors il dist au cappitaine Lorges : « Lorges
« mon amy, vecy jeu mal party : s'ilz passent ceste
« barriere, nous sommes fricassez. Je vous prie, re-
« tirez voz gens, et serrez le mieulx que pourrez :
« marchez droit à Byagras; car, avecques les gens de
« cheval que j'ay, demoureray sur le derriere. Il fault
« laisser nostre bagage aux ennemys; il n'y a remede.

« Saulvons les personnes, s'il est possible. » Incontinent que le bon Chevalier eut parlé, le cappitaine Lorges fist son commandement, et se retira, ce pendant qu'ilz faisoient ceste resistance à la barriere. La pluspart de tous les François monterent à cheval, et se retirerent, selon la fortune, tresgaillardement, et ne perdirent point dix hommes.

Les ennemys estoient descenduz la pluspart, et par les maisons et de tous costez cherchoient le bon Chevalier; mais il estoit desja à Byagras, où luy arrivé, eut quelques parolles fascheuses à l'admiral : toutesfois je n'en feray aucune mention : mais si tous deux eussent vescu plus longuement qu'ilz ne firent, feussent peult estre allez plus avant. Le bon Chevalier cuyda mourir de dueil du malheur qui luy estoit advenu, mesmement que ce n'estoit pas par sa faulte; mais en guerre y a de l'heur et du malheur plus qu'en toutes autres choses.

Quelque peu de temps apres ceste retraicte de Rebec, le seigneur admiral congnoissant son camp amoindrir de jour en jour, tant par faulte de vivres que de maladie qui couroit parmi ses gens, tint conseil avecques les cappitaines, où pour le mieulx fut deliberé qu'on se retireroit : et ordonna ses batailles, où en l'arrieregarde, comme tousjours estoit sa coustume aux retraictes, demoura le bon Chevalier. Les Espaignolz les suyvirent de jour en jour, et marchoient en belle bataille apres les François, et souvent s'escarmouchoient; mais quant venoit à charger, tousjours trouvoient en barbe le bon Chevalier avecques quelque nombre de gensd'armes, qui leur monstroit ung visage si asseuré qu'il les faisoit demourer tout coy, et menu et souvent les rembarroit dedans leur grosse troppe.

Ilz gecterent aux deux esles d'ung grant chemin force hacquebutiers et hacquebouziers, qui portent pierres aussi grosses que une hacquebute à croc, dont ilz tirerent plusieurs coups; et de l'ung fut frappé le gentil seigneur de Vendenesse, dont il mourut quelque temps apres, qui fut ung gros dommage pour France. Il estoit de petite corpulence, mais de haultesse de cueur et de hardiesse personne ne le passoit. Ce jeune seigneur de Vaudemont, qui de nouvel estoit au mestier des armes, s'y porta tant gaillardement que merveilles, et fist tout plein de belles charges, tant qu'il sembloit que jamais n'eust fait autre chose.

En ces entrefaictes, le bon Chevalier, asseuré comme s'il eust esté en sa maison, faisoit marcher les gensd'armes, et se retiroit le beau pas, tousjours le visage droit aux ennemys, et l'espée au poing leur donnoit plus de craincte que ung cent d'autres. Mais, comme Dieu le voulut permettre, fut tiré ung coup de hacquebouze, dont la pierre le vint frapper au travers des rains, et luy rompit tout le gros os de l'eschine. Quant il sentit le coup, se print à crier *Jesus!* et puis dist : *Helas! mon Dieu, je suis mort!* Si print son espée par la poignée, et baisa la croisée, en signe de la croix ; et en disant tout hault : *Miserere mei, Deus, secundum magnam misericordiam tuam,* devint incontinent tout blesme, comme failly des esperitz; et cuida tumber : mais il eut encores le cueur de prendre l'arson de la selle, et demoura en cest estat jusques à ce que ung jeune gentil homme, son maistre d'hostel, luy ayda à descendre, et le mist soubz ung arbre. Ne demoura gueres qu'il ne feust sceu parmy les amys et les ennemys que le cappitaine Bayart avoit esté tué d'ung coup d'artillerie, dont tous ceulx qui en eurent les nouvelles furent à merveilles desplaisans.

CHAPITRE LXV.

Du grant dueil qui fut demené pour le trespas du bon Chevalier sans paour et sans reprouche.

QUANT les nouvelles furent espandues parmy les deux armées que le bon Chevalier avoit esté tué, ou pour le moins blessé à mort, mesmement au camp des Espaignolz (1), combien que ce feust l'ung des

---

(1) *Mesmement au camp des Espaignolz* : On sait que le connétable de Bourbon alla consoler Bayard, et que le guerrier mourant lui dit : « Monseigneur, il ne faut pas avoir pitié de moi, qui meurs en homme « de bien ; mais j'ay pitié de vous, qui estes armé contre votre prince, « votre patrie et votre serment. » Champier donne d'autres détails sur cette conversation. « Quand le seigneur de Bourbon, dit-il, qui pour lors estoit chief des ennemis, sceut que Bayard estoit blecé à mort, si vint à luy, et luy dict : « Bayard mon ami, je suis desplaisant de « vostre inconvenient : il faut prendre patience ; ne vous donnez me-« lancolie ; je envoyerai querir les meilleurs cirurgiens de ce pays ; et, « à l'ayde de Dieu, serez tost guery. » Et quant Bayard eust oui ces paroles, et l'eut cogneu, lui dict : « Monseigneur, il n'est pas temps à « moy de querir les medecins du corps, mais ceulx de l'ame. Je cognois

hommes du monde dont ilz eussent greigneur craincte, en furent tous gentilz hommes et souldars desplaisans merveilleusement, pour beaucoup de raisons; car quant en son vivant faisoit courses, et il en prenoit aucuns prisonniers, les traictoit tant humainement que merveilles, et de rançon tant doulcement, que tout homme se contentoit de luy. Ilz cognoissoient que par sa mort noblesse estoit grandement affoiblie; car, sans blasmer les autres, il a esté parfaict chevalier en ce monde. Faisant la guerre avec luy, s'adressoient leurs jeunes gentilz hommes; et dist ung de leurs principaulx cappitaines qui le vint veoir devant qu'il rendist l'ame, nommé le marquis de Pescare [1], une haulte parolle à sa louenge, qui fut telle en son langage : « Pleust à Dieu, gentil seigneur de Bayart, « qu'il m'eust cousté une quarte de mon sang, sans « mort recevoir, je ne dusse manger chair de deux « ans, et je vous tiensisse en santé mon prisonnier; car,

« que je suis blécé à mort et sans remede; mais je loue Dieu, qui me
« donne la grace de le cognoitre à la fin de ma vie. Je prends la mort
« en gré, et n'ay aulcune desplaisance ne regret de mourir, fors que
« je ne puis faire service aulcun pour l'advenir au Roy mon souverain,
« et qu'il le me faut delaisser à ses plus grants affaires, dont je suis
« tres dolent et desplaisant. Je prie à Dieu que, apres mon trepas, il
« aye tel serviteur que je vouldrois estre. » S'en alla ledict seigneur
les larmes aux yeulx; si dict à ceulx qui estoient avec luy : « C'est une
« chose pitoyable de veoir ce bon Chevalier ainsy mourir, qui si no-
« blement et loyaument a servy tousjours ses princes roys de France,
« sans aulcune repréhension. Bien est heureux le prince qui a ung tel
« serviteur, et ne sçait la France qu'elle a perdu aujourd'huy à ce
« noble chevalier. »

Bayard mourut le 30 avril 1524, à l'âge de quarante-huit ans.

[1] *Le marquis de Pescare*: Fernand-François d'Avalos.

« par le traictement que je vous feroye, auriez cong-
« noissance de combien j'ay estimé la haulte prouesse
« qui estoit en vous. Le premier loz que vous don-
« nerent ceulx de ma nation, quant on dist *Mouches*
« *grisonnes et paucos Bayardos,* ne vous fut pas
« donné à tort; car depuis que j'ay congnoissance des
« armes n'ay veu ne ouy parler de chevalier qui en
« toutes vertus vous ait approché : et combien que je
« deusse estre bien aise vous veoir ainsi, estant asseuré
« que l'Empereur mon maistre en ses guerres n'avoit
« point de plus grant ne rude ennemy, toutesfois
« quant je considere la grosse perte que fait au jour-
« d'huy toute chevalerie, Dieu ne me soit jamais en
« ayde si je ne vouldroys avoir donné la moytié de
« mon vaillant, et il feust autrement. Mais puis que
« à la mort n'a nul remede, je requiers cil qui tous
« nous a créez à sa semblance qu'il vueille retirer
« vostre ame aupres de luy. » Telz piteux et lachry-
mables regretz faisoit le gentil marquis de Pescare et
plusieurs autres cappitaines sur le corps du bon Chevalier sans paour et sans reprouche; et croy qu'il n'y
en eut pas six de toute l'armée des Espaignolz qui ne
le viensissent veoir l'ung apres l'autre.

Or, puis qu'ainsi est que les ennemys si efforceement
ploroient sa mort, peult on assez considerer la grande
desplaisance qui en fut par tout le camp des François,
tant des cappitaines, gensd'armes, que gens de pied?
Car de chascun, en sa qualité, se faisoit aymer à merveilles; vous eussiez dit qu'il n'y avoit celluy qui n'eust
perdu son pere ou sa mere : mesmement les povres
gentilz hommes de sa compaignie faisoient dueil ines-

timable. « Las! disoient ilz, parlans à la Mort, des-
« loyalle furie, que t'avoit meffaict ce tant parfaict et
« vertueux chevalier? Tu ne t'es pas vengée de luy
« tout seul, mais nous tous as mis en douleur, jusques
« à ce que tu ayes fait ton chef d'oeuvre sur nous
« comme sur luy. Soubz quel pasteur yrons nous
« plus aux champs? quelle guyde nous pourra desor-
« mais Dieu donner, où nous feussions en telle seu-
« reté que quant nous estions avecques luy? car il n'y
« avoit celluy qui en sa presence ne feust aussi asseu-
« ré qu'en la plusforte place du monde. Où trouve-
« rons nous doresnavant cappitaine qui nous rachapte
« quant nous serons prisonniers, qui nous remonte
« quant nous serons desmontez, et qui nous nourrisse
« comme il faisoit? il est impossible. O cruelle Mort!
« c'est tousjours ta façon, que tant plus est ung homme
« parfaict, de tant plus prens tu tes esbas à le destruire
« et deffaire. Mais si ne sçaurois tu si bien jouer,
« qu'en despit de toy, combien que tu luy ayes osté
« la vie en ce monde, que renommée et gloire ne luy
« demoure immortelle tant qu'il durera; car sa vie a
« esté si vertueuse, qu'elle laissera souvenir à tous les
« preux et vertueux chevaliers qui viendront apres
« luy. »

Tant piteusement se demenoient les povres gentilz
hommes, que si le plus dur cueur du monde eust esté
en presence, l'eussent contrainct partir à leur dueil.
Ses povres serviteurs domesticques estoient tous trans-
siz, entre lesquelz estoit son povre maistre d'hostel,
qui ne l'abandonna jamais; et se confessa le bon Chevalier à luy, par faulte de prestre. Le povre gentil

homme fondoit en larmes, voyant son bon maistre si mortellement navré que nul remede en sa vie n'y avoit; mais tant doulcement le reconfortoit icelluy bon Chevalier, en luy disant: « Jaques mon amy,
« laisse ton dueil; c'est le vouloir de Dieu de m'oster
« de ce monde : je y ay la sienne grace longuement
« demouré, et y ay receu des biens et des honneurs
« plus que à moy n'appartient. Tout le regret que j'ay
« à mourir, c'est que je n'ay pas si bien fait mon de-
« voir que je devoys; et bien estoit mon esperance,
« si plus longuement eusse vescu, d'amender les faultes
« passées; mais puis qu'ainsi est, je supplie mon Crea-
« teur avoir pitié, par son infinie misericorde, de ma
« povre ame : et j'ay esperance qu'il le fera, et que,
« par sa grande et incomprehensible bonté, n'usera
« point envers moy de rigueur de justice. Je te prie,
« Jaques mon amy, qu'on ne m'enlieve point de ce
« lieu, car quant je me remue je sens toutes les dou-
« leurs que possible est de sentir, hors la mort, la-
« quelle me prendra bientost. »

Peu devant que les Espaignolz arrivassent au lieu où avoit esté blessé le bon Chevalier, le seigneur d'A-legre, prevost de Paris, parla à luy, et luy declaira quelque chose de son testament. Aussi y vint ung cap-pitaine de Suysses, nommé Jehan Dyesbac, qui l'a-voit voulu emporter sur des picques avecques cinq ou six de ses gens, pour le cuyder sauver; mais le bon Chevalier, qui congnoissoit bien comment il luy es-toit, le pria qu'il le laissast pour ung peu penser à sa conscience; car de l'oster de là ne seroit que abrege-ment de sa vie. Si convint aux deux gentilz hommes,

en grans pleurs et gemissemens, le laisser entre les mains de leurs ennemys : mais croyez que ce ne fut pas sans faire grans regretz, car à toutes forces ne le vouloient habandonner; mais il leur dist : « Messei-
« gneurs, je vous supplie, allez vous en; autrement
« vous tumberiez entre les mains des ennemys, et
« cela ne me prouffiteroit de riens, car il est fait de
« moy. A Dieu vous command, mes bons seigneurs
« et amys; je vous recommande ma povre ame, vous
« suppliant au surplus (adressant sa parolle au sei-
« gneur d'Alegre) que me saluez le Roy nostre mais-
« tre, et que desplaisant suis que plus longuement
« ne luy puis faire service, car j'en avois bonne vou-
« lenté; à messeigneurs les princes de France, et à
« tous messeigneurs mes compaignons, et general-
« lement à tous les gentilz hommes du treshonnoré
« royaulme de France, quant les verrez. » En disant lesquelles parolles le noble seigneur d'Alegre ploroit tant piteusement que merveilles, et print en cest estat congé de luy.

Il demoura encores en vie deux ou trois heures; et par les ennemys luy fut tendu ung beau pavillon, et ung lict de camp sur quoy il fut couché; et luy fut amené ung prestre, auquel devotement se confessa, et en disant ces propres motz : « Mon Dieu, estant
« asseuré que tu as dit que celluy qui de bon cueur
« retournera vers toy, quelque pecheur qu'il ait esté,
« tu es tousjours prest de le recevoir à mercy, et luy
« pardonner; helas! mon Dieu, createur et redemp-
« teur, je t'ay offencé durant ma vie griefvement,
« dont il me desplaist de tout mon cueur. Je congnois

« bien que quant je serois aux desers mille ans, au
« pain et à l'eaue, encores n'esse pas pour avoir entrée
« en ton royaulme de paradis, si, par ta grande et in-
« finie bonté, ne t'y plaisoit me recevoir ; car nulle
« creature ne peult meriter en ce monde si hault loyer.
« Mon pere et sauveur, je te supplie qu'il te plaise
« n'avoir nul regard aux faultes par moy commises,
« et que ta grande misericorde me soit preferée à la
« rigueur de ta justice. »

Sur la fin de ces parolles, le bon Chevalier sans paour et sans reprouche rendit son ame à Dieu; dont tous les ennemys eurent dueil non croyable. Par les chiefz de l'armée des Espaignolz furent commis certains gentilz hommes pour le porter à l'eglise, où luy fut fait solennel service durant deux jours. Puis par ses serviteurs fut mené ou Daulphiné; et en passant par les terres du duc de Savoye, où son corps reposoit, luy fist faire autant d'honneur que s'il eust esté son frere. Quand les nouvelles de la mort du bon Chevalier furent sceues ou Daulphiné, il ne fault point particulierement descripre le dueil qui y fut fait, car les prelatz, gens d'Eglise, nobles et populaire, le faisoient egallement; et croy qu'il y a mille ans qu'il ne mourut gentil homme du pays plainct de la sorte. On alla au devant du corps jusques au pied de la montaigne; et fut amené d'eglise en eglise en grant honneur jusques aupres de Grenoble, où au devant du corps, une demye lieue, furent messeigneurs de la cour de parlement du Daulphiné, messeigneurs des comptes, quasi tous les nobles du pays, et la pluspart de tous les bourgeois, manans et habitans de Grenoble, lesquelz convoyerent le trespassé jusques en l'eglise Nostre Dame dudit Grenoble, où le corps reposa ung jour et une nuyt, et lui fut fait service fort solennel. Le lendemain, ou mesme honneur qu'on l'avoit fait entrer en Grenoble, fut conduit jusques à une religion de mynymes à demye lieue de la ville, que autresfois avoit fait fonder son bon oncle l'evesque dudit Grenoble, Laurens Alment, où il fut honorablement enterré; puis chascun se retira en sa maison. Mais on eust dit durant ung moys que le peuple du Daulphiné n'attendoit que ruyne prochaine, car on ne faisoit que plorer et larmoyer; et cesserent festes, dances, bancquetz, et tous autres passetemps. Las! ilz avoient bien raison, car plus grosse perte n'eust sceu advenir pour le pays. Et quiconques en eut dueil au cueur, croyez qu'il touchoit de bien pres aux povres gentilz hommes, gentilz femmes, vefves, et aux povres orphelins, à qui secretement il donnoit et departoit de ses biens : mais avecques le temps toutes choses se passent, fors Dieu aymer. Le bon Chevalier sans paour et sans reprouche l'a craint et aymé durant sa vie; apres sa mort renommée luy demeure comme il a vescu en ce monde entre toutes manieres de gens.

CHAPITRE LXVI.

Des vertus qui estoient au bon Chevalier sans paour et sans reprouche.

Toute noblesse se debvoit bien vestir de dueil le jour du trespas du bon Chevalier sans paour et sans reprouche; car je croy que depuis la creation du monde, tant en la loy chrestienne que payenne, ne s'en est trouvé ung seul qui moins luy ait fait de deshonneur ne plus d'honneur. Il y a ung commun proverbe qui dit que *nul ne veit sans vice.* Ceste reigle a failly à l'endroit du bon Chevalier; car j'en prens à tesmoing tous ceulx qui l'ont veu, parlans à la verité, s'ilz en congneurent jamais ung seul en luy : mais, au contraire, Dieu l'avoit doué de toutes les vertus qui pourroient estre en parfaict homme, esquelles chascune par ordre se sçavoit tresbien conduyre. Il aymoit et craignoit Dieu sur toutes choses, ne jamais ne le juroit ne blasphemoit; et en tous ses affaires et necessitez avoit à luy seul son recours, estant bien certain que de luy et de sa garde et infinie bonté procedent toutes choses. Il aymoit son prochain comme soy mesmes : et bien l'a monstré toute sa vie, car oncques n'eut escu qui ne feust au commandement du premier qui en avoit à besongner; et, sans en demander, bien souvent en secret en faisoit bailler aux povres gentilz hommes qui en avoient necessité, selon sa puissance.

Il a suivy les guerres soubz les roys Charles huictiesme, Loys douziesme, et François premier de ce nom, roys de France, par l'espace de trente et quatre ans, où durant le temps ne s'est trouvé homme qui l'ait passé en toutes choses servans au noble exercice des armes; car de hardiesse peu de gens l'ont approché. De conduyte, c'estoit ung Fabius Maximus; d'entreprises subtiles, ung Coriolanus; et de force et magnanimité, ung second Hector; furieux aux ennemys, doulx, paisible et courtois aux amys. Jamais souldart qu'il eust soubz sa charge ne fut desmonté, qu'il ne remontast; et, pour plus honnestement donner ces choses, bien souvent changeoit ung coursier ou cheval d'Espaigne, qui valloit deux ou trois cens escus, à ung de ses hommes d'armes, contre ung courtault de six escus; et donnoit à entendre au gentil homme que le cheval qu'il luy bailloit luy estoit merveilleusement propre. Une robe de veloux, satin ou damas, changeoit tous les coups contre une petite cape, affin que plus gracieusement et au contentement d'ung chascun il peust faire ses dons. On pourroit dire il ne povoit pas donner de grans choses, car il estoit povre : autant estoit il honnoré d'estre parfaictement liberal, selon sa puissance, que le plus grant prince du monde; et si a gaigné durant les guerres, en sa vie, cent mille francz en prisonniers, qu'il a departis à tous ceulx qui en ont eu besoing.

Il estoit grant aumosnier, et faisoit ses aulmosnes secretement. Il n'est riens si certain qu'il a marié en sa vie, sans en faire bruyt, cent povres filles orphelines, gentilz femmes, ou autres. Les povres veufves consoloit, et leur departoit de ses biens. Avant que jamais sortir de sa chambre, se recommandoit à Dieu, [disoit ses heures à deux genoulx, en grande humilité (1)]; mais ce faisant ne vouloit qu'il y eust personne. [Le soir, quant il estoit couché, et il congnoissoit que ses varletz de chambre estoient endormis, feust yver ou esté, se levoit en sa chemise, et tout le long de son corps s'estendoit et baisoit la terre (2)]. Jamais ne fut en pays de conqueste que s'il a esté possible de trouver homme ou femme de la maison où il logeoit, qu'il ne payast ce qu'il pensoit avoir despendu ; et plusieurs fois luy a l'on dit : « Monseigneur, c'est argent perdu « ce que vous baillez, car, au partir d'icy, on mettra « le feu ceans, et ostera l'on ce que vous avez donné. » Il respondoit : « Messeigneurs, je fais ce que je doy. « Dieu ne m'a pas mis en ce monde pour vivre de pil- « lage ne de rapine ; et davantage ce povre homme « pourra aller cacher son argent au pied de quelque « arbre, et quant la guerre sera hors de ce pays il s'en « pourra ayder, et priera Dieu pour moy. »

Il a esté en plusieurs guerres où il y avoit des Almans, qui au desloger mectent voulentiers le feu en leurs logis : le bon Chevalier ne partit jamais du sien qu'il ne sceust que tout feust passé, ou qu'il ne laissast gardes affin qu'on n'y mist point le feu. Entre toutes manieres de gens, c'estoit la plus gracieuse personne du monde, qui plus honnoroit gens de vertu, et qui moins parloit des vicieux. Il estoit fort mauvais flateur et adulateur. Tout son cas estoit fondé en verité ; et à quelque personne que ce feust, grant prince ou autre, ne flechissoit jamais pour dire autre chose que la raison. Des biens mondains, il n'y pensa en sa

---

(1) (2) Ce qui est entre crochets manque dans les autres éditions.

vie : et bien l'a monstré, car à sa mort il n'estoit gueres plus riche que quant il fut né. Quant on luy parloit des gens puissans et riches où il pensoit qu'il n'y eust pas grande vertu, faisoit le sourt et en respondoit peu ; et par le contraire ne se povoit saouller de parler des vertueux. Il estimoit en son cueur ung gentil homme parfait qui n'avoit que cent francs de rente, autant que ung prince de cent mille ; et avoit cela en son entendement, que les biens n'anoblissent point le cueur.

Le cappitaine Loys d'Ars le nourrit en jeunesse, et croy bien que soubz luy aprist le commencement des armes. Aussi toute sa vie luy a il porté autant d'honneur que s'il eust esté le plus grant roy du monde. Et quant on parloit de luy, le bon Chevalier y prenoit plaisir merveilleux, et n'estoit jamais las d'en bien dire. Il ne fut jamais homme suyvant les armes qui mieulx en congneust l'ypocrisie, et souvent disoit que c'est la chose en ce monde où les gens sont les plus abusez ; car tel fait le hardy breneux en une chambre, qui aux champs, devant les ennemys, est doulx comme une pucelle. Peu a prisé en son temps gensd'armes qui habandonnent leurs enseignes pour contrefaire les hardis ou aller au pillage. C'estoit le plus asseuré en guerre qu'on ait jamais congneu ; et à ses parolles eust fait combatre le plus couart homme du monde.

Il a fait de belles victoires en son temps, mais jamais on ne l'en ouyt venter ; et s'il convenoit qu'il en parlast, en donnoit tousjours la louenge à quelque autre. Durant sa vie a esté à la guerre avecques Anglois, Espaignolz, Almans, Ytaliens et autres nations, et en plusieurs batailles gaignées et perdues : mais où elles ont esté gaignées, Bayart en estoit tousjours en partie cause; et où elles se sont perdues, s'est trouvé tousjours si bien faisant, que gros honneur luy en est demouré. Oncques ne voulut servir que son prince, soubz lequel n'avoit pas de grans biens, et luy en a on presenté beaucoup plus d'ailleurs en son vivant; mais tousjours disoit qu'il mourroit pour soustenir le bien public de ses pays. Jamais on ne luy sceut bailler commission qu'il refusast; et si luy en a on baillé de bien estranges. Mais pource que tousjours a eu Dieu devant les yeulx, luy a aydé à maintenir son honneur; et jusques au jour de son trespas on n'en avoit pas osté le fer d'une esguillette.

Il fut lieutenant pour le Roy son maistre ou Daulphiné, ouquel si bien gaigna le cueur tant des nobles que des roturiers, qu'ilz feussent tous mors pour luy. S'il a esté prisé et honnoré en ses pays, ne se fault pas esmerveiller, car trop plus l'a esté par toutes autres nations: et cela ne luy a pas duré ung ne deux ans, mais tant qu'il a vescu, et dure encores apres sa mort; car la bonne et vertueuse vie qu'il a menée luy rend louenge immortelle. Oncques ne fut veu qu'il ait voulu soustenir le plus grant amy qu'il eust ou monde contre la raison, et tousjours disoit le bon gentil homme que *tous empires, royaulmes et provinces sans justice sont forestz pleines de brigans.* Es guerres a eu tousjours trois excellentes choses, et qui bien affierent à parfaict chevalier: *assault de levrier, deffense de sanglier, et fuite de loup.* Brief, qui toutes ses vertus vouldroit descripre, il y conviendroit bien la vie d'ung bon orateur; car moy, qui suis debile et peu garny de science, n'y sçauroye attaindre; mais de ce que j'en ay dit, supplie humblement à tous lecteurs de ceste presente histoire le vouloir prendre en gré ; car j'ay fait le mieulx que j'ay peu, mais non pas qui estoit bien deu pour la louenge d'ung si parfaict et vertueux personnage que le bon Chevalier sans paour et sans reprouche, le gentil seigneur de Bayart, duquel Dieu par sa grace vueille avoir l'ame en paradis! *Amen.*

Cy fine la tresjoyeuse, plaisante et recreative Histoire, composée par le loyal Serviteur, des faictz, gestes, triumphes et prouesses du bon Chevalier sans paour et sans reprouche, le gentil seigneur de Bayart.

HISTOIRE
DES CHOSES MEMORABLES
ADVENUES
DU REIGNE DE LOUIS XII
ET FRANÇOIS I

EN FRANCE, ITALIE, ALLEMAGNE ET ES PAYS-BAS,

DEPUIS L'AN 1499 JUSQUES EN L'AN. 1521,

MISE PAR ESCRIPT PAR ROBERT DE LA MARK,

SEIGNEUR DE FLEURANGE ET DE SEDAN,

MARESCHAL DE FRANCE.

NOTICE

SUR FLEURANGE

ET SUR SES MÉMOIRES.

Robert III de La Marck, seigneur de Fleurange, naquit en 1492 ou 1493. Son père, Robert II, à qui un courage opiniâtre avoit fait donner le nom de *grand sanglier des Ardennes*, possédoit la seigneurie de Sedan, ancien fief de l'église de Reims, qui, après avoir appartenu à Louis, duc d'Orléans, frère de Charles VI, avoit été acquise par un de ses aïeux, et le territoire de Bouillon, propriété des évêques de Liége, dont il avoit usurpé la souveraineté. Placé entre la France et l'Empire, presque toujours en guerre depuis que la succession de la maison de Bourgogne avoit passé à la maison d'Autriche par le mariage de Maximilien et de Marie, Robert II prit le parti de Louis XII, et se distingua dans les guerres d'Italie avec ses trois fils, Fleurange dont nous publions les Mémoires, Jamets et Saussy.

Fleurange, à peine âgé de neuf ans, avoit obtenu d'aller à la cour de Louis XII; il y fut accueilli par le jeune François, héritier présomptif de la couronne, dont il devint bientôt le serviteur le plus dévoué. Il raconte dans ses Mémoires l'éducation qu'il reçut à cette excellente école de chevalerie, et s'étend ensuite sur les glorieux faits d'armes auxquels il prit part.

Comblé de bienfaits par Louis XII, honoré de toute la confiance de François I, il se distingua sous ces deux rois par sa valeur, son désintéressement et sa fidélité.

En 1518, peu de temps après le commencement des troubles du luthéranisme, le père de Fleurange, croyant avoir à se plaindre de François I, passa au service de Charles-Quint, qui n'étoit encore que roi d'Espagne, et dont l'aïeul Maximilien vivoit encore. Fleurange, qu'il chercha vainement à entraîner dans sa défection, et qui fut déshérité pour avoir refusé de trahir ses sermens, ne montra que plus de zèle pour servir le prince auquel il avoit sacrifié ses intérêts et ses affections les plus chères. Après la mort de Maximilien, il fut chargé en Allemagne d'une mission qui supposoit la plus haute confiance : il s'agissoit de gagner les électeurs, et de procurer au roi de France la couronne impériale. On sait que cette mission n'eut aucun succès, et que, malgré les prodigalités des ambassadeurs français, Charles-Quint obtint la majorité des suffrages.

Cette mission, si elle eût réussi, auroit élevé dès-lors Fleurange aux plus brillans emplois : mais, suivant l'usage ordinaire des cours, on oublia les efforts qu'il avoit faits pour soutenir une prétention peu fondée, et l'on ne fit attention qu'au résultat, qui ne pouvoit être favorable. Privé de son patrimoine, n'obtenant aucune récompense de sa fidélité, il ne balança pas un moment à suivre la ligne que l'honneur lui traçoit, et il repoussa toutes les avances qui lui furent faites par le nouvel empereur. Il auroit, comme Bayard, vécu dans la médiocrité, et ne seroit jamais parvenu aux premiers grades militaires, si l'inconstance de son père n'eût pas rétabli sa fortune. Ce seigneur, mécontent de l'Empereur, qui vouloit le priver du duché de Bouillon, l'abandonna en 1521, osa lui déclarer la guerre dans la ville de Worms, en pleine diète, et repassa au service de France : démarche hardie qui eut la plus grande influence sur les destinées de l'Europe, puisqu'elle fut la première cause apparente de la lutte longue et terrible de François I et de Charles-Quint.

L'Empereur fit donc porter la guerre dans les principautés de la maison de La Marck : Fleurange et ses deux frères la soutinrent avec courage ; mais obligés de céder au nombre, ils perdirent toutes leurs possessions, à l'exception de la ville et du château de Sedan. Cette famille, qui n'avoit plus de ressources que dans les libéralités du roi de France, s'attacha plus que jamais à lui : elle lui fut d'une grande utilité par ses relations en Allemagne, où elle se trouva souvent chargée de faire des levées de lansquenets.

En 1524, Fleurange suivit François I dans le Milanais, et fut, au commencement de l'année suivante, fait prisonnier comme lui à la bataille de Pavie. Charles-Quint le fit enfermer dans la citadelle de L'Ecluse ; et sa captivité fut d'autant plus rigoureuse, que ce prince regardoit son père comme un traître. Ce fut dans cette prison qu'il composa ses Mémoires, *afin*, dit-il, *de passer son temps plus légerement, et n'estre oiseux.*

Après le traité de Madrid, François I n'oublia pas l'un de ses plus fidèles serviteurs ; et Fleurange, à la suite d'une négociation, fut mis en liberté. Il reçut alors les récompenses dues à sa valeur et à sa fidélité. Fait capitaine des gardes et maréchal de France en 1526, il obtint, pour dédommagement de ses pertes, les villes de Château-Thierry et de Châtillon-sur-Marne. On ignore les services qu'il rendit pendant les dix années qui suivirent sa promotion au premier grade militaire : on sait seulement qu'au mois de septembre 1536 il défendit et sauva la ville de Péronne, assiégée par le comte de Nassau, général de Charles-Quint. Etant venu à Amboise rendre compte au Roi de cette affaire, il apprit la mort de son père, et partit aussitôt pour se mettre en possession de Sedan. Arrêté à Longjumeau par une fièvre violente, il y mourut au mois de décembre 1536.

En 1591, son arrière-petite-fille Charlotte de La Marck, devenue l'unique héritière de cette maison, épousa Henri de La Tour-d'Auvergne, vicomte de Turenne, qui fut depuis connu sous le nom de duc de Bouillon, et qui joua un grand rôle sous les règnes de Henri IV et de Louis XIII.

Les Mémoires de Fleurange, qui font mention de presque tous les événemens importans des règnes de Louis XII et de François I, depuis 1501 jusqu'en 1521, sont remarquables par un ton de naïveté et de franchise qui inspire beaucoup de confiance. Si l'auteur se trompe quelquefois, on voit que c'est involontairement. Il parle de lui avec une modestie qui donne l'idée la plus avantageuse de son caractère. Le sang froid avec lequel il raconte ses malheurs et les désastres de sa famille montre qu'il avoit autant de fermeté et de courage que de désintéressement. On trouve dans son ouvrage des détails très-intéressans sur les mœurs et les usages de la cour, et c'est là que tous les historiens ont puisé la description de la fameuse entrevue de François I et de Henri VIII entre Ardres et Guines. Il nous apprend une particularité qui ne se trouve dans aucune histoire de cette époque : c'est que François 1, doué d'une éloquence naturelle, ne permettoit pas que, suivant l'usage, son chancelier répondît aux ambassadeurs qui lui étoient présentés, et que lui-même leur répondoit avec beaucoup de dignité, sans aucune préparation.

Une anecdote fort curieuse, qui donne une idée très-juste des mœurs du temps, et dont il est étonnant que les historiens n'aient pas fait mention, est aussi rapportée dans ces Mémoires. Une jeune dame de Metz, cousine de Fleurange, voulut quitter son époux, qu'elle accusoit d'impuissance, après sept ans de mariage : son véritable motif étoit de pouvoir épouser son amant. Elle obtint du Pape les dispenses nécessaires ; mais les magistrats de Metz, ville libre, refusèrent de la faire rentrer dans ses biens. Fleurange, zélé défenseur des dames, sans trop examiner si celle-ci avoit raison, marcha aussitôt sur Metz avec huit cents chevaux, six cents lansquenets et douze pièces de canon. Les magistrats, n'ayant point de réplique à un si terrible argument, rendirent à la dame ses propriétés; et ce qu'il y eut de fort remarquable, c'est qu'en se soumettant ils donnèrent au vainqueur le nom de *très-sage*. « La dame, observe
« Fleurange, épousa depuis un gentilhomme de Lor-
« raine, fort homme de bien, et en eut de beaux en-
« fans. »

Les Mémoires de Fleurange furent publiés pour la première fois en 1753 par l'abbé Lambert, qui les tenoit du comte de La Marck : ils forment le septième volume de l'édition qu'il a donnée des Mémoires de Du Bellay. L'ordre chronologique n'est pas toujours observé dans la distribution de quelques chapitres : nous avons remédié à ce défaut en plaçant en tête de chacun d'eux les dates auxquelles ils se rapportent.

HISTOIRE

DES CHOSES MEMORABLES

ADVENUES

DU REIGNE DE LOUIS XII

ET FRANÇOIS I.

Du temps que le jeune Adventureux tenoit sa prison au chasteau de L'Escluse en Flandres, sous un gentil-homme nommé Charles de Saint Paul, capitaine dudit chasteau, par et affin de passer son temps plus legerement, et n'estre oiseux, voulust mettre par escript, en maniere d'abbregé, les adventures qu'il a euës et veuës, et ce qui est advenu en son temps depuis l'aage de huit à neuf ans jusques en l'aage de trente quatre ans, pour monstrer et donner à connoistre aux jeunes gens du temps advenir, pour en lisant y proufiter sans entrer en paresse, et pour avoir la connoissance de luy et qui il feust. Son pere estoit messire Robert de La Marche, seigneur de Sedan, et frere au cardinal de La Marche, qui tenoit le duché de Bouillon entre ses mains, laquelle lignée de La Marche, qui est venuë d'un ancien Romain [1] de pere et de fils jusques

---

[1] *D'un ancien Romain* : il est aisé de voir que cette origine est fabuleuse.

à présent, lequel étoit prince de la marche d'Ancone, lequel feust banni de son pays, et de là s'en vint en Allemagne, où il fonda la comté de La Marche et la comté d'Aremberg, et plusieurs autres : et vint aussi ledit Adventureux, du costé sa mere, de dame Catherine de Croy, sœur à messire Charles de Croy, prince de Chimay.

Or dit l'histoire que quant le jeune Adventureux feust en l'aage de huit à neuf ans à la maison de monsieur son pere à Sedan, qui pour lors estoit revenu d'une guerre qu'il avoit faite contre le duc de Lorraine, ce jeune homme Adventureux se voyant en aage de pouvoir monter sur un petit cheval, et, avec ce que desja en son temps avoit leu quelques livres des chevaliers adventureux du temps passé, et aussi avoit oui raconter des adventures qu'ils avoient euës et achevées, délibera en soy d'aller veoir le monde, et aller à la cour du roi de France Louis douzieme, qui pour lors estoit le prince le plus renommé de la chrestienté; et fist tant, avec l'aide d'un gentilhomme françois, le vicomte d'Etoges, gentil chevalier et allié de sa maison, et d'un qui s'appelloit le capitaine Jennot, ou le bastart gascon, lieutenant de cent hommes d'armes de la compagnie de monsieur de Sedan, et principalement avec l'aide de madame sa mere, fist tant que ledict sieur de Sedan feust content qu'il allast en France devers ledict roi Louis douzieme. Et print congé ledict Adventureux de ses pere et mere, lesquels lui baillerent un jeune gentilhomme nommé Fontaine, fils du prevost de Bouillon, pour estre son gouverneur, et le conduire devers le Roi; un gentilhomme gascon, nommé Tourneville, appellé en

France le chevalier des Ardennes; et un autre nommé François de La Jouste, seigneur de Ferrant, et le porteur d'enseigne de sa compagnie, nommé Vidost : et le menerent passer à Pougy vers madame de Braine sa tante, et de-là s'en alla vers le roi de France, qui se tenoit à Blois.

CHAPITRE PREMIER.

Comment le Roi fit fort bon recueil au jeune Adventureux, et, ayant regard à sa grande jeunesse, l'envoya à monsieur d'Angoulesme, qui tenoit lieu de Dauphin et seconde personne de France, pour le servir, et nourrir avecques luy.

[1501-1502] Le jeune Adventureux arrivé à Blois, se partist de lui Tourneville, lequel alla dire au Roy la venuë de ce jeune homme, qui en feust tres-aise, et le fist reposer et rafreschir jusques au lendemain; et après le manda pour lui faire la reverence, laquelle il lui fist en disant : « Mon fils, vous soyés le « tres-bien venu; vous estes trop jeune pour me servir, « et pour ce je vous envoyerai devers monsieur d'An- « goulesme à Amboise, qui est de vostre aage; et je « croy que vous y tiendrés un bon mesnage. » Sur quoi lui fist response ledict jeune Adventureux : « J'iray où « il vous plaira me commander; je suis assez vieil « pour vous servir et pour aller à la guerre, si vous « voulez. » A quoy respondit ledict sieur : « Mon « ami, vous avez bon courage, mais j'aurois peur que « les gembes ne vous faillissent en chemin; mais je

« vous promets que vous irez; et quand j'irai, je vous
« manderai. » Et de-là l'envoya ledict sieur vers la
Reine et les dames, qui lui fisrent merveilleusement
bonne chere; et le lendemain l'envoya le Roi vers
monsieur d'Angoulesme, madame sa mere et madame
d'Alençon, lesquelles lui fisrent bon recueil; aussi fist
monsieur le mareschal de Gié, qui estoit fort grand
ami de la maison de La Marche, qui, pour l'heure d'a-
doncques, avoit tout le gouvernement de France.

CHAPITRE II.

*Comment le jeune Adventureux feust bien receu de
Monsieur, qui estoit aagé de sept à huit ans, et de
madame sa mere; et ce chapitre parle aussi de
leurs folies, passetems et jeunesses au chasteau
d'Amboise.*

[1501-1502] LE lendemain, se partist le jeune Adventureux de Blois, pour venir vers monsieur d'Angoulesme et Madame à Amboise, où se logea ledict
Adventureux entre les deux ponts, à l'enseigne de
Sainte Barbe, audict Amboise; et le lendemain ma
dicte dame envoya force vins et presens audict jeune
Adventureux. Et le disner passé, s'en alla vers monsieur d'Angoulesme et madame sa mere pour leur faire
la reverance, lesquels lui fisrent merveilleusement
bon recueil, et se trouverent ledict sieur d'Angoulesme et le jeune Adventureux presque d'un aage et
d'une hauteur, lesquels eurent bientôt bonne cognois-
sance et bonne accointance ensemble; et qui eust eu
faulte de bon conseil, il l'eust bientôt trouvé entre

ces deux personnages. Et bientôt après vint le roi Louis audict Amboise, où alla ledict sieur d'Angoulesme à l'encontre dans une litiere, et le jeune Adventureux avecques; et là où se vint à veoir le Roi, qui estoit en basteau sur la riviere de Loire qu'alloit en Bretaigne, y eust grant debat entre Monsieur et le jeune Adventureux pour sortir hors de la litiere, à cause qu'il n'y avoit qu'un trou; et le jeune Adventureux, qui n'estoit arrivé que de deux jours, cuidoit estre aussi grand maistre que mondict sieur. Et après avoir le Roi faict grande chere à monsieur d'Angoulesme et au jeune Adventureux, passa tout outre sans s'y arrester, pour faire son voyage en Bretaigne; et mon dict sieur et l'Adventureux demeurerent à Amboise, faisant grand chere.

CHAPITRE III.

Comment monsieur d'Angoulesme et le jeune Adventureux, et tout plain d'autres jeunes gentils-hommes, jouoient à la boule.

Comment monsieur d'Angoulesme et le jeune Adventureux jouoient à l'escaigne, qui est un jeu venu d'Italie, de quoi on n'use point ès pays de par deça, et se joue avec une balle pleine de vent, qui est assez grosse; et l'escaigne qu'on tient dans la main est faict le devant en maniere d'une petite escabelle, dont les deux petits pieds sont pleins de plomb, afin qu'elle soit plus pesante et qu'elle donne plus grand coup.

Comment monsieur d'Angoulesme et le jeune Adventureux, et tout plain de jeunes gentilshommes, passoient le tems à tirer de l'arc, vous asseurant que c'estoit l'un des plus gentils archers et des plus forts que l'on a point veu de son temps.

Comment ledict sieur d'Angoulesme et le jeune Adventureux laschoient des pants de rets, et toute maniere de harnois, pour prendre les cerfs et les bêtes sauvages.

Comment mondict sieur d'Angoulesme et le jeune Adventureux tiroient de la serpentine avec les petites fleches, après un blanc en une porte, pour veoir qui tireroit le plus près.

Comment ledict sieur d'Angoulesme et Montmorenci jouoient à la grosse boule contre le jeune Adventureux et Brion, qui est un jeu d'Italie, non accoustumé par deça, qui est aussi grosse qu'un tonneau, pleine de vent, et se joue avec un brasselet d'estain bien feultreux avec des corroyes de cuir, et s'étend depuis le coude jusques au bout du poing, avec une poignée d'estain qui se tient dedans la main. Et est un jeu fort plaisant à ceux qui s'en sçavent aider, duquel ledict seigneur jouoit merveilleusement bien plus qu'homme que j'ai veu de son temps; car il estoit grand et faict pour ce faire, car ce jeu demande grande addresse et grande puissance.

Comment mondict sieur d'Angoulesme et le jeune Adventureux faisoient de petits chasteaux ou bastillons, et assailloient l'un l'autre, tellement qu'il y en avoit souvent de bien batus, frottés; et estoit en ce tems le jeune Adventureux l'homme de la plus grande jeunesse que jamais se visse.

Comment mondict sieur d'Angoulesme et le jeune

Adventureux, et autres jeunes gentilshommes, faisoient des bastillons, et les assailloient tous armés pour les prendre et deffendre à coups d'espée; et entre autres y en eust un auprès du jeu de paulme à Amboise, là où monsieur de Vendosme, qui estoit venu veoir monsieur d'Angoulesme, cuida estre affolé(1), et tout plain d'autres.

Comment, après que mondict sieur d'Angoulesme et le jeune Adventureux, et autres jeunes gentilshommes, devinrent un peu plus grands, commencerent eulx armer, et faire joustes et tournois de toutes les sortes qu'on se pouvoit adviser; et ne feust qu'à jouster au vent, à la selle dessainglée ou à la nappe : et croy que jamais prince n'eust plus de passe-temps qu'avoit mondict sieur, et estre mieux endoctriné que madame sa mere l'a tousjours nourry.

CHAPITRE IV.

Le beau tournois qui feust faict pour la venüe du prince de Castille; et du mariage qui feust faict du marquis de Montferrant avec la puisnée sœur de monsieur d'Alençon.

[Décembre 1501] EN ce tournoy, qui feust faict en la grande cour du chasteau de Blois, devant le donjon du dict chasteau, estoit tenant monsieur de Laval, monsieur de Rochepot et Guyepot; et audict tournoy feust jousté les premiers jours au grand appareil, qui

---

(1) *Affolé* : estropié, blessé.

feust chose fort belle à veoir; et les autres jours hors lice, à l'espée et à la barriere, là où feurent faictes plusieurs belles appertisses d'armes; et avoit monsieur de Laval tenant un grant Maure qui le menoit sur les rangs : et feust le marquis de Montferrant le premier des venans, qui estoit un prince bien honneste, jeune fils, lequel courut à la lance tous ces jours, et fist tant bien son devoir et à pied et à cheval qu'est impossible plus, dont lui feust donné le prix de ceulx de dehors, et des venans pour les dames. Et fist le Roy le mariage (1) de monsieur le marquis de Montferrant à la plus jeune sœur de monsieur d'Alençon, et est sœur de la femme de monsieur de Dunois, qui feust duc de Longueville, laquelle a pour ce jourd'hui espousé le duc de Vendosme, qui estoit l'aisnée; et depuis, deux jours après, feust traité entre le Roy et ledict prince de Castille le mariage de Charles, fils aisné dudict prince et jeune archiduc d'Autriche, à madame Claude, seule fille du roy de France.

Comment messire Robert de La Marche, sieur de Sedan, vint avec cinq cent hommes d'armes et quelques gens de pieds, dont les noms des capitaines s'en suivent cy-après : et en feust ung, messire Gratien Gherre, espaignol, vieil chevalier et fort homme de bien, et gouverneur de Mouson, avec cinquante lances; et la compagnie de monsieur de Bourbon, de cent hommes d'armes, et la bande de monsieur d'Orval, gouverneur de Champagne, dont estoit lieutenant monsieur de Rochefort.

(1) *Fist le Roy le mariage* : Guillaume Paléologue, marquis de Montferrat, n'épousa Anne d'Alençon qu'en 1508. Il paroît qu'il n'est ici question que de fiançailles.

J'avois oublié à mettre comment le fils du pape Alexandre (¹) vint en France en la plus grande pompe et richesse du monde, tant en mulets qu'en autres choses, car il avoit ses housseaux tout couverts de perles, et ses mulets tous accoustrés de velour cramoisy, en la plus grande richesse que jamais vint homme; et luy fist le Roy bon recueil et fort gros, de même que monsieur le legat d'Amboise, pour venir à ses fins. Et quant il feust venu vers le Roy, il fist le mariage d'une des filles d'Albret, sœur de la princesse de Chimay, et le fist duc de Valentinois; et de là s'en alla à Rome monsieur le légat avecques luy (²), là où trouverent le pape Alexandre mort. Et y estoit allé monsieur le legat avecques cinq cent hommes d'armes; et quand ils feurent arrivés, le duc de Valentinois luy demanda s'il vouloit estre pape, puisqu'il estoit là pour ceste cause, qu'il le seroit; et que s'il y vouloit aller par élection et par la voix du Saint Esprit, qu'il ne le seroit jamais : à quoy monsieur le legat respondit qu'il aimeroit mieux ne le point estre que l'estre par force (³). Et en feust eslu un autre qui porta un grand dommaige à la chres-

---

(¹) *Le fils du pape Alexandre*: Fleurange n'étoit pas encore à la cour lorsque César Borgia y arriva en 1499. Tous les détails de son séjour en France, et de son mariage avec Charlotte d'Albret, se trouvent dans le Tableau du règne de Louis xii. — (²) *Et de là s'en alla à Rome monsieur le légat avecques luy*: Le cardinal d'Amboise, alors légat *à latere* en France, n'alla point à Rome avec César Borgia. Louis xii fit la conquête du Milanais, et aida ensuite Borgia à soumettre plusieurs villes de la Romagne. (*Voyez* le Tableau du règne de Louis xii.) Alexandre vi, père de César Borgia, ne mourut qu'en 1503. — (³) *L'estre par force*: Voyez, dans le Tableau du règne de Louis xii, la conduite que tint alors le cardinal d'Amboise. François Piccolomini fut d'abord élu pape sous le nom de Pie iii, et ne régna tienté; car ledict legat ne vouloit que la paix, et ainsi retourna en France sans rien faire. Et pour vous compter des nopces dudict duc de Valentinois, il demanda des pilules à l'apoticaire pour festoyer sa dame, là où eust de gros abus, car, au lieu de luy donner ce qu'il demandoit, luy donna des pillules laxatives, tellement que toute la nuict il ne cessa d'aller au retraict, comment en fisrent les dames le rapport au matin. De ses vertus et vices je n'en dirai autre chose, car on en a assez parlé; trop bien veux-je dire qu'à la guerre il estoit gentil compagnon et hardy homme.

CHAPITRE V.

Comment en ce tems se fist le voyage de Garillan; et pour ce que le jeune Adventureux estoit encores jeune, le mets en abregé.

[1501 - 1503] EN ce tems feust faict et entrepris un voyage à Garillan, au royaume de Naples, par le roy Louis douzieme; et pour ce que pour lors n'estois en estre, et que n'en sçay que par le records de plusieurs gens de bien, m'en passerai de brief, nonobstant qu'il y eust un gentil chevalier d'Ecosse, nommé monsieur d'Aubigny, qui y fist de merveilleusement belles choses, et feust le premier seigneur d'Aubigny, lequel feust un temps lieutenant général du Roy. Après y feust monsieur d'Ars, qui tint Venouse contre toute

qu'un mois : il eut pour successeur Julien de La Rovère, cardinal du titre de Saint-Pierre-aux-Liens, dont parle ici l'auteur, et qui prit le nom de Jules II.

la puissance du roy d'Espagne, dont estoit chef général Gonsal Fernand (¹), qui estoit gentil capitaine et gentil chevalier. Et y feust faict par le seigneur de La Palice, qui lors estoit jeune homme et en sa fleur, beaucoup de belles choses, là où il feust blessé devant Venouse, du temps que les Espaignols la tenoient à un assault qu'il fist, tellement qu'on luy osta hors de la teste un os de quatre grands doigts de large, et feust d'un coup de hallebarde qu'un Espaignol luy donna; et feust depuis prisonnier, luy et monsieur de Humbercourt et monsieur d'Orose, où ils feurent fort mal traités; car ils estoient enfermés et mal pencés, tellement qu'ils s'en sont sentis toute leur vie; et ay bien souvenance que depuis ledict sieur La Palice n'a jamais aimé Espaignol. Et fisrent aussi plusieurs belles choses à La Gayette, là où feust levé le camp des Espaignols par un seul navire de France, qui se nommoit *la Charente*, là où feust fait un camp d'un nombre de François et d'un nombre d'Espaignols (²), lesquels par leur finesse et sens les Espaignols gaignerent. Le Roy feust adverty de la sorte dudict camp, lequel estoit fermé à l'entour de pierres jectées l'une deça, l'autre de là, et estoient vingt d'un costé et autant de l'autre ; et quant ce vint à l'aborder, les François se misrent ensemble pour leur donner le chocq; et quand les Espaignols visrent ce, s'ouvrirent et bouterent contre lesdictes pierres, et la plus grande partie des François passa outre : par quoy le demeurant feust contraint de combattre, car qui sortoit une fois dudict camp n'y pouvoit plus rentrer.

(¹) *Gonsal Fernand* : Gonsalve de Cordoue. — (²) *D'un nombre d'Espagnols* : ce combat eut lieu en 1502.

Si ne veux-je oublier à vous ramentevoir la journée de la Cerignole, que les Espaignols gaignerent par la mauvaise conduite des François, qui estoient trop peu forts que les Espaignols, à leur volonté, sans combattre. Ce gentil chevalier, monsieur d'Aubigny (1), qui avoit tant bien servi le Roy, luy envoya un lieutenant général par dessus lui, qui se nommoit monsieur de Nemours, là où la picque se mist; et quand se vint à donner la bataille, l'un disoit qu'il n'en vouloit manger, et l'autre disoit que si; et les Suisses vouloient combatre, et allerent à un soleil couchant donner la bataille aux Espaignols en leur fort, où mourut cinq mille Suisses pour un coup; et feurent les François ouverts, défaits, et y mourut monsieur de Nemours, monsieur de Chandé, et tout plain de gens de bien; et de là en avant revinrent les François, l'un devant, l'autre derriere, en très mauvais ordre; et y mourut aussi le sieur de Montpensier, dont est venu monsieur de Bourbon qui est aujourd'hui. Et de tous ces affaires me tais, pour ce que n'en sçais que par oui dire.

Venerie.

Le Roy a une venerie qui s'appelle la venerie des toiles, là où sont cent archiers, sous le capitaine des toiles, à cent sols le mois, qui ne servent que de dresser les toiles, et portent grands vouges (2) à pied; et sont tenus lesdicts archers, quand le Roi va à la guerre en

---

(1) *Monsieur d'Aubigny* : D'Aubigny ne se trouva point à la bataille de Cerignole : il venoit d'être vaincu à celle de Seminara. Les détails de ces deux actions sont dans le Tableau du règne de Louis XII. —
(2) *Vouges* : épieux de chasseur.

personne, aller avecques luy pour tendre ses tentes; et sont compris du nombre des gardes quand le Roy est en camp, et a cinquante chariots, six chevaulx à chacun chariot, qui ne servent que de mener les toiles partout où le Roy va, et les planches pour les tentes. Ce capitaine a aussi six valets de limiers, et douze veneurs à cheval, et son lieutenant. Est pour l'heure présente capitaine desdictes toiles un gentilhomme de Normandie, qui s'appelle monsieur d'Annebaut, et a cinquante chiens courans et six valets de chiens pour les pencer; et ont pareil traictement aux autres cy-devant, excepté que ladicte chasse de toile ne monte chacun an qu'à dix-huit mille francs. Et pourtant ay bien voulu donner à entendre que c'est de la venerie de France, pour ce que peu de gens l'entendent.

Cy devise de l'estat de la faulconerie du roy de France.

Premierement la faulconerie du Roy est une chose ordinaire, et a le grand faulconnier, qui est un fort bel office en France; et l'est pour l'heure présente un honneste gentilhomme et de bonne maison, qui s'appelle René de Cossé, premier pannetier de France. Le dict grand faulconnier a d'estat quatre mille florins, et a cinquante gentilshommes sous luy, qui ont bon estat, et cinquante faulconniers aydes; et ont lesdicts gentilshommes cinq ou six cent francs d'estat, et les aydes deux cent; et départ ledict grand faulconier tous ces estats, et a bien trois cent oyseaux sous luy; et peut ledict grand faulconier aller voler par tout le royaume de France où bon luy semble, sans que personne luy puisse donner empeschement; et tous les marchands d'oyseaulx lui doivent tribut, et n'oseroient vendre un oyseau en ville du royaume de France, ny à la cour, sans le consentement dudit grand faulconier, sur peine de confiscation de toute leur marchandise; et a ledict grand faulconnier plusieurs beaux droits, et fault que le Roy luy accepte tous les oyseaulx; et a un contreroleur et un trésorier, et gens ordonnés pour les payemens, aussy bien que pour la venerie ou autre estat du royaume de France; et sont tousjours ordinaires suivant le Roy par tout où il va, aussy bien que les veneries, osté que quand ce vient à l'esté ils vont mettre leurs oyseaux en muë; mais tousjours il en demeure quelques-uns pour voler les perdreaux avec les vautours, les lenerets et les tiercelets. Et a une autre façon de faire merveilleusement belle la venerie et la faulconerie; car quand se vient à la Sainte Croix de may, qu'il est temps de mettre les oyseaux en muë, les veneurs viennent tous habillés de vert avec leurs trompes, et les faulconniers hors de la cour, pour ce qu'il fault qu'ils mettent leurs oyseaux en muë : et le temps des veneurs approche pour courir les cerfs à force, et quand ce vient la Sainte Croix de septembre, le grand faulconnier vient à la cour pour ce qu'il est tems de mettre les chiens aux chenits, et chasse tous les veneurs hors de la cour, car les cerfs ne valent plus rien. Mais le Roy qui est à présent faict tout autrement, car il chasse hyver et esté, et prend beaucoup plus plaisir à la venerie qu'il ne faict à la faulconerie; et peut monter la déspense de la faulconerie à trente-six mille francs, sans l'estat dudict grand faulconier.

Cy devise de l'estat des gardes du roy de France.

Pour ce que peu de gens sçavent l'estat des gardes, et des quatre estats que je vous compte icy, qui sont la venerie, la faulconerie, les gardes et l'artillerie du roy de France, premierement il a pour sa garde deux cent gentilshommes de sa maison, gens expérimentés et hommes qui ont bien servy es bandes, porteurs-d'enseignes, guidons et vaillans hommes, qui ont tenu place pour mettre autour de la personne du Roy; et ont lesdicts gentilshommes, cent pour cent, un chef et un capitaine, dont est pour l'heure présente le grand-sénéchal de Normandie (¹), et l'autre le vidame de Chartres (²), qui sont deux grands gentilshommes bien fondés de rentes. Et baille on tousjours lesdites charges à gens de grosse maison; et ont d'estat lesdits capitaines chacun deux mille frans, et les gentilshommes sous eux vingt escus le mois; et portent haches autour de la personne du Roy, et font garde et guet la nuit quand le Roy est au camp, mais en tout temps ils le font de jour; et vous asseure quand lesdictes bandes sont en armes, que c'est une merveilleusement forte bande, car il y a es deux bandes quatorze ou quinze cent chevaulx combattans, et la pluspart tous gens expérimentés. Après cette garde, vous avez les plus prochains de la personne du Roy, vingt-cinq archers escossois, qui s'appellent les archers du corps, et ont un sayon blanc à une couronne au milieu de la piece devant l'estomac, et sont les-

---

(¹) *Le grand-sénéchal de Normandie* : Louis de Brezé. — (²) *Le vidame de Chartres* : Jacques de Vendôme.

dicts sayons tous couverts d'orfeverie depuis le hault jusques en bas; et sont lesdicts archers sous la charge du sieur d'Aubigny, et couchent les plus près de la chambre du Roy. Ledict sieur d'Aubigny est capitaine de tous les Ecossois, qui sont sans ces vingt-cinq, et encores cent hommes d'armes qui ne sont point compris es gardes; et lesdicts Ecossois, incontinent qu'il est nuict, et que le capitaine de la porte avec ses archers s'en est allé, va querir les clefs le capitaine des cent Ecossois, non pas des vingt-cinq, et ont en garde la porte. Après les Ecossois vous avez quatre cent archers françois, qui portent les sayons d'orfeverie, et de mesmes gaiges que les Ecossois, et les hoquetons des couleurs du Roy, tous couverts d'orfeverie, tous aux devises du Roy; et sont chefs desdicts quatre cent archer, le capitaine Gabriel [1] pour cent, monsieur de Savigny cent autres, monsieur Brussol [2] cent autres, et monsieur *** l'autre cent. Après vous avez les cent Suisses, dont est chef l'Adventureux : et ceulx-là vont devant quand le Roi va par la ville, et ceulx du corps et les gentilshommes autour de luy; et ont lesdicts Suisses douze francs le mois, deux habillemens l'année, des couleurs du Roy, et plumes. Et outre cela a encore le Roy des gardes à la porte, dont le capitaine a douze cent francs d'estat, et trente six archers pour garder la porte, et hoquetons d'orfeverie comme les autres. Après vous avez trente-six archers du prevost de l'hostel, qui est garde, et ne bougent tousjours de la cour, qui est l'office du prevost d'hostel; et portent javelines, et ont des hoquetons des cou-

---

[1] *Gabriel :* Gabriel de La Châtre. — [2] *Brussol :* lisez *Crussol.*

leurs du Roy, à quelque peu d'orfeverie, et portent dedans leurs hoquetons une espée en signe de justice. Après vous avez les soixante archers des toiles, qui ne servent qu'à tendre les toiles, et portent rouges, et ne font point de guet quand le Roy est en paix, sinon quand le Roy est en camp : ils servent à tendre ses tentes, et font le guet comme les autres autour desdictes tentes, et vont à pied, et ont sept francs et demi le mois. Pour dire l'ordonnance des gardes, et comment ils font le guet, de chaque bande de cent, tant d'archers que Suisses, ils sont quinze toutes les nuits, et vont asseoir le guet chacun à part, et ont en chacune bande leur clerc de guet, et le vont asseurer au milieu de la place où est logé le Roy, ou devant la porte, et baille on une torche à chacun clerc du guet, et pain et vin pour boire les compagnons ; et cela faict, s'en vont coucher devant la salle ou chambre du Roy, sur une paillasse ; et a gens ordonnés à porter lesdictes paillasses de lieu à aultre, lesquelles sont de toiles pleines de feures : et font le guet ainsy jour et nuict, nombre par nombre, qui peut bien monter cent. Et vaut l'estat des capitaines deux mille francs, et ont autant l'un comme l'autre, et n'oseroient mettre un archer dedans les gardes sans le commandement du Roy, mais bien les casser quand ils font mal ; mais les Suisses, dont l'Adventureux est le chef, il les peut casser et remettre quand il veut : aussi fait-on des Ecossois, pour ce que ce sont nations étrangeres.

L'estat de l'artillerie du Roy.

Pour vous bien monstrer l'estat de l'artillerie du Roy, c'est un très-bel estat en France, tant pour le maistre de l'artillerie que pour ceulx qui y servent, car c'est un estat ordinaire à tousjours; et quand il est guerre l'extraordinaire, est une merveilleuse despense, comme cy-après vous sera plus à plain déclaré. Et veulx bien donner cette louange au Roy, qu'il n'y a prince au monde qui cela manie comme lui; car il n'y a prince qui tienne la despense ordinaire comme luy. Premierement, le maistre d'artillerie a six mille francs d'estat, en chasque partie du pays; il a commissaires, comme lieutenans, qui sont bien au nombre de cinquante, et chascun desdicts commissaires, sans ses pratiques, a huit cent francs d'estat; et quand l'armée marche, lesdicts commissaires ont aultres commis sous eulx où ils ont regard.

CHAPITRE VI.

Comment le roy de France Louis, douziéme de ce nom, fist son armée pour aller en Italie, et mena la Royne jusques à Lyon, où laissa monsieur d'Angoulesme avecques elle; et comment messire Robert de La Marche, seigneur de Sedan, alla au secours du palatin.

[Avril 1507] LE roy Louis se partist de Blois, accompagné de la royne Anne, duchesse de Bretaigne, sa premiere femme, et de monsieur d'Angoulesme, jusques à Lyon sur le Rhosne; et avoit entendu, avant son partement de Blois, la revolte que ceux de Genes avoient faite contre lui : si délibera de renforcer son armée, et de passer par-là, en prenant son chemin vers sa duché de Milan, que pour l'heure tenoit bien paisible et obeye, de laquelle duché estoit son lieutenant-général monsieur de Chaumont d'Amboise, grand-maistre de France, auquel ledict sieur Roy bailla la principale charge de son armée, dont ne pense en ma vie avoir veu homme plus digne et propice à mener un gros affaire, tant à la guerre qu'en aultre chose, là où son maistre le voulloit employer ou ses amis. Or l'armée du Roy preste à marcher, qui estoit grosse de cinquante mille hommes, et des plus belles que j'aye point veuë, le Roy dit adieu à la Royne et à monsieur d'Angoulesme, qu'il laissa à Lyon, et aultres jeunes princes, lesquels ne voulloit point avoir avecques luy : toutefois, malgré qu'il en eust, le conduirent la Royne et les jeunes princes jusques à Grenoble, là où le Roy se partist pour soy mettre en son voyage. Et estoient les chefs de son armée avecques luy : monsieur le grand-maistre Chaumont d'Amboise, conducteur de son armée; monsieur de Bourbon, chef des pensionnaires; monsieur de La Marche, seigneur de Montbason, cousin du jeune Adventureux, capitaine des Suisses, qui estoient en nombre dix mille; et son lieutenant estoit monsieur de Teligny, sénéchal de Rouergue, que ledict seigneur Roy avoit nourry, fort homme de bien et gentil capitaine; après avoit monsieur le grand-sénéchal de Normandie, chef de cent gentilshommes de la maison de monsieur de Ravel, neveu de monsieur le legat d'Amboise, et frère de monsieur le grand-maistre Chaumont, chef des autres cent gentilshommes de la maison dudict sieur Roy; après le capitaine Robinet de Frameselle, monsieur de La Trimouille, monsieur d'Orval, monsieur de Dunois, monseigneur d'Aubigny, monsieur de La Palice, monsieur de Humbercourt Montoison, le seigneur Jean Jacques, le comte de Gabre, le seigneur Theode, monsieur de Vendosme, monsieur de Nemours, quant et quant la personne du Roy; et estoit lieutenant dudict seigneur de Nemours le capitaine baron de Biart, gentil compaignon, le capitaine Fonteraille, Chastillon et autres, dont ne sçais les noms, tous capitaines de cent quarante ou cinquante hommes d'armes, tant François qu'Italiens. Les capitaines pietons sont: le seigneur de La Marche, capitaine de dix mille Suisses; *item,* dix autres mille Gascons que menoit le cadet de Duras, tous gens de traict, et le baron de Grammont, qui estoit leur chef général; le comte de Roussillon menoit deux mille pietons françois, monsieur de Bayart deux mille, monsieur de Vandenesse, frere de monsieur de La Palice, deux mille, monsieur de Milaut deux mille, monsieur de La Crotte deux mille, monsieur Imbaut deux mille, monsieur de Fonterailles deux mille, et deux ou trois mille pietons italiens; et le seigneur Mercure, capitaine grec, avecques deux mille Albanois. Et avoit ledict seigneur Roy, sans tout ce que dessus est dit, huit cent chevaux de ses gardes, sans son artillerie, dont ci-après sera fait mention.

Premierement, à son artillerie, le premier maistre avoit nom monsieur d'Espic, gentil compaignon, et bien sçachant le mestier de la guerre; et avecques luy avoit sept vingt canoniers, tant ordinaires qu'extraordinaires, soixante grosses pieces d'artillerie, dont il y avoit vingt canons renforcés et douze doubles, et cinq cent arquebuttes à crochet, bien attelés de chevaulx; de poudres et boulets pour demi an; et pour accompagner tout cela deux mille cinq cent pioniers françois, les meilleurs qui feussent en toute la Bretaigne.

Et puisque je vous ai nommé les gens de guerre, faut venir aux gens d'Eglise, dont estoit le chef monsieur le cardinal d'Amboise, legat de France, monsieur de Liege, qui est pour le present cardinal de La Marche, et bien trente qu'archevesques qu'evesques, et gros prelats du royaume de France. Et veulx bien dire que monsieur le cardinal de La Marche, qui pour l'heure n'estoit qu'evesque de Liege, quand ce vint à la bataille ne fist pas comme les aultres, car il feust tousjours armé auprès de la personne du Roy, là où il fist tres bon devoir. Et puis donc qu'avons entrepris à parler des prestres, je veux bien que sçachiez qu'ils feurent cause de l'entreprise dudict voyage, dont bien en print au Roy, comme vous diray cy-après.

Et debvez sçavoir que ledict sieur cardinal d'Amboise et legat de France avoit fort grand desir et volonté d'estre pape; et, pour vous en dire le vray, je vous asseure qu'il estoit l'homme du monde plus propice et idoine de parvenir à telle dignité que jamais je visse, tant en sens, bonne conscience, qu'en sa bonne maniere de vivre; et voyant la grand faveur et credit qu'il avoit vers son maistre, de tant plus s'efforçoit-il d'y parvenir, car il gouvernoit du tout le royaume de France pour lors, et l'a gouverné jusques à sa mort du temps passé. Ils estoient deux qui ainsi gouvernoient, dont le mareschal de Gié, qui estoit de la maison de Rohan en Bretaigne, en estoit un; mais ledict legat fist tant, avec l'ayde de la Royne et de madame d'Angoulesme, que ledict mareschal de Gié feust chassé et banny de la cour du Roy, et privé de son autorité; et d'icelle se partist et se retira en une maison, laquelle se nommoit le Verger, l'une des plus belles du royaume de France, et y est demeuré jusques à sa mort; et pourtant que le premier nom dudict legat feust monsieur de Rohan, ceux de la basoche à Paris disrent en jouant que le mareschal avoit voulu ferrer Rohan, mais Rohan lui avoit donné si grand coup de pied qu'il l'avoit jetté en son verger; et mit on dessus audict de Gié qu'il vouloit espouser madame d'Angoulesme, et tout plain d'autres choses. Si elles n'estoient vrayes, si les fist on accroire.

Et pour retourner à nostre propos, pouvés entendre que ledict legat, pour parvenir à son affaire, voulust avoir l'amitié de l'Empereur, et son ayde et faveur; et les cuida tous deux l'Empereur et le Roy mener en Italie, afin de mieux parvenir à ses fins. Et le Roy avoit escrit lettres à messire Robert de La Marche, seigneur de Sedan, et envoyé par un gentilhomme de sa maison, lui priant, sur tous les services qu'il lui pourroit faire, qu'il allast en toute diligence secourir et ayder au comte palatin, lequel estoit allié et fort grand amy du Roy et de la maison de La Marche, contre l'empereur Maximilian, qui luy faisoit la guerre (1). Et

---

(1) *Qui luy faisoit la guerre* : cette guerre commença en 1503, à l'occasion de la mort de Georges, duc de la basse Bavière. Ce prince avoit marié sa fille Elisabeth à Robert, second fils de Philippe, électeur palatin : il laissa, par son testament, tous ses Etats à son gendre, au préjudice d'Albert de Bavière, surnommé le Sage, qui étoit le plus proche héritier de la ligne masculine. Albert s'opposa à l'exécution du testament que Robert vouloit faire valoir, et l'on prit les armes de part et d'autre en juin 1504. Robert mourut au mois de septembre de la même année, et laissa ses prétentions à ses fils mineurs. Leur grand-père Philippe, électeur palatin, voulant les soutenir, fut mis au ban

après que ledict sieur eust leu les lettres que le Roy luy avoit envoyées, le gentilhomme qui les avoit portées les cuida ravoir ; mais ledict sieur de Sedan, comme fin et rusé qu'il estoit, ne les lui voullust pas rendre, ains, en suivant ce que le Roy lui mandoit, incontinent se partist pour aller à l'aide et secours du dessusdict comte palatin, auquel il fist grand confort, car sans luy il perdoit tout son pays ; où feust fait de belles choses, spécialement à une escarmouche qui feust faicte devant Heidelberg, là où, si ledict sire Robert n'eust esté veu, et le mareschal du comte palatin ne s'en feust point meslé, y eussent faict ce jour-là quelque bonne chose : de quoy l'Empereur, qui faisoit telle guerre au comte, ne se contenta pas bien de la venuë dudict sieur de Sedan, veu les parolles que le Roy luy donnoit à entendre par ses ambassadeurs. Et incontinent le manda audict Roy et à monsieur le legat, lesquels envoyerent lettres à monsieur de Sedan,

de l'Empire par l'empereur Maximilien 1, qui en même temps entra dans le Palatinat, où il fit des conquêtes. Philippe, se trouvant hors d'état de résister, fut obligé de demander la paix, qui lui fut accordée par traité passé à Cologne en juillet 1505. Par ce traité, il fut stipulé que le pays de Neubourg seroit détaché de la succession du duc Georges pour être donné en apanage aux enfans de Robert ; et qu'au surplus chacun demeureroit en possession de ce qui avoit été conquis pendant la guerre. Cette dernière clause fit perdre à l'électeur palatin une partie de ses Etats, Maximilien s'étant emparé de plusieurs fiefs, et d'autre part Ulric de Wirtemberg, Alexandre, comte de Veldents, et Guillaume, landgrave de Hesse, s'étant aussi saisis de quantité de villes et châteaux appartenant à l'électeur palatin. Au reste, le maréchal de Fleurange n'a point observé l'ordre des temps, puisqu'il rapporte ici un événement arrivé dès 1504 ; car c'est à cette époque qu'il faut rapporter le voyage du seigneur de Sedan dans le Palatinat, et les plaintes faites par l'Empereur, avec lequel Louis XII négocioit une ligue contre les Vénitiens. (*Note de l'abbé Lambert.*)

luy mandant qu'il avoit très mal faict d'aller contre l'Empereur, qui estoit son amy et son allié : et pour ceste cause le Roy le deffioit au feu et au sang jusques au douzieme de sa lignée, et qu'il cassoit tous les gendarmes qui estoient avecques luy.

Quand ledict sieur de Sedan ouït ce, bien esbahi de ces nouvelles, se retira, et laissa le capitaine Jennot le bastard, avec cinquante hommes d'armes de sa compagnie, avecques le susdict comte palatin, et se vint mettre dans sa maison de Sedan, de doute qu'on ne luy fist quelque finesse ou quelque mal à ses maisons et pays. Et quand il feust de retour escrivit une lettre au Roy, laquelle il envoya par un gentilhomme de sa maison, nommé Brisson, qui depuis a esté tousjours porteur d'enseigne de sa compagnie, fort homme de bien et gentil compagnon, lequel aymoit très mieux le vin que l'eauë; et l'envoya devers le Roy, qui estoit à Blois, pour luy donner à entendre que ce qu'il avoit faict estoit par son ordonnance et commandement, et qu'il trouvoit fort estranges les lettres qu'il luy avoit escrites, veu qu'il luy avoit commandé expressement de ne point faillir d'y aller; et puisque son plaisir estoit de luy faire telles lettres, qu'il estoit contraint et pressé de chercher autre party : ce qu'il ne vouloit faire sans l'en premier advertir, et sçavoir comment il l'entendoit, et s'il estoit ainsy qu'il luy avoit escrit; et aussy qu'il prenoit un bon et gracieux congé de luy, s'il estoit ainsy que le Roy lui avoit mandé, dont fort lui desplairoit. Ce gentilhomme Brisson trouva le Roy à table au disner, là où il luy fist sa harangue, et dit la charge qu'il avoit de son maistre, et beaucoup plus qu'il ne luy avoit commandé; auquel le Roy demanda si son maistre l'advouoit de ce qu'il luy avoit dit : et il respondit qu'ouy sur sa teste, et de ce qu'il luy diroit. A donc luy dit le Roy pour response : « Vous estes homme de « bien, je vous connois bien ; donnés-luy à boire de « mon bon vin clairet, et après disner je vous ferai res- « ponse. » Laquelle feust telle, qu'il dit à son cousin le sieur de Sedan que ce qu'il avoit fait n'estoit pas pour le mal qu'il luy voulsist, mais afin de le faire retourner pour mieux contenter l'Empereur. « Et pour luy donner « à cognoistre qu'il est ainsy, je luy double son estat, « dit le Roy, tant de gendarmerie que de pension. » Et fist despecher ledict gentilhomme, auquel il donna présens. Et ainsy s'en retourna vers son maistre luy faire son message, lequel feust très bien content de ce que le Roy luy avoit mandé. Après ce, le Roy envoya lettres à l'Empereur comment il avoit fait retourner ledict seigneur de Sedan arriere du comte palatin, dequoy l'Empereur feust merveilleusement joyeux. Et alors entreprindrent, ledict Empereur et le Roy, le voyage d'Italie, bons amis et alliés ensemble, confédérés contre les Venitiens (1). Or retournons au Roy et à son armée qui marche vers Gennes, là où il eust nouvelle par son herault Montjoye, lequel avoit employé sommer ladicte ville, affin d'eux rendre à luy comme leur souverain seigneur ; auquel ils respondirent qu'ils n'entendoient avoir duc ny supérieur autre qu'eux mesmes. « Adonc, jura le Roy, le diable m'em- « porte si je ne leur fais entendre raison. » Et alors fist marcher son armée, et mena l'avant-garde le seigneur Chaumont d'Amboise ; monsieur de Montbason les

(1) *Confédérés contre les Venitiens* : cette ligue, conclue le 22 septembre 1504, n'eut son effet qu'en 1509.

Suisses; monsieur de La Palice, Humbercourt, Le Gruier et Montoison, avecques autre nombre de gens de pied, entre lesquels messieurs de Saint Milaut et Molart, capitaines des piétons françois, et messieurs de Bayard et Vandenesse, capitaines de chacun deux mille, et le cadet de Duras avecques cinq mille Gascons; et menoit sa bataille avecques luy monsieur de Bourbon, monsieur de La Trimouille, monsieur de Vendosme, monsieur de Nemours et autres gentilshommes, tant françois que italiens, avecques les pensionnaires et ses gardes; et menoit son arriere garde monsieur de Dunois. L'avant-garde marcha tout d'une tire et diligence, tant qu'elle vint jusques au pied de la montaigne : et les Genevois avoient faict un bastillon en hault, là où avoit quarante mille hommes bien fournis d'artillerie, qui estoit un fort lieu, et grandement à leur advantage, et bien pour deffendre le passage des François; et estoit ledict bastillon un fort imprenable, et de passer par-là beaucoup de gens ne le trouvoient pas bon. Toutesfois monsieur de Milaut, qui estoit homme plus hardy que sage, monsieur de La Crotte, commencerent à escarmoucher avecques les adventuriers, se commencerent à monter la montaigne, et l'escarmouche feust rude et forte, tellement que tout le demeurant de l'armée, tant François que Suisses, y vint, à cause que les François avoient du pire, et là feust grosse et longue escarmouche, et se meslerent de telle sorte que les François et Genevois par ensemble entrerent dedans ledit bastillon, lequel les François gaignerent d'assaut. Et y eust de seize à dix-huit mille Genevois tués : et estoit à regarder et merveilleux la fortification et deffense dudict

bastillon. Et après ce, l'avantgarde des gens de pied
françois se logerent dessus la montaigne et dedans
ledict bastillon, et là fisrent bon guet toute la nuict,
avec l'artillerie et munitions qu'ils trouverent dedans.

CHAPITRE VII.

Comment la bataille se fist des François contre les Venitiens près de Rivolte, par un lundy matin, laquelle les François gaignerent à un lieu qui s'appelle Aignadel, là où furent tués plus de trente huit mille Venitiens; et de ce qui y feust faict.

[14 mai 1509] LE lendemain que je vous dis, le Roy voullust desloger : aussy fisrent les Venitiens, et s'en vinrent loger en un petit village de trois maisons, qui s'appelle Aignadel; et y estoit le mareschal des logis des Venitiens avant ou aussitost que le mareschal du Roy, entre lesquels y eust gros combat et grande escarmouche. Le chef des Venitiens estoit le seigneur Berthelemy d'Alvienne, petit homme, sec et alaigre, lequel estoit homme sage et avoit faict beaucoup de belles choses; et estoit avecques luy un des Ursins, qui s'appelloit le comte Petilien, un gros seigneur de Venise, avecques force providateurs, qui sont officiers, qui servent d'avoir argent pour payer gens-d'armes, et faire venir les vivres, tellement que les chefs n'en ont nulle charge, sinon de commander : c'est un bon office en la seigneurie de Venise, que je trouve fort bon. Monsieur le grand-maistre qui menoit l'avant-garde des François feust adverti par le mareschal de leur logis, lequel en advertit le Roy qu'il fist marcher son armée tout droit à eulx. Et estoit monsieur de La Palice, que j'ay devant dict, en l'avant-garde avec mondict sieur le grand-maistre, monsieur d'Humbercourt et tout plain de gens de bien; et à donc manda monsieur le grand-maistre au Roy : « Sire, il vous fault aujourd'hui com- « battre. » Et estoient les Suisses fort délibérés, aussy estoient les Gascons, que menoit le cadet de Duras à leurs aysles, tous gens de traict. Et feust tout ce jour le Roy fort joyeux et de bon visage, allant tousjours durant la bataille, de bande en bande et de quartier en quartier, donnant bon courage à ses gens, en leur disant tout plain de belles parolles; et ainsi marcherent les uns après les autres. Et croyés que les Venitiens commencerent d'une bonne sorte; mais incontinent que les Suisses et les gens de pied françois les eurent apperçus, se vinrent affronter contre eulx, laquelle chose ne dura guerre; et n'y eust comme rien de combat. Et feurent tués des Venitiens en un monceau quinze mille hommes, et estoit ledict monceau de deux picques de hault; et y en eust qui combattirent, mais ils feurent tous estouffés en un mont.

Et fist alors la gendarmerie françoise fort bien son debvoir, et se maintint triomphant; tellement qu'après le gros meurdre et gros combat feurent les Venitiens tous deffaits, et y feust pris Berthelemi d'Alvienne, chef des Venitiens, et tout plain d'autres personnages; et le comte Petilliane s'enfuit avecques la plus grande partie de leur gendarmerie. Et fisrent aussi les pensionnaires, que menoit monsieur de Bourbon, merveilleusement bien leur devoir, et aussi fist la bataille où le Roy estoit; et ne l'abandonna jamais monsieur de Liege, qui feust tousjours auprès de luy; aussi feust un capitaine de la porte, nommé Estanchon. L'artillerie des Venitiens ne fit gueres de mal aux François, mais trop bien celle des François à eulx : et en avoient lesdicts Venitiens soixante grosses pieces, entre lesquelles y en avoit une maniere plus longue que longues couleuvrines, lesquelles se nomment basilics, et tirent boulets de canon ; et avoit dessus toutes un lion, où avoit escrit, à l'entour dudict lion, *Marco.* Cela faict, Berthelemi d'Alvienne, qui estoit un peu blessé au visage, feust amené devant le Roy; et quand il feust arrivé, le Roy lui dit qu'il eust bonne pacience, et qu'il auroit bonne prison : sur quoy il respondit qu'aussy auroit-il, et que s'il eust gaigné la bataille, c'estoit le plus victorieux homme du monde; et non obstant qu'il l'eust perdue, si avoit-il de l'honneur quand il avoit eu en bataille un roy de France en personne contre luy : toutesfois eust il mieux aimé la victoire, et en eust esté assez plus joyeux. Et ce faict, le Roy les envoya à Loches, et plusieurs autres prisonniers qui avoient esté prins à la bataille, à laquelle mourut de compte faict trente-huit mille hommes, sans grande quantité de prisonniers.

CHAPITRE VIII.

Comment après la bataille le Roy print son chemin vers Pesquiere, laquelle il vint assiéger.

Le Roy, après avoir gaigné la bataille, fist enterrer les morts à Aignadel, là où il fist fonder une belle chapelle de Nostre Dame de Grace, à tous les jours messe à l'intention des trépassés, et en memoire de sa noble victoire. De-là le Roy et toute son armée tira vers Pesquiere, qui est une place et ville assez forte, assise sur un lac, et au meilleur pays du monde, et aussy fructueuse à l'entour que jamais je vis, place à sept milles de Verone, qui sont trois lieues et demies françoises; et en cedict lac se prend une maniere de poissons qui s'appelle *scarpion*, qui est si bon que rien plus, et tout plain d'autres bons poissons : et au sortir de ladicte ville, subit après vous entrés en la plaine de Veronne. Or laissons tout cela, et retournons au faict de la guerre.

Quand les Venitiens visrent qu'ils avoient tout perdu, et leur armée défaicte, et toute leur réputation mise à neant, qu'ils estimoient autant que le demeurant, et appercevoient qu'ils avoient tort d'eux prendre au Roy, dont feust en partie cause de toute leur perte un de leurs ambassadeurs qui estoit à Blois vers le Roy, un gros homme tondu, à tout les plus grandes oreilles que je visse oncques, lequel dict au Roy que s'il se prenoit aux Venitiens, qu'il verroit bien comment il luy en prendroit, et qu'on verroit lequel gaigneroit le sens ou la force (qui donne à entendre qu'il appliquoit à eulx le sens, et au Roy la force); laquelle chose donna grand dépit au Roy. Toutesfois les Venitiens mirent ordre à leur chasteau de Pesquiere, pour recevoir le Roi, qui y venoit avecques son armée; et y envoyerent bien huit cent lansquenets et quinze cent des leurs pour le deffendre. Et à l'arrivée du Roy y eust grosses escarmouches; et après ce quant et quant vint l'artillerie, et d'un beau matin vint mettre son siége devant ladicte ville. Eulx, quant ils virent ce, incontinent abandonnerent ladicte ville, et se retirerent au chasteau ; et quant le Roi vit ce, fist amener son artillerie dedans la ville pour mieux battre le chasteau, auquel au bout de six heures feust faict la bresche assez meschante, bien encore deux piques de hault, en laquelle les adventuriers françois entrerent, et misrent en pieces tous ceulx qui estoient dedans, et n'en resta ame que le capitaine, le providateur et le potestat, lesquels se bouterent dedans une tour, lesquels se rendirent au bon plaisir du Roi. Et le cardinal de La Marche, qui n'estoit pour lors que monsieur de Liege, monta en hault et sauva le chasteau, que les adventuriers brusloient; et d'autres meurdres qu'eussent encore faict sans lui, fist ce jour-là grand proffit au Roi. Et après tout cela faict, les prisonniers furent amenés devant le Roy, lesquels présenterent pour rançon cent mille ducats; mais le Roi jura : « Si je bois ni mange « jamais, qu'ils soient pendus et estranglés. » Ne jamais, pour priere qu'ils sceussent faire, monsieur le grand-maistre Chaumont et autres ne sceurent mettre remede que le Roi ne les fist pendre à la mesme heure.

CHAPITRE IX.

Comment les autres villes de la seigneurie de Venise, après sçavoir la prise de la ville et chasteau de Pesquiere, et l'exécution qu'on y avoit faicte, se gouvernerent.

[Juin 1509] APRÈS les nouvelles sceues à Venise et en leurs autres villes, et de la perte de la bataille, prise et exécution de la ville et chasteau de Pesquiere, quarante jours après tous les habitans desdictes villes, tant hommes que femmes, se vestirent de noir en signe de deuil : et, pour vous donner le tout à entendre, il n'y eust ville en plaine terre, appartenant à eulx deçà l'armée, qu'elle ne se vint rendre au Roy, tant celles qui appartenoient à l'Empereur qu'à luy, dont les noms s'ensuyvent cy-après de la plus grande partie qui est pour le Roy, Creme, Cremone, Bresse, Trevise, Rivolte et Pesquiere : à l'Empereur appartenoit Veronne, Vicence, Padoue, et tout le pays de Frioul.

CHAPITRE X.

Comment, quand l'empereur Maximilian sceut les nouvelles, envoya vers le Roy pour eulx veoir ensemble à lui prier qu'il lui voulsist rendre ce qu'il lui appartenoit.

[Juin et juillet 1509] L'EMPEREUR Maximilian ayant entendu les nouvelles de la victoire que le Roy avoit euë contre ses ennemis, tant de la bataille que de la ville de Pesquiere, et que tout le pays des Venitiens s'estoit rendu à luy, envoya vers luy monsieur l'evesque de Gurce, son ambassadeur allemand, lequel avoit accoustumé de venir souvent en ambassade vers le Roy, luy prier qu'il voulsist avoir pour excuse sa mauvaise diligence (en quoi il ne pouvoit point si bien eslever les Allemans comme le Roy faisoit les François), et qu'il voudroit bien le veoir, et aussi qu'il estoit bien joyeux de sa bonne prosperité, et trés desplaisant qu'il n'avoit peu estre à la bataille avecques luy. En après il fut conclud et passé, par le conseil des deux parties, et par le moyen de monsieur le legat, qui tenoit la main à ceste affaire, qu'ils se devoient veoir ensemble à Pesquieres, auquel lieu feurent les mareschaux et fourriers des deux costés venus pour prendre le logis; et feust là le Roy quinze jours l'attendant. Toutesfois ledict Empereur renvoya ledict evesque de Gurce vers le Roy, disant que ledict Empereur ne pouvoit venir, et que les princes d'Allemaigne qu'il avoit avecques luy n'estoient point de ceste opinion, et ne s'y consentoient pas; et qu'il le prioit qu'il le voulsist tenir, tant loing que près, pour son beau frere et amy; et que pour ce ne laissa à entretenir le traicté et alliance qu'ils avoient ensemble, et qu'il lui voulsist rendre ce qui lui appartenoit. Sur quoi lui fist honneste response, disant que les Venitiens s'estoient venus rendre à lui, non pas à l'Empereur; et qu'il lui vouloit faire un tour que par adventure il ne lui feroit point, et qu'il lui vouloit rendre tout ce qui estoit à lui. Dequoy les ambassadeurs et potestats des villes rendues oyant ce, feurent bien marris; car ils ne se vouloient partir de son service, et dirent au Roi qu'ils l'aideroient à faire la guerre audict Empereur si besoing estoit : de laquelle promesse le Roy ne tint compte, ains depescha ledict evesque de Gurce, qui feust depuis cardinal, et rendit audict Empereur toutes ses villes, lesquelles j'ay nommées au chapitre précédent, et tout le pays de Frioul et aultres petites villes. A donc retourna ledict evesque de Gurce vers l'Empereur, auquel il dit les responses dudict sieur Roy, lesquelles ledict Empereur tint fort agreables, et se disoit fort tenu au Roy pour le bon tour qu'il luy avoit faict. Et à donc lui remit le Roi ses villes et places en ses mains, ausquelles ledict Empereur pourveust, comme cy après sera déclaré.

CHAPITRE XI.

Comment, quand l'Empereur eust ses villes entre ses mains, au bout de cinq mois les laissa perdre, excepté Veronne, où estoit monsieur de Rœux, son lieutenant général.

[Juin et juillet 1509] APRÈS que l'Empereur eust ses villes entre ses mains, et que le Roy les luy eust renduës, vous devés sçavoir que là où il devoit le moins garnir, à sçavoir à Veronne, y pourveust le plus, et là où devoit mettre tout son effort, comme à Padouë, feust là où il pourveust le moins, car c'estoit la plus prochaine des Venitiens, et celle dont on faisoit le plus grand doute. Aussy, sans point de faulte, ils ne faillirent point, que bientost après ladicte ville de Padouë se revolta venitienne; laquelle revolte ne pouvoit faillir, veu le mauvais ordre qui estoit dedans, et veu aussy que c'estoit leur plus prochaine. Et bientost après l'ensuivit Vicence; et aussy eust faict Veronne, si ledict sieur de Rœux n'eust esté dedans; et aussy se rendit à eux tout le pays de Frioul. Et à donc, quand l'Empereur vit ce, et que tout son pays se perdoit, feust fort mal content, et subit escrivit au Roy, comme à son frere et amy, que son bon plaisir feust de le secourir en ceste affaire. Or laissons à parler de l'empereur Maximilian, lequel a despesché son ambassadeur, bien fort courroucé de sa perte; et retournons au Roy, et disons ce qu'il fist depuis qu'il eust gaigné la bataille.

CHAPITRE XII.

Comment, après que le Roy eust gaigné la bataille contre les Venitiens, print son chemin à Milan pour retourner en France.

[Août 1509] IL fault que vous entendiez que quand le Roy eust prins Pesquiere et randu toutes les villes à l'Empereur, il ne fist pas comme ledict Empereur; car il mit si bien ordre à son affaire, que toutes ses villes, comme Creme, Cremone, Trévise, Bresse, Pesquiere, Rivolte et autres, luy demeurerent tant qu'il vescut. Et ce faict, s'en vint tout droict à Milan, là où l'on lui fist la plus grande chere et triomphe que jamais feust faicte à prince; car ils lui fisrent toute son entrée selon l'ancienne coustume des Romains, en remettant à memoire toutes les villes et chasteaux et batailles qu'il avoit gaignées, par peintures qu'ils portoient avant la ville. Fist ledict sieur Roi son entrée en arme comme victorieux, là où se trouverent le marquis de Ferrare, le marquis de Mantoue et autres gros princes qui n'estoient pas ses sujets, et les ambassadeurs de toutes les communautés, comme Florence, Pise, Lucques et autres, qui se trouverent à sadicte entrée, à laquelle y eust de gros festins et esbattemens. Et entre autres y avoit un bastillon où feust un merveilleusement grand desordre; car il y eust plus de quarante gentilshommes que tués qu'assolés : car monsieur de Chaumont d'Amboise, avec trois cent hommes d'armes et deux cent archers, tenoient ledict bastillon, et le Roy et les autres princes le faisoient assaillir; auquel assault avoit bien deux mille hommes d'armes, qui feurent reboutiés, et ne feust pas ledict bastillon prins : dont bien en vint, car autrement y eust esté faict un grand meurtre avec les eschelles et fourches de bois ; car à grand peine les sçavoit-on despartir si le Roy n'y feust venu en personne ; et y eust de grande folie. Et aussy y feurent faictes de belles joustes, là où Chaudion fist merveilles, tant à pied comme à cheval; et certes il est l'un des plus grands hommes et des plus forts que jamais je visse. Après toutes ces bonnes cheres faictes, le Roy s'en retourna à Blois, et laissa monsieur le grand-maistre Chaumont d'Amboise son lieutenant-général. Or lairons à parler du Roy, qui est à sa ville de Blois, pour retourner à l'empereur Maximilian.

CHAPITRE XIII.

Comment l'ambassadeur de l'empereur Maximilian vint à Blois devers le Roy, et de la despeche qu'il eust; et comment le Roy y envoya monsieur de La Palisse avec une grosse armée.

[Août 1509] L'AMBASSADEUR de l'Empereur vint à Blois vers le Roy, lui requérir que son bon plaisir feust de l'aïder, comme son beau frere et amy, de reconquester ses villes, lesquelles estoient revoltées, et tout son pays : sur quoy le Roy luy fist response honneste, avec monsieur le legat, qui vouloit bien toujours entretenir l'Empereur, cuidant à la fin parvenir à ceste papalité; et escrivit le Roy à monsieur le grand maistre Chaumont d'y envoyer, et qu'il envoyeroit monsieur de La Palice avec dix mille Grisons, le capitaine Jacob avec les lansquenets, les adventuriers françois, et mille hommes d'armes, lesquels passerent par un trou où les vilains du pays de Frioul s'estoient retirés, lesquels fisrent grand mal à la queuë de l'armée; et pourtant on y envoya une bande d'advanturiers françois, que menoit le capitaine Lerisson, lesquels cuiderent prendre ledict trou d'assault; mais ils n'y sceurent advenir, et feurent contraints les enfermer dedans le trou, comme regnards. Et y mourut par la fumée, tant d'hommes que femmes, mille personnes, lesquelles vinrent tous mourir audict trou, dont feust pitié. Et de là l'armée partit pour aller à Padoue, là où à leur arrivée leur fist l'Empereur un merveilleusement bon recueil, et vint au devant de monsieur La Palice, et ne feust jamais plus content du Roy qu'il feust; et regarderent ensemble pour mettre le siege devant ladicte ville.

CHAPITRE XIV.

Comment le siege feust mis devant Padoue par l'empereur Maximilian, et monsieur de La Palice lieutenant pour le roy de France.

[Septembre 1509] Monsieur de La Palice arrivé, feust advisé par l'Empereur et les capitaines françois qu'il estoit de faire ; lesquels adviserent de faire deux batteries de la plus grosse artillerie et la plus belle que je pense en ma vie avoir veu, que l'Empereur avoit amenée devant ladicte ville. Et qui me demanderoit la plus belle armée qui a esté depuis quarante ans, je dirois que c'estoit celle-là ; car il y avoit vingt-huit mille lansquenets que l'Empereur avoit amenés, et vingt mille chevaux allemans, tous gens de faict ; car tous les gros princes d'Allemaigne y estoient. Et du costé des François y avoit bien, que Grisons que lansquenets, dix mille, que monsieur de La Palice menoit, et quatre ou cinq mille advanturiers françois, et mille hommes d'armes à la mode de France, qui est un gros nombre de chevaulx. Et outre ce avoit l'Empereur avecques lui beaucoup de menus gens, et une bande de pionniers fort bien équipée ; et avec ce, du pays de Constance et de Frioul, dix ou douze mille hommes. Et feust faicte la batterie la plus extrême que je visse jamais faire, large pour entrer cent hommes de front à chacune des deux ; et outre ce avoient une maniere de petteraux que nous appellons mortiers, lesquels firent tant de mal à la ville qu'il n'est point à dire, car ils effondroient tout. Quand les bresches feurent faictes, l'Empereur tint son conseil, et appella tous les capitaines, tant françois que allemans, pour regarder à ce qu'il avoit à faire, là où feust conclud de donner l'assault, auquel les Allemans voulurent estre les premiers, ce que les François refusans longtemps ; mais en la fin l'Empereur fist tant qu'il les contenta, et fisrent les Allemans la premiere pointe pour vers le soir donner l'assault. Et quand ce vint au soir, les Allemans n'en voulurent rien faire ; dont faschoit fort audict Empereur et aux autres, car il voyoit qu'il donnoit loisir à ceulx dedans de remparer et fortifier. Toutesfois le soir se rassemblerent, et prindrent conclusion que, le lendemain au matin, un François et un Allemand ensemble iroient à l'assault; et à ce soir tous hommes d'armes et autres se preparerent pour recevoir Nostre Seigneur. Et quand ce vint le lendemain au matin, et que chascun feust en armes pour aller audict assault, les Allemans n'en voulurent manger; dont l'Empereur feust fort marri et mal content, et dict à monsieur de La Palice que les Allemans ne valoient rien pour donner l'assault ; et feust rompue toute l'entreprise. Et dit l'Empereur à monsieur de La Palice que les François se mutineroient, et qu'il le print de bonne part ; et qu'il falloit qu'il se partit ; et que les Allemans se commençoient fort à mutiner et mescontenter, et que du siége de Padoue n'estoit pas rien : et dit aussi à monsieur de La Palice qu'il ne le pouvoit reconduire comme il lui avoit promis, de quoy feust ledict sieur de La Palice fort marry. Et quand il vist ce, avec le demeurant de l'armée qu'il menoit s'en retourna, et dit à l'Empereur : « Sire, je suis venu sans vostre ayde, et je me « mettray en peine de retourner de mesme. » Et pour ce que les lansquenets vouloient laisser l'Empereur, trouva façon ledict sieur de La Palice d'avoir un gentil capitaine qui lui amenast cinq mille lansquenets. Et ainsi s'en retourna à travers le pays de Frioul, là où il mourut deux mille cinq cent Grisons de flux de ventre, à cause que le pain et autres vivres luy estoient faillis, et ne mangeoient que du raisin, car c'estoit au mois de septembre. Et s'en revint ledict sieur en la duché de Milan, et feurent mis en garnison les gens de guerre.

CHAPITRE XV.

Comment le roy Louis douzieme fist assembler tous ses Estats à Tours, pour faire le mariage de monsieur d'Angoulesme et de madame Claude, sa fille aisnée.

[Mai 1506] LE roi Louis venu à Tours, fist assembler tous ses Estats pour regarder à son royaume, et comment il devoit faire, pour ce qu'il avoit promis au roy de Castille lui donner sa fille, pour en faire le mariage d'elle et de Charles, fils aisné dudict roi de Castille, dont, pour sçavoir ce qu'il avoit à faire, et auquel des deux princes il la devoit, ou audict jeune Charles, archiduc d'Autriche, ou à monsieur d'Angoulesme, duc de Vallois, feust remontré par tous les Estats que c'estoit mieux le proffit de son royaume et de sa fille de la donner audict sieur d'Angoulesme. Et en feust le mariage faict et accordé à Tours; et les fiança, le Roi estant en son siége triumphant, monsieur le legat d'Amboise, où feurent faictes les montres des deux cent gentilshommes pour l'honneur du fiansage; et après ce grosses joustes et tournois, tant à pied qu'à cheval : et tout cela faict, s'en retournerent tous les Estats, merveilleusement bien contents de tout ce que le Roi avoit faict.

CHAPITRE XVI.

Comment le jeune Adventureux feust marié à la niepce de monsieur le legat d'Amboise.

[1510] LE Roi de retour de son voyage d'Italie en France, et tout son cas fut partout bien en ordre, tant en Italie qu'en son royaume de France, et paix universelle par tout, et treve avecques les Venitiens, monsieur le legat d'Amboise, qui avoit monsieur de Liege ordinairement avecques luy, et l'avoit nourry une partie du temps, et le tenoit tousjours avecques luy, eust envie de faire une alliance aussy par l'adveu du Roi, de sa maison et la maison de La Marche, affin de tousjours demeurer ensemble bons amis; laquelle chose feust mise en train, et fist le mariage du jeune Adventureux, fils aisné du seigneur de Sedan, avecques sa niepce; lequel seigneur de Sedan feust mandé pour en parler : et feust la chose faicte à Sagonne, puis rompuë, et après raccordée à Vigny, là où se fisrent les nopces dudict Advantureux par un lundi de Pasques, lequel monsieur le legat fiança et espousa, comme il avoit faict monsieur d'Angoulesme, son maistre. Et luy voullust donner monsieur le legat ledict Vigny, qui est une des belles maisons de France; et cela faict, monsieur de Sedan et monsieur de Liege s'en retournerent à Sedan. Et en ce temps s'en alla monsieur le legat à Lyon pour les affaires du Roy, monsieur de Paris avecques lui, où trois mois après mourut [25 mai 1510] :

qui feust une grande perte et dommage pour la maison de Chaumont et la maison d'Amboise, car il avoit mandé monsieur le grand-maistre Chaumont d'Amboise pour revenir avecques lui au conseil du Roy, pour demesler ses affaires; et vouloit bailler au jeune Adventureux la charge que ledict grand-maistre Chaumont avoit delà les monts, non obstant qu'il feust bien jeune; mais il luy eust donné son conseil et ayde.

CHAPITRE XVII.

Comment messire Robert de La Marche vint en Gueldres, lieutenant-général pour le Roy; de la prise de Tillemont, et de ce qui y feust faict.

[Juillet 1506] LE roy Louis voulant donner ayde et secours au duc de Gueldres contre la maison de Bourgogne, envoya de rechef monsieur de Sedan en Gueldres avecques cinq cent hommes d'armes et quatre mille hommes de pied, dont estoit chef René d'Anglure, vicomte d'Estoges, et son lieutenant Brisson, dont ay cy-devant parlé; et estoit le capitaine des gens de cheval messire Robert de La Marche; avoit avecques luy messire Gratian des Guerres, gouverneur de Mouson, capitaine de cinquante hommes d'armes; monsieur de Chastillon, prevost de Paris, cinquante hommes d'armes; monsieur le sénéchal d'Armaignac Gaillot, qui est pour le présent grand-maistre de l'artillerie de France, vingt cinq hommes-d'armes; Lancelot Du Lac, gouverneur d'Orleans, à present gouverneur de Mouson, cinquante hommes d'armes; monsieur de La Fajette, lieutenant de monsieur l'admiral de Graville, cent hommes d'armes; la compagnie de monsieur d'Orval, cent hommes d'armes; la compagnie de monsieur de Sedan, cent hommes d'armes; la compagnie de monsieur de Gueldres, que menoit monsieur de Teligny, sénéchal de Rouergüe, cent hommes d'armes, sans tout plain d'adventuriers à cheval et à pied qui suivoient l'armée. Et passa ledict sieur de Sedan par Liege et auprès de Louvain, laquelle il trouva toute dépourvue, et feust conclud de l'assaillir; mais tout feust rompu par le commandement de monsieur de Gueldres, et de là s'en allerent joindre ensemble monsieur de Gueldres et le sieur de Sedan. Avoit ledict sieur de Gueldres sept mille lansquenets et deux cent chevaux allemans, et six grosses pieces d'artillerie, et trois ou quatre grosses moyennes; et vindrent mettre le siége devant Tillemont. Et quand les piétons françois visrent qu'il falloit aller à l'assault, se commencerent à mutiner pour leur payement; et quand monsieur de Sedan et le sieur de Corby visrent ce, vindrent donner dedans eulx, tellement que à grands coups d'espée les fisrent aller à l'assault, et promirent de bien faire après qu'ils en eurent tué deux ou trois. Et à donc donnerent l'assault, monsieur de Gueldres d'un costé et monsieur de Sedan de l'aultre, et prindrent ladicte ville : et y avoit une bande d'adventuriers liégeois qui feurent des premiers sur la muraille, et fisrent grand meurdre dedans, et feust la ville toute pillée; et n'y falloit point de batterie, car il n'y a point grand muraille, force grosses douves et fossés. Et quand les lansquenets feurent dedans et les adventuriers, se commencerent à battre l'un l'aultre, tellement qu'il en mourut beaucoup d'un costé et d'aultre : et après cela feust faict une treve entre le roy Louis et le roy de Castille, parquoy ledict sieur de Sedan retourna. Et ne vous mets point les belles escarmouches qui feurent faictes en allant et venant, pour ce que ce seroit chose trop longue à les nommer et raconter, et pour ce que n'en sçais que par le rapport des gens de bien qui y estoient; mais bien sçay que sur le retour monsieur de Teligny, lieutenant de monsieur de Gueldres, outre le commandement de monsieur de Sedan son chef, s'en alla loger, avec six ou sept vingt hommes d'armes, dedans le village de Saint-Hubert, là où un meusnier d'auprès La Marche, avecques trois ou quatre cent hommes, fist une entreprise, et vint ruer sur le logis qui estoit à Saint-Hubert à une minuit; de laquelle chose feust adverti ledict sieur de Teligny par un gentilhomme Jean de La Fontaine, homme d'armes de la bande de monsieur de Sedan, et aultres ses parens. Toutesfois les gens d'armes dudict sieur de Teligny, qui estoient las, n'en tinrent compte, et se voulurent coucher à la françoise; et eux despouillerent, disant qu'ils n'avoient garde; et sur la minuit vinrent donner quatre cent piétons avec ledict meusnier, tellement qu'ils en tuerent beaucoup, et les deffirent tous; et y feust bien fort blessé et prins monsieur de Teligny et plusieurs autres : de laquelle chose feust fort desplaisant le roy Louis quand il le sceut; et aussi feust monsieur de Sedan bien déliberé, si le Roy eust voulu, d'en faire une bien grosse vengeance. Nous laisserons à parler de ce propos, et retournerons au jeune Advantureux, qui s'en va chercher advanture.

CHAPITRE XVIII.

Comment le jeune Adventureux, trois mois après qu'il feust marié, print congé du roy Louis, de monsieur d'Angoulesme son maistre, pour aller voir les guerres d'Italie.

[Juin 1510] LE jeune Advantureux voullust aller de rechef en Italie, et print congé de ses pere et mere, qui s'en mal contenterent, et s'en vint vers le Roy et monsieur d'Angoulesme son maistre, leur demanda congé pour aller en Italie, lesquels luy accorderent. Et s'en alla et passa les monts, et tout plain d'autres jeunes gentilshommes qui avoient été nourris avecques lui; et en passant par Lyon trouva autres gentilshommes qui s'en vinrent avecques lui: aussi fist la bande du sieur de Sedan son pere, laquelle estoit de cent hommes d'armes que menoit le vicomte d'Estoges, les mieux équippés que jamais je visse, lesquels passerent avecques lui, et prindrent leur chemin au mont de Senis et par la Savoye. Et pour vous dire quelles gens estoient les cent hommes d'armes dudict sieur de Sedan, je vous asseure qu'au passer à Lyon ils estoient douze cent chevaux de compte faict, et y avoit tels cinquante hommes d'armes en ladicte bande qui estoient suffisans pour mener cinquante hommes d'armes aux champs; et prindrent leur chemin par la montaigne de Senis et par la Savoye, pour ce que c'estoient les meilleurs logis. Et de vous dire de la façon des monts, je n'en déporteray, pour ce que trop de gens les ont veus, et pour ce aussy qu'il y a plusieurs passages, tant par le mont Geneve, le mont Saint

Bernard, le pays des Suisses, le mont Saint Godart, et le pays de la Provence. Le jeune Advantureux, passé les monts, vint à Turin, où trouva monsieur de Savoye, qui luy fist bonne chere, et de-là se départit, et vint à Milan, où trouva monsieur le grand-maistre Chaumont d'Amboise son oncle, monsieur de Nemours et autres, qui luy fisrent merveilleusement bonne chere et bon recueil. Et après avoir esté là un temps, ne s'y voullust amuser, ains se partit avecques les cent hommes d'armes de la bande de son pere, et s'en vint dedans Veronne au service de l'empereur Maximilian, là où trouva dedans ladicte ville de Verone l'evesque de Constance, lieutenant pour l'Empereur, lequel se tenoit dedans le chasteau de l'Empereur, faisoit toute sa munition d'artillerie, tant de la fondre comme de poudres. Et estoit monsieur d'Ars lieutenant-général pour les François, un bon et gentil chevalier, lequel avoit faict de fort belles choses au royaume de Naples; et avoit trois mille Espaignols logés à la citadelle de la ville. Et quand il y avoit faulte de payement aux trois nations, assaveoir les François, les Espaignols et lansquenets, y avoit de gros débats entre eulx; et ay veu pour une semaine la place de Veronne trois fois pillée par les lansquenets, tellement que tous les capitaines étoient bien empeschés à y mettre ordre : et n'y avoit pas long-temps qu'avoit esté lieutenant-général pour l'Empereur un gentil compagnon, nommé le prince de Anhalt, lequel avoit faict de merveilleusement belles choses, et entre autres une retraite, les François et les lansquenets avecques luy, lesquels il menoit, la plus belle que je vis jamais faire, contre le Pape et les Venitiens, qui estoient plus forts que luy quatre fois, et ne l'oserent oncques assaillir dedans la plaine de Veronne. Et après luy vint monsieur de Rœux, lieutenant-général pour l'Empereur, lequel feust prins par les Venitiens; et y avoit esté pris un peu devant le marquis de Mantouë, et monsieur de Bonivet, qui depuis a esté admiral de France, et est mort à la journée de Pavie, eulx estant en chemise de nuit à Isole de L'Escaille, gros bourg. Et estoit messire André Gritty à Vincenne, qui estoit lieutenant-général des Venitiens, lequel à présent est duc, et croy qu'il s'y faisoit de belles appertisses d'armes; et aussy en ce tems [21 juin 1510] feust prins un chasteau nommé Montcelle, qui est une place forte, assise en hault lieu, laquelle feust prise miraculeusement et à peu de batterie; et y estoient les artilleries de l'Empereur et du Roy ensemble, lesquelles tiroient du bas en hault, et, à dire la verité, celle de l'Empereur tiroit plus fort que celle du Roy; et feurent mis en pieces tous ceulx qui estoient dedans; et n'y avoit point de gens de guerre dedans, fors tous vilains, lesquels les advanturiers prindrent. Et huit jours avant avoit esté prins Lignare, belle petite ville, par assault; et y feust laissé dedans, pour ce qu'elle estoit d'importance, en garnison monsieur de La Crotte, lieutenant de monsieur de Dunois, avec sadicte bande; et un capitaine de pietons, gentilhomme à monsieur de La Palice, nommé Lerisson, et son lieutenant nommé La Romagiere, gentilhomme d'Angoumois, avecques mille hommes de pied, demeurerent en ladicte garnison. Or retournons à ce qui se faict en France, et laissons à parler de Veronne pour le présent.

CHAPITRE XIX.

Comment en ce temps-là la sœur de monsieur de Foix, duc de Nemours, feust donnée en mariage au roy d'Arragon, et vint à Savone vers le roy de France; et de la paix que fisrent ensemble, qui ne dura gueres.

[Juin 1507] EN ce temps feurent envoyés ambassadeurs par le roy d'Arragon vers le roy de France estant en sa ville de Blois; et avoit à nom l'un des principaux ambassadeurs le sieur dom Diegue, espaignol; et feust faict le mariage, dont prindrent seureté lesdicts ambassadeurs, de la sœur de monsieur de Foix, duc de Nemours, laquelle s'appelloit mademoiselle de Foix, niepce du Roy, et fille de sa sœur, au roy d'Arragon, laquelle estoit bonne et fort belle princesse, du moins elle n'avoit point perdu son embonpoint; et feust faict entre lesdicts deux Roys un gros traité et bonne paix. Et après feust regardé qu'ils se verroient ensemble à Savonne, là où le roy Louis l'alla attendre; et y envoya ledict sieur toutes ses galeres, qui estoient audict port dudict Savonne et en la coste de Provence, à l'encontre du roy d'Arragon, lequel vint à gros triomphe luy et la Royne sa femme, sœur de monsieur de Nemours, ausquels Roy et Royne ledict roy Louis fist merveilleusement bon recueil, et alla audevant d'eulx sur le bord de la mer. Et après le recueil et bonne amitié faict entre les deux princes, ledict roy Louis print la royne d'Arragon sa niepce, et la mist en croupe derriere luy, et la voullust porter jusques au logis; et là estoit monsieur de Nemours son frere, duquel elle ne tiut pas grand estime, dequoy ledict sieur luy en sceut bien dire quelque chose; et après que ledict sieur de Nemours eust apperceu sa contenance, ne tint grand compte d'elle, et se partirent assés mal l'ung de l'aultre. Et, après tout ce faict, les deux Roys fisrent grosse alliance, et receurent la sainte hostie ensemble, en confirmation de la paix; et se partirent l'ung de l'aultre en bonne paix et amitié ensemble, laquelle ne dura gueres; et la cause je la diray cy-après, qui feust après la journée de Ravenne et la mort de monsieur de Nemours.

CHAPITRE XX.

Comment le jeune Adventureux se partist de Veronne, et vint à Parme, à l'entrée du grand hyver, vers monsieur le grand-maistre Chaumont; et comment ils menoient leurs armées et artillerie durant ledict hyver.

[Novembre et décembre 1510] En ce temps ouit nouvelles monsieur le grand-maistre que le pape Jules marchoit à gros efforts, et estoit au commencement de ce grand hyver; et marcha jusques à Parme ledict grand-maistre et tous les princes, comme monsieur de Nemours et aultres. Là fist assembler son armée, tant de gens de pied que de cheval, et l'artillerie; et trouvoit-on grandement difficile de pouvoir mener ladicte artillerie, car les neiges estoient de la hauteur d'un homme: et pour ce le maistre de l'artillerie, qui avoit nom Pierre Dongnots, gascon, et le capitaine Pontereux, et un charpentier nommé Lubin, les plus experts autour de l'artillerie que je visse jamais, regarderent ensemble, et trouverent qu'elle pouvoit se mener sur traisneaux par dessus la neige, et la desaffutter et remonster, laquelle chose feust faicte. Or cependant que toutes ces choses se faisoient à peine, le jeune Advantureux, qui estoit à Veronne, voyant qu'il ne faisoit rien, laissa la compagnée de son pere, et avec dix ou douze gentilshommes s'en vint à Parme, là où son oncle monsieur le grand-maistre y estoit et toute la compagnée, lesquels luy fisrent merveilleusement bonne chere; et quand il feust là, tous ensemble adviserent de dresser les affaires du Roy, comme vous oyrés cy-après. Et en ce temps feurent faicts deux camps pendant ces intervalles, lesquels estoient faicts de neige, en la place dudict Parme; et feust l'ung des combattans le sieur Peralte, espaignol, qui estoit du camp du Pape, et l'aultre le sieur Aldano, aussy espaignol, tenant le parti des François; et feust ledict camp faict à cheval à La Genette, et y feust merveilleusement gros combat : et y vint ledict sieur Peralte merveilleusement bien en ordre sur le camp, aussi commandé le Pape qu'il y vint bien accompaigné, comme il y fist; aussy y estoit le sieur Aldano du costé des François : et feurent tous deux forts blessés, tellement qu'il les fallut despartir; et s'en retournerent sans accord ensemble et à leur grand honneur. Huict jours après, vindrent deux Albanois, l'ung du Pape, l'aultre des François, armés de toutes pieces à l'albanoise, l'estradiotte à la manche et le chapeau au poing; et pour vous dire ce qu'ils fisrent, l'Albanois du Pape courut sur l'aultre, et luy faulça l'espaule. L'Albanois françois, quand il vict ce, print son estradiotte comme une javeline, et boutta en la gorge, et tousjours le poursuivist, tellement qu'en la fin à grands coups de masse le tua; et feust grand dommaige, car ils estoient estimés tous deux gentils compaignons entre les Albanois.

CHAPITRE XXI.

Comment le jeune Adventureux fist une bande de cent chevaux adventuriers, et tout plain de gentilshommes qui vindrent avecques luy; et comment l'armée de Parme partit pour aller secourir La Mirandole, que le pape Jules tenoit assiégée; et de la mort de monsieur le grand-maistre Chaumont d'Amboise.

[Décembre 1510] APRÈS toutes bonnes cheres faictes, monsieur le grand-maistre Chaumont d'Amboise, monsieur de Nemours, monsieur de La Palice, et le sieur Jean Jacques, se partirent de Parme pour tirer à Correge. Le jour que les François partirent de Parme, et leur artillerie avecques eulx, par ces grandes neiges ne fisrent pas grand chemin, et se logerent de bonne heure. L'armée logée, monsieur le grand-maistre, qui estoit homme joyeux et le meilleur compaignon du monde, commença, contre monsieur de Nemours et autres, à faire un tournois à pelotte de neige; et s'échauffa le jeu si fort, qu'à la fin y eust quatre cent hommes d'un costé et d'autre; et en la fin, de peur de débats, leur convint de partir; et y eust monsieur le grand-maistre un coup de pelotte sur le nés, où avoit une pierre dedans, qui luy fist grand mal, et luy dura jusques à la mort, comme vous sera cy-après déclaré. Le lendemain, l'armée print le droict chemin de Correiges pour aller secourir La Mirandole, que le pape Jules tenoit assiégée; et ce jour convint passer un pont, là où un capitaine nommé Richebourg, et la bande de monsieur de Molart, eurent gros desbat ensemble; et sans l'Advantureûx, qui se vint jetter au milieu, y en eust eu beaucoup de tués, car les maistres luy vouloient bien faire plaisir. Et après, au mesme pont où lesdicts piétons avoient passé, le demeurant de l'armée y passa; et quand tout feust passé, ledict Advantureux retourna vers le pont, où trouva monsieur le grand-maistre tombé en l'eaue, armé de toutes pieces; et sans luy, et un autre gentilhomme nommé Fontaine, il estoit noyé. Et veulent les aucuns dire qu'il s'y eschauffa tellement qu'il y gaigna la maladie dont il mourut peu après; mais je tiens que non, et que sa mort luy feust advancée d'une autre sorte; car le soir, luy arrivé au logis, la belle fievre le print, et l'armée tira vers Correiges; et se faisoit mener ledict seigneur en un traisneau comme un cabinet; et alla jusques à Correiges, et toute l'armée, là où le comte et la comtesse, qui avoit nom madame Genievre de Correiges, fort honneste dame, fisrent un bon recueil à toute la compagnie, qui feust merveilleusement honneste; et arresta l'armée en très bonne chere trois jours, attendant la guerison de monsieur le grand-maistre, qui estoit fort malade. Nonobstant ce, feust advisé que pour ce que l'affaire du Roy requerroit grande diligence, qu'on feroit marcher l'armée; et bailla ledict sieur toute la charge au sieur Jean Jacques Trivulce, sans la bailler à aultre, et demeura à Correiges; et ne voullust le jeune Advantureux demeurer avecques luy, pour ce que n'estoit ne bon medecin ne bon chirurgien, jaçoit qu'il luy faisoit bien mal de laisser son bon oncle : et quand ledict sieur vist qu'il ne pouvoit le retenir, luy dit en pleurant : « Adieu, mon nep-« veu, on m'a advancé ma mort; je ne vous verray ja-« mais. » Et le reconfortoit le jeune Advantureux le plus qu'il pouvoit. Et ainsi se partist de luy avecques sa bande de chevaux advanturiers; et quatre jours après mourut ledict sieur grand-maistre [1]. Et feust une grande perte; et veulx bien luy donner ceste gloire que c'estoit le plus sage homme de bien, en tout estat, que je pense jamais avoir veu, et de la plus grande diligence et plus grand esprit. Ce faict, l'armée se partist, et s'en vint à haste pour tirer à La Mirandole, et combattre le Pape et les Venitiens.

CHAPITRE XXII.

Comment le pape Jules print La Mirandole, avant que le secours des François y feust venu.

[20 janvier 1511] LE pape Jules voyant le grand hyver, avecques le conseil que quelques Espaignols qui estoient avecques luy, pensant que le Roy n'eust point sitost son armée preste, et que La Mirandole, qui es-

---

[1] *Mourut ledict sieur grand-maistre* : Chaumont mourut le 11 février 1511. On a attribué sa mort au chagrin de s'être laissé tromper par Jules II, qui le contraignit à lever le siége de Bologne.

toit à la comtesse de Mirandole, fille du sieur Jean Jacques, n'estoit pas prenable en temps d'esté, sinon en temps d'hyver et de gelée, pour ce qu'elle se fioit au marescage, et qu'on ne la peut approcher durant ce grand hyver, y vint mettre son siége, et fist la batterie : et se faisoit mener le Pape en un traisneau comme un cabinet. Et estoit dans ladicte ville de Mirandole la comtesse et quelques gens-d'armes françois; et en ce temps la ville ne valoit rien, car la muraille ne pouvoit rien résister contre l'artillerie. La batterie y feust faicte; et la ville voyant ceste grande bresche, et que tous les fossés estoient gelés, et qu'il n'y avoit point de remede, se rendirent par composition, chascun un baston blanc à la main, et la comtesse aussy. Et feust toute pillée la ville, et perdit ladicte comtesse tout son bien, et s'en vint au camp des François, dont le sieur Jean Jacques son pere, qui estoit chef de toute l'armée, feust fort marry et courroucé. Et partirent de-là pour aller prendre une petite ville et place assez forte, qui se nommoit La Concorde, appartenant à ladicte comtesse, que quinze cent Espaignols tenoient, et y mirent les François leur siége.

CHAPITRE XXIII.

Comment La Concorde feust prise, que les Espaignols tenoient; et comment tous ceux dedans feurent tous mis en pieces; et de la prise de Jehan Pol Maufront.

[1511] LE camp du Roy et son armée estoient assez beaux, comme vous pouvés avoir oui compter par cy-devant; et y avoit de bons capitaines, et entre, autres sept mille Espaignols, qui leur estoient venus de renfort avecques la bande de monsieur de Molart et de monsieur de Richebourg, qui estoient gentils compaignons pour l'assault; et pour lansquenets avoit le capitaine Jacob Ferremus avecques sa bande, lesquels estoient aussy fort gentils compaignons, pour aussy peu qu'ils estoient; et ne pense jamais avoir veu armée plus délibérée pour le nombre de gens qu'ils estoient, et plus nette. Et vindrent à deux milles près de ladicte Concorde; et, avant que de l'assaillir, feust envoyé un commissaire de l'artillerie qui avoit nom Lubin, lequel avoit esté autrefois charpentier, fort bien soy connoissant en l'artillerie; et le jeune Advantureux estoit avecques luy. Et feust ledict commissaire frappé d'un coup d'arquebuse à crochet en devisant de l'assiette de ladicte artillerie, et en mourut huit jours après à Hostilia. Ce faict, l'armée partist et vint mettre le siege devant, et feust l'artillerie assise par Pierrot Dognots, lieutenant en l'artillerie de monsieur L'Espy en Italie; et ladicte artillerie mise et assise près de la ville, sans gabions ne tranchées, commencerent la batterie à huict heures du matin, si très rude qu'ils voulurent parlementer: laquelle chose voyant les advanturiers françois et les Espaignols, donnerent l'assault sans bresche, là où avoit un fossé de deux picques de hault, et la muraille autant, et gaignerent la ville du premier assault; et après entrerent entremeslés au chasteau, là où de compte faict neuf cent hommes tués, sans ceux qui feurent prins. Et après la prise de ladicte Concorde feust renduë La Mirandole au sieur Jean Jacques, qui la rendist à sa fille; car le Pape s'estoit retiré à Rome, et son armée vers Ferrare, laquelle les François poursuivoient. Or en ces poursuites se fisrent beaucoup de belles choses et escarmouches, et entre autres une que fist le jeune Advantureux et monsieur d'Humbercourt, où feust pris Jehan Paul Maufron, homme ancien et maigre, et l'ung des plus estimés de tous les Venitiens; et feurent deffaicts avecques luy cinq cent chevaulx, et feust amené au camp, et de là en France, lequel fist la plus triste mine que jamais je visse.

CHAPITRE XXIV.

Comment, après la prise desdictes villes, les deux armées se vindrent loger au Bondin vis-à-vis l'une de l'autre, et se parcquerent les François à un traict de faucon près des gens du Pape et les Venitiens, et y feurent quatre mois, sans autre fort que leur camp. Comment le duc de Ferrare amena son artillerie, et principalement une piece qui se nommoit le Grand-Diable, à un village qui s'appelloit L'Hospitalet, et qui battoit dedans le camp du Pape et des Venitiens; et de la situation de ladicte ville de Ferrare, et de l'isle; et des bonnes cheres qui se fisrent durant ce temps avec le duc et la duchesse dudict Ferrare.

[1511] L'ARMÉE du Pape s'en alla loger devers les François au Bondin selon le lac, et aussy fist celle des François à un demi quart de lieue près d'eulx, assez près de Ferrare, et ne falloit que traverser le lac; tellement que, pour les doutes et inconveniens qui en pouvoient advenir journellement, fortifierent les François leur camp : aussy fisrent les aultres le leur; et ainsy demeurerent les ungs devant les aultres, tousjours escarmouchans tant sur l'ung l'aultre que sur les biens. Et dura ceste maniere de vivre durant ce grand hyver six mois entiers; et entre autres choses fist une entreprise monsieur de La Palice, lequel n'estoit pas encore mareschal, fors simple capitaine, monsieur d'Humbercourt, et le jeune Advantureux avecques ses chevaux advanturiers, par les bonnes espies qu'il avoit, lesquels feurent advertis comment un commandeur de Rhodes, espaignol, nommé frere Liennard, lequel avoit faict aux François toutes les cruautés qu'on sçauroit faire auprès de Garillan; et feurent lesdicts capitaines advertis comment il estoit en une cassine avecques huit cens chevaulx, pour venir faire une entreprise sur le camp des François. Or ladicte cassine où il estoit estoit toute environnée d'une muraille et d'un grand fossé plein d'eauë, là où à un point de jour les François se vindrent mettre devant la porte où lesdicts Venitiens montoient. Quand toute la gendarmerie françoise feust ainsy rangée devant ceste porte, feurent contraints lesdicts Venitiens passer à travers eulx, là où feurent tous tués et prins. Et après avoir esté battus, ledict frere Liennard feust tué par un page; qui feust un grand malheur pour leur camp, principalement à messire André Gritty, chef des Venitiens, et au duc d'Urbin pour le Pape, qui estoient les deux chefs généraux, car ils n'avoient plus grand homme de guerre que luy. Et aussy fist une belle entreprise le duc de Ferrare à un lieu qui s'appelle La Bastide, là où feurent tous mis en pieces ceulx qui estoient dedans. Cela faict, le duc de Ferrare vint voir un jour ledict camp des François; et y venoit souvent, et y pouvoit seurement venir, car il estoit à trois mille près, et estoit le Pô entre deux. Un jour entre les autres vint au camp des François, et feust regardé qu'ils pouvoient faire beaucoup de mal au camp du Pape et des Venitiens : et mist une bande à un lieu qui s'appelle L'Hospitalet, et sur le bord de l'eauë de son costé, et outre une piece qui s'appelloit le Grand-Diable, la plus belle que je vis jamais et qui tiroit le mieux, et qui faisoit merveilleusement gros ennuy à leurdict camp, et leur tua beaucoup de gens. Toutesfois ils n'en deslogerent point, et feurent là encore un temps, et feurent-ils tous les ungs devant les autres l'espace de six mois; et alloient les François, de trois jours en trois jours, eulx rafreschir et reposer dedans la ville de Ferrare, qui estoit la plus belle ville de guerre qui feust en la chrestienté, et avoit gaigné ledict duc de Ferrare une galere sur le Pô, laquelle estoit venuë pour le prendre, fort belle galere appartenant aux Venitiens, bien garnie de tout ce qu'il leur falloit. La duchesse de Ferrare [1] estoit fille au pape Alexandre, et sœur du duc de Valentinois, duquel vous ay cy-devant parlé, et estoit une princesse de fort bonne chere, et fort bonne Françoise; et la grande chere qu'elle faisoit aux François en bagues et festins n'est pas à estimer. Le duc de Ferrare estoit un gentil prince, homme de guerre et de bon entendement, et hardi, et prenoit tout son passe-temps et exercice à

---

[1] *La duchesse de Ferrare :* Lucrèce Borgia, femme plus distinguée par son esprit et sa beauté que par ses mœurs. Elle avoit été accusée d'inceste avec ses frères. Alphonse d'Est, duc de Ferrare, étoit son quatrième mari.

fondre de l'artillerie, remparer et édifier; et n'y avoit fondeur des siens qui le fist mieux que luy; et en ay veu appartenant audict duc dedans deux granges bien trois cent grosses pieces; et croy que tous les princes d'Italie ensemble n'en avoient point tant et de si belle artillerie que luy seul. Il avoit trois granges: l'une estoit là où on faisoit la fonderie, l'aultre là où on faisoit les moules, et l'aultre où on faisoit les affuts et les roues.

CHAPITRE XXV.

Comment l'armée du Pape et des Venitiens se partirent pour tirer vers Boulongne; et comment l'armée des François les poursuivoit.

[1511] QUAND l'hyver feust passé, et que vint vers le mois de mars, l'armée du Pape et des Venitiens se commença à arroyer et desloger, pour tirer vers Boulongne la Grasse; laquelle l'armée des François poursuivit tousjours pas à pas, pour veoir si elles se pourroient trouver en lieu hors de fort, pour eulx donner le combat, laquelle chose feust impossible; et allerent tousjours escarmouchant, et de fort en fort, dissimulant ledict combat, qui faschoit tout plain de gens de bien qui y estoient que la chose ne s'abbregeoit plus fort. Et feurent un jour près un lieu qui se nomme Villefranche, qui est un lieu fort, où autrefois les Venitiens avoient fortifié leur camp; et là fisrent semblant les gens du Pape et les Venitiens de venir sur les François, lesquels, sans point de faulte, cuidoient avoir la bataille : et falloit passer une petite riviere, et pensoient les Espaignols que les François n'oseroient passer sans faire pont. Toutesfois, avecques la bonne volonté que les François avoient de bien faire, passerent la riviere tous en ordre, en l'eaue jusques au col, là où le capitaine Molart et le capitaine Jacob prierent le jeune Advantureux se vouloir mettre à pied avecques eulx, ce qu'il fist; et bailla son cheval oultre, et fist couper son saye jusques à la ceinture, et se mist à pied avecques eulx; et marcherent tout droict aux Venitiens et Espaignols, lesquels ne les oserent attendre, et se retirerent dedans leur fort, pensant qu'après boire les François et les lansquenets les devoient suivre. Monsieur de Nemours et le sieur Jean Jacques, qui estoient chefs, arriverent en ces intervalles, et fisrent retirer leurs gens; et vous asseure qu'il faisoit merveilleusement bon veoir d'un costé et d'autre : et là eust le capitaine Peralte, qui avoit combattu à Parme, la teste emportée d'un coup de canon. Et avoit alors une chesne d'or au col, et après ce un advanturier françois alla querir la chesne et la teste.

CHAPITRE XXVI.

Comment les François gaignerent la bataille devant Boulongne, contre le Pape et les Venitiens; et comment la ville se rendist à eulx.

[22 mai 1511] LES François et le sieur Jean Jacques, qui estoit leur chef général, voyant qu'en plain champ l'armée du Pape et des Venitiens ne les osoit attendre s'il n'y avoit fort entre deulx, se logerent à un petit pont près la ville de Boulongne du costé de deça, et l'armée du Pape et des Venitiens estoit oultre ledict pont; là où vinrent deux mille cinq cent lansquenets de Veronne, de ceulx de l'Empereur, au secours des François, qu'ammena messire Georges de Fronsperg, gentil capitaine, lesquels arriverent sur le soir, dont le lendemain au matin les François, de bonne heure, commencerent à passer le pont. Et incontinent que leurs ennemis les visrent, se misrent en fuite à peu de combat, et vouloient sauver leur artillerie dedans les montaignes, laquelle feust gaignée; et suivit le jeune Advantureux avecques ses gens ung capitaine qui avoit tué assez meschamment en ung debat monsieur de Milaut; et deffist le jeune Advantureux tout plain de leurs gens ès montaignes. Le demeurant de la chasse feust du long le grand chemin Romain, laquelle dura quatorze milles, jusques à ung lieu qui s'appelle Castel Sainct Petro : et qui eust eu affaire le long de ce grand chemin de hardes, malles et aultres bagages, il y en eut trouvé assés ; car tout leur bagage y demeura, tant ès fossés de la ville que sur le chemin. Et fist-on ung gros gaing ; et pour ce qu'il y eust tant de mulets prins dedans les fossés, sur le grand chemin et aultre part, feust nommé par les François la journée des Asniers. Et après tout cela faict, la ville se rendist à la volonté du Roy, et commencerent à crier : *France et Seghe!* qui sont trois seies en un escu, que portent les Bentivolles pour leurs armes, lesquels veulent dire que la ville leur appartient. Et la rendist le Roy entre leurs mains, de laquelle chose se contenterent merveilleusement bien du Roy. Et après ce l'armée passa tout oultre sans s'arrester, jusques au susdict Chastel Sainct Petro; et là feurent ordonnés gens pour suivre ceulx qui s'enfuyoient jusques aux Alpes de Boulongne, qui sont montaignes, et ung chemin fort mauvais et rude : et de-là l'armée se retira de Boulongne; et quand ils feurent arrivés, et qu'ils eurent mis les Bentivolles en possession, commencerent à battre le chasteau, lequel au bout de douze jours se rendist. Or il y avoit en la ville de Boulongne, dessus le portail de la grande eglise en hault, ung pape de cuivre tout massif que le pape Jules avoit faict faire, lequel estoit grand comme ung geant, et se voyoit de la place de la ville. Les Bentivolles ayant depit de cela, lui attacherent des cordes au col, et à force de gens tirerent en bas, et luy rompirent le col. Et commença à jurer le sieur de Bentivolle à monsieur de Nemours et au sieur Jacques qu'il feroit faire un pet au Pape devant son chasteau qu'il avoit faict à Boulongne; car incontinent il le fist fondre, et en fist faire un double canon, lequel en dedans six jours tira contre le chasteau. Cela tout faict, Boulongne et le chasteau, et toutes leurs appartenances et appendances rendues à la volonté du Roy, il les remit aux Bentivolles. Après l'armée se partist, et s'en retourna chacun en sa garnison, pour ce que le Roy avoit commandé qu'on ne passast pas oultre; et feust baillée à messire Georges Fronsperg une double paye, et le renvoya on à Veronne, de là où il venoit. Et pour ce qu'il ne se faisoit plus rien en ce camp, le jeune Advantureux voullust retourner à Veronne avec eulx; et trouva monsieur d'Ars, monsieur de Rœux et la compagnie de monsieur de Sedan. Et se fisrent encore, durant ce temps qu'ils estoient à Veronne, plusieurs belles escarmouches.

CHAPITRE XXVII.

Comment le vice-roy de Naples et le comte Pedro Navarre vinrent mettre le siége devant Boulongne, et comment les François le deffendirent.

Peu de temps après que l'armée des François se feust retirée, se ramasserent les Espaignols et les gens du Pape en la Romagne, dont estoit chef le vice-roy de Naples dom Remo de Cardonne, et avoit avecques luy le comte Pedro Navarre, petit homme maigre, du val de Rancal, lequel avoit faict beaucoup de belles choses sur les Turcs et au royaume de Naples, et homme ingenieux pour prendre places et les deffendre, et s'entendoit aussy pour faire mines et contremines; et estoit capitaine général des gens de pied espaignols dans l'armée du Pape. Et du costé des Venitiens estoit chef messire André Gritty. Or ce temps pendant le roy Louis envoya à monsieur de Nemours la puissance générale sur toute l'armée, et pour estre gouverneur de Milan; lequel assemblement desdictes deux armées par luy entendu, fist diligence d'assembler la sienne, et, en temps qu'il l'assembloit, envoya dedans la ville de Boulongne monsieur de Lautrec avecques quatre cent hommes d'armes, et le capitaine Jacob avecques ses lansquenets, qui estoient mille; desquels quatre cent hommes d'armes estoit la bande du sieur de Sedan, que menoit le vicomte d'Estoges; et fisrent la plus grande diligence qu'ils peurent : et en estoit bon besoing, car ils n'y feurent pas de deux jours arrivés, quand l'armée du Pape et des Venitiens y arriva devant ladicte ville; là où commencerent d'abord à faire une merveilleusement grande batterie et mines, tellement qu'en deux jours fisrent une bresche pour entrer cinquante hommes de front. Et donnerent l'assault au costé où estoit une chapelle où avoit desja quatre enseignes dessus, quand Brisson (dont vous ay cy-devant parlé), porteur-d'enseigne de monsieur de Sedan, avecques son enseigne et quelques gens-d'armes qui le suivirent, reboutta tous ceux qui estoient ja là-dessus ; et croy que sans luy la ville estoit en grand danger d'estre prise; et fisrent tellement les lansquenets et autres qui estoient là, que ledict assault feust reboutté. Laquelle chose faicte à l'arrivée de monsieur de Nemours qui s'approchoit, se leverent lesdicts Espaignols pour ce qu'ils n'estoient point assez forts, et se retirerent bien avant en la Romaigne.

CHAPITRE XXVIII.

Comment monsieur de Nemours assiégea Bresse, laquelle il print; et de la grande occision qui y feust faicte.

[Février 1512] APRÈS que l'armée du Pape et des Venitiens se feust partie de devant Boulongne, monsieur de Nemours entendit comment la ville de Bresse s'estoit revoltée pour les Venitiens ; et estoient bien dedans quarante mille hommes, dont estoit chef Jean-Paul Ballou, et le seigneur Mercure avecques ses chevaux-legers, et vouloient faire batterie contre le chasteau, lequel tenoit encore pour le roy de France ; et estoit dedans Henri Gonnet, gentilhomme gascon, capitaine dudict chasteau. Tout cela bien entendu, ledict sieur de Nemours partist en diligence avecques son armée et les gens d'armes qui estoient dedans Boulongne, et en son chemin, près Isolle de L'Escaille, rencontra une bande de Venitiens, laquelle il defist et mist tout en pieces ; tousjours, sans perdre de temps, marchant vers Bresse, où arriva à un soir, et, en lieu de faire batterie contre la ville, fist monter toute son artillerie dessus les tours du chasteau, pour battre en ladicte ville. Or les Venitiens qui estoient dedans la ville craignoient ce que les François fisrent, c'est qu'ils n'entrassent du chasteau en la ville ; et pour ce feisrent ung petit rempart entre le chasteau et la ville : toutesfois le lendemain matin monsieur de Nemours, lequel estoit bien adverty de tout cela, se mist à pied, et toute la gendarmerie françoise et lansquenets meslés ensemble en bon ordre, enseigne desployée ; et entrerent par ce chasteau, et trouverent auprès du rempart, devant le chasteau, une abbaye où estoient quinze cent arquebusiers, qui les battoient aux flancs ; laquelle feust emportée d'assault, nonobstant qu'il y eut beaucoup de François tués et blessés, et entre autres un gentilhomme gascon, cousin de monsieur de Nemours, qui y feust fort blessé, tellement qu'il en mourut. Et n'en eschappa pas un de tous ceulx qui estoient en ladicte abbaye, qu'ils ne feurent haschés et mis en pieces. Et de-là, tousjours poursuivant leur fortune, passerent rempart en depit des ennemis, lesquels fisrent quelque peu de deffense, et les rompirent, et commencerent à fuir; et, eulx entremeslés avec les François, entrerent pesle mesle dans la citadelle, tellement qu'il y eut quarante mille hommes (1) tués, et toute la ville pillée et mise à sac. Et fault que je vous die que j'estimois Bresse une des plus puissantes villes, des plus fortes et des plus riches qui feust en toute l'Italie. Et y eust tel gendarme qui y fist tel gaing, que lui et ses enfans s'en sentirent toute leur vie. Monsieur de Nemours n'avoit point oublié à mettre quatre cent hommes d'armes à la porte de Venise, pour ce que, quand les Venitiens visrent la journée estre contre eulx, feirent ouvrir la porte pour fuir, lesquels feurent tous prins et tués par la gendarmerie qui les attendoit à la porte.

CHAPITRE XXIX.

Comment, après la prise de Bresse, monsieur de Nemours entendit que les Espaignols s'assembloient en la Romaïgne; et comment ils se vinrent parcquer les uns les autres à Ravennes.

[Avril 1512] MONSIEUR de Nemours, après la prise de Bresse, feust adverty que l'armée des Venitiens qui s'estoit levée devant Boulongne la Grasse s'estoit renforcée des deux parts, et qu'ils marchoient droict pour tirer le chemin de Ravennes; laquelle chose entendue par ledict sieur de Nemours, incon-

(1) *Quarante mille hommes*: suivant Guichardin, il n'en périt que huit mille. Le duc de Nemours protégea les couvens de femme.

tinent à diligence fist marcher son armée, et lui fist faire si grande diligence pour venir devant ses ennemis à Ravennes, qu'il n'y eust vivres ni aultres choses qui le peussent servir. Et quand une bande de Venitiens, qui estoit sur les champs, vist ce, se jetta en la queuë des vivres, et les detroussa; par quoy le camp des François en eust très-grande faute. Et en ce même ordre les François arriverent devant Ravennes, là où ils misrent le siege, et fisrent une batterie qui ne feust pas grande, car ils ne battirent que deux heures; où feust blessé monsieur de L'Espy, maistre de l'artillerie du roy de France, et en mourut tôt après; dont feust grand dommage, car il estoit homme de bien, et fort congnoissant en ce mestier. Et incontinent après ladicte batterie faite donnerent l'assault, et feurent repoussés, et soutinrent bien les Espaignols et les gens du Pape; et feust tué audict assault le guidon de monsieur de Sedan, qui se nommoit Gratien d'Amandalis, gentilhomme des frontieres de Navarre, gentil compagnon; et feust aussi blessé monsieur de Chastillon d'un coup de harquebutte en l'espaule, dont tost après il en mourut. Ledict assault feust donné bien tard, droict à l'arrivée du camp; et cependant que ledict assault se donnoit vindrent nouvelles à monsieur de Nemours que le vice-roy de Naples et l'armée du Pape estoient à trois milles de luy. Cela entendu, ledict sieur de Nemours et les chefs fisrent retirer l'artillerie et les gens dudict assault. Et, me semble, aussy faisoit-il à beaucoup de capitaines que si la ville eust été prinse, que c'eust esté la destruction des François, et n'eussent peu gaigner la bataille comme ils fisrent, car ils y eussent perdu de leurs gens, et les aultres se feussent amusés au pillage, car la ville estoit fort riche; et eussent aussi perdu beaucoup de leurs gens de bien audict assault. La nuit venue, chacun se reposa un peu, et deux heures avant le jour chacun commença à s'armer; et fist assembler monsieur de Nemours tous les capitaines tant de pied que de cheval, et commencerent à regarder ce qu'ils avoient à faire; et feust advisé de ne point donner la bataille, et de la dissimuler tant que les François feussent un peu renforcés; car, en dire le vray, ils estoient bien foibles et bien foulés, car il y avoit deux ou trois mois qu'ils ne cessoient de combattre ou donner assault, et d'aller de lieu à aultre. Et quand tout feust bien debattu, monsieur de Nemours, qui estoit gentil prince comme chacun sçait, dit aux capitaines qu'il vouloit combattre, et qu'il falloit qu'ils combattissent avecques luy; et la raison il leur dit, qui estoit telle que quand ores ils ne voudroient point combattre, si estoient ils contraints de ce faire, puisqu'il n'y avoit point de vivres au camp, et ne sçavoit moyen pour en avoir : et davantage, l'armée des Venitiens qui se renforçoit et venoit vers eulx; et si les deux armées du Pape et des Venitiens feussent venues vers eulx, l'une d'un costé, l'autre de l'autre (ils estoient derriere eulx), ils ne pouvoient avoir nuls vivres. Cela dit et conclud; tous les capitaines luy fisrent serment de vivre et mourir ce jour avecques luy : et vous asseure qu'il y avoit en sa compagnie de gens de bien et de gentils capitaines, tant de gens de cheval que de pied, et aussy bons que j'en aye point veu depuis : et estoient avecques luy premierement monsieur de Lautrec, monsieur de La

Palice, le duc de Ferrare, le duc d'Allegre, monsieur de Humbercourt, Fonterailles, le baron de Biart, le vicomte d'Estoges, le grand escuyer de France, Galeas de Sainct Severin, monsieur de Bayart, monsieur de Crussol, qui menoit les deux cent archers de la garde du Roy, monsieur de Montoison, monsieur d'Aubigny, et plusieurs autres, tant françois qu'italiens, qui seroient longs à vous nommer.

Les capitaines des gens de pied françois estoient monsieur de Molart, capitaine général des advanturiers, monsieur de Bonnet Maugiron, le capitaine Georges de Richebourg, Maulevrier, Grand-Jean le picard, et monsieur de Moncaure, qui menoit les Picards; les capitaines des lansquenets; le capitaine Jacob Feremus, trois mille lansquenets; le capitaine Philipe, trois mille; le grand Fabian, deux mille; et estoit ledict Fabian le plus grand et le plus puissant homme que je vis jamais; et quelques bandes d'Espaignols et d'Italiens qui estoient avecques eulx. Et comme ils eurent ce faict, monsieur de Nemours, qui n'avoit plus qu'un flascon de vin et ung pain, voullust desjeuner, et le despartit aux autres capitaines, lesquels en beurent et mangerent; et estoient tous armés. Cela faict, les advantureux vindrent faire rapport que l'armée du Pape et les Espaignols marchoient et venoient tout droict à eulx, et que la journée ne se pouvoit passer sans bataille : et feust ung jour de Pasques. Et lors commencerent les François à marcher, et eulx mettre aux champs, et ne fisrent pas grand chemin que les deux armées ne suivirent l'une l'aultre. Et avoit ung canal qui s'appelle le Ronco, et se passoit à guet en tous endroicts. Et avoient là laissé les Espaignols ung nombre de gens à cheval de-là l'eaue, et toute l'armée deça : et estoit le comte Navarre capitaine général de leurs gens de pied, et le vice-roy de Naples chef général de toute l'armée; et y estoient le marquis de Pesquiere, Antoine de Leve, et tout plain d'autres gentilshommes espaignols, qui seroit chose trop longue à vous les tous nommer. Et du costé du Pape le duc d'Urbin, qui estoit le chef. Ledict Pedro de Navarre avoit faict faire un parc à langue de bœuf de fer sur chevrettes, et puis force chaisnes et charettes entre deux ; et avoit là dedans force arquebuttes à crochet, et quelques pieces d'artillerie du costé de l'eaue. Où estoit ceste bande de chevaucheurs que j'ay devant nommés estoit l'artillerie des Espaignols, qui battoit dedans les gens de pied françois, tout à découvert; et vous asseure qu'il y faisoit un grand meurtre, car ils estoient à deux gets de pierre près. Sans point de faulte feurent tués ceste journée tous les capitaines de pied françois, et plus de deux mille hommes, tant françois que lansquenets; tellement que de quarante capitaines pietons qu'ils estoient n'en échappa que deux. Et endurerent ceste batterie bien trois heures de long ; et si l'artillerie des Espaignols faisoit grand mal aux François, aussy celle des François à eulx et à la gendarmerie de-là l'eauë. Cependant monsieur de Nemours marchoit tousjours; et vint donner trois grands coups d'artillerie dedans leur gendarmerie, qui leur fist du mal assez; et avoit ledict sieur de Nemours, de coustume, pour l'amour de sa mye, de ne point porter de harnois, fors la chemise, depuis le coulde en bas jusques au gantelet; et prioit à toute la compagnie de la gendarmerie, en leur remontrant et donnant beaucoup de belles parolles, qu'à ce jour voulsissent garder l'honneur de France, le sien et le leur, et qu'ils le voulsissent suivre. Et cela faict, dit qu'il verroit ce qu'ils feroient pour l'amour de sa mye ce jour-là; et incontinent partit, et feust le premier homme d'armes qui rompist sa lance contre les ennemis; et les Espaignols marchoient d'autre costé en bon ordre, et chargerent de telle sorte qu'il ne feust jamais veu un plus rude combat, et dura plus de trois heures qu'on ne sçavoit qui avoit le meilleur. Or, ce temps pendant que la gendarmerie estoit en ce combat, nous retournerons aux gens de pied, et dirons ce qu'ils fisrent.

Monsieur de Molart et le capitaine Jacob s'estonnoient fort de l'artillerie; car ils avoient esté trois heures en ceste peine, et n'avoient où se coucher. Se commencerent à seoir luy et le capitaine Jacob, et demanderent à boire, et en buvant, un coup de canon les emporta tous deux, qui feust un grand dommaige; et avoit esté tué, un peu devant, le capitaine le grand Fabian. Ce voyant les gens de pied, tant françois que lansquenets, voulurent aller assiéger le fort où estoit Pedro Navarre et ses gens de pied, qui ne se bougeoient; et partirent tant François que lansquenets, et leur vindrent donner un merveilleux assault, et trouverent ledict fort aussy merveilleux et tant fort de harquebuttes à crochet que de charettes. Et y fust monsieur de Maugiron tué sur une charette, et tout plain de gens de bien; et tous les pietons, tant françois que lansquenets, tous tués ou mis en fuite; et sortirent les Espaignols à la queuë de ses gens de pied fuyans. Ils fisrent un grand meurdre, et y feust tué bien douze cent hommes. Cela veu, le gros nombre que les Espaignols estoient, et gens frais, si du commencement ils pensoient bien avoir gaigné la bataille, encore pensoient-ils mieux avoir gaigné à ceste heure là; mais comme Dieu ordonne les choses, il y avoit quelques lansquenets françois et picards qui n'y estoient point allés, qui vindrent, et rechasserent tous lesdicts Espaignols dedans leur fort; et les gens de pied françois ne les suivirent plus, mais se retirerent au lieu accoustumé, et enduroient comme auparavant devant la batterie de l'artillerie. Et aussy faisoit tant de mal aux Espaignols la batterie des François, qu'il leur feust fort qu'ils se deparquassent, et vinssent combattre avecques les aultres; eulx venus, l'armée des François s'affoiblissoit fort. A donc vint monsieur d'Alegre prier à monsieur de La Palice, en disant : « Monsieur, la bataille est perdue, si vous ne nous en-« voyés la bande de monsieur Sedan; » et incontinent le vicomte d'Estoges qui la menoit partit, et toute la bande avecques luy, criant : *La marche!* Et si les suivirent les deux cent archers de la garde, qui portoient tous des haches, que menoit monsieur Crussol; et vindrent donner dedans de telle sorte que le vice-roy de Naples s'enfuit, et toute la gendarmerie : et feust là pris le marquis de Pesquiere, et autres capitaines espaignols, et de ceulx du Pape. Or, après ce faict, leurs gens de pied n'estoient pas encore deffaicts, et se tenoient tousjours dedans leur fort, et leur artillerie qui battoit d'un costé et d'aultre, là où monsieur de Pontremy, qui estoit au lieu de monsieur d'Espy, fist merveilleusement bon devoir, et aussy fist Pierrot Dognots.

Et quand les François feurent passé l'eaue, appercevant que le fort où estoit Pedro de Navarre n'estoit point fortifié du costé de l'eaue, incontinent cent hommes d'armes bien en ordre vindrent donner dedans, et leur rompirent leurs gens; et quand les autres François visrent ce, vindrent sur ledict fort, et l'emporterent d'assault; et feurent tous tués et mis en piéces ceulx dedans, et Pedro Navarre prins, et aultres capitaines et gens de pied. Et paravant ce se partirent dudict fort deux mille Espaignols bien en ordre, qui se sauvoient. Or le baron de Chimay, qui estoit honneste gentilhomme, se cognoissant les choses à venir, et en avoit déja dit beaucoup de véritables avant la bataille, vint à luy monsieur de Nemours, et luy demanda en ceste maniere: « Or ça, bastard, comment « ira-t'il de ceste bataille, et qui la gaignera? — Je « vous promets ma foy, monsieur, dit le bastard, que « vous la gaignerés; mais vous estes en danger d'y « demeurer, si Dieu ne vous fait grace. » Sur quoy respondit le sieur de Nemours que pour cela ne lairoit-il point à y aller. Et quand la bataille feust gaignée, et que les Espaignols à pied et à cheval feurent mis en fuite, ledict sieur de Nemours vint au bastard, et luy dit: « Et puis, maistre coquart, y suis-je demeuré « comme vous disiés? me voicy encores. — A donc, « luy dit le bastard, monsieur, ce n'est point encore « faict. » Et comme il achevoit ce propos, un archer luy vint dire: « Monsieur, voilà deux mille Espaignols « qui s'en vont tous en ordre du long de la chaussée. » Et incontinent ledict sieur demanda son habillement de teste pour les suivre; et monsieur de Lautrec luy disoit: « Si, monsieur, attendés vos gens; » à quoy il n'entendit point, et avecques vingt ou trente hommes d'armes vint ruer sur lesdicts Espaignols, là où feust enlevé des piques hors de la selle, et feust tué, et tout plain d'autres gentilshommes avecques luy, et monsieur de Lautrec si fort blessé qu'il feust laissé là pour mort; et y feust tué monsieur de Viverols, son fils. Cela faict, feurent amenés les gros personnages, morts et blessés, au camp; et pourtant que les vivres des Espaignols estoient là demeurés, et que les François en avoient grande nécessité, leur vindrent à grand reconfort du deuil qui feust mené au camp à cause de la mort de monsieur de Nemours. Il n'en faut point parler; car jamais de prince mort n'en feust mené tel. Je vous ay nommé tous les gros maistres qui y ont este tués : des blessés peu en sont eschappés; et ne fault point que nul s'excuse du combat, car tous combattirent, jusques aux valets.

CHAPITRE XXX.

Comment monsieur de La Palice, en attendant la responce du Roy, feust eslu par tous les capitaines chef général des François; et comment la ville de Ravenne feust prinse; et de l'entrée du corps de monsieur de Nemours à Milan.

[Avril 1512] LA bataille près Ravenne gaignée par les François, et ce gentil prince monsieur de Nemours mort comme je vous ay desja dit (de sa plainte il n'en fault point parler, car il feust plaint d'amis et d'ennemis), le lendemain on renvoya son corps dans une litiere à Milan, et aultres gros personnages, comme monsieur de Lautrec et aultres, qui estoient fort blessés. Le camp du Roy demeura devant la ville de Ravenne, où il estoit le jour de devant; et advertirent le Roy de la bataille, et de sa duché de Milan, et quel gouverneur il y vouloit mettre; et ce temps pendant les capitaines regarderent qui seroit lieutenant général, en attendant la response du Roy; et quand ils eurent tout bien considéré, ils choisirent monsieur de La Palice, qui estoit gentil capitaine et gentil chevalier, et qui avoit beaucoup veu. Cela fait, incontinent il fist sommer la ville de Ravenne de se rendre, laquelle chose elle fist : elle feust composé de quelque argent qu'elle debvoit bailler à tous les capitaines; et, après ladicte composition faicte, ung adventurier qui s'appeloit Jacquin, de la bande de monsieur de Molart, lequel estoit sergent de bande, vint à regarder à la breche, laquelle avoit esté faicte le jour de devant. Il vist qu'il n'y avoit ame de deffense dedans la ville; et ainsy vint de main en main à ses aultres compaignons, et donnerent l'assault avant que jamais homme dedans y sceust venir; et après les lansquenets et toute la gendarmerie entrerent et prindrent la ville, et la pillerent toute et misrent à sac, avant que jamais monsieur de La Palice ni tous les autres capitaines y seussent mettre ordre; et feust grand pitié, car elle étoit belle ville et riche. Si ledict seigneur de La Palice en estoit marry, il ne s'en faut esbahir, car il en pensoit bien avoir quelque bonne chose. Cela faict, et ladicte ville ains pillée et destruite, on fist tenir information pour sçavoir qui en avoit esté cause; et feust prins le capitaine Jacquin au milieu de tous les adventuriers et de tous les Allemans qui se vouleurent mutiner; mais ils ne peurent jamais mettre ordre qu'il ne feust pendu et estranglé. Et feust trouvé audit Ravenne un enfant monstre, le plus horrible qu'on vit jamais. Et après ce faict, et toute la ville ainsi pillée, le Roy confirma monsieur de La Palice son lieutenant général, et gouverneur de Milan. Et debvez sçavoir que ledict seigneur Roy demena ung merveilleux deüil de la mort de monsieur de Nemours son nepveu, tel qu'on ne le pouvoit appaiser; et manda ledict seigneur Roy audict sieur de La Palice casser toute son armée, et mettre les gens d'armes en garnison par les villes; ce que monsieur de La Palice fist à bien grand regret, et n'estoient point les autres capitaines de ceste opinion : et en fist le Roy très-grand mal, car il ne devoit jamais rompre son armée, et la renforcer, car il en avoit bien le pouvoir, et ne feust point advenu ce que depuis a esté; car je veulx dire que ceste faulte a esté cause de toutes les guerres qui ont depuis esté faictes en Italie et en la plus grande partie de la chrestienté : et s'il eust alors renforcé son armée et bouté avant, il eust esté prince de toutes les Italies, et roy de Naples aussi; car il avoit l'empereur Maximilian pour lui, et faisoient la plus grande part de leurs guerres ensemble.

CHAPITRE XXXI.

Comment, après que les Suisses et Venitiens veirent le pays desgarny, chasserent monsieur de La Palice hors d'Italie.

[Juin 1512] LES Suisses, qui n'estoient point d'accord ni en paix avec le roy de France, mais vouloient bien avoir part en Italie, entendirent la rompture de ceste armée ; aussi fisrent les Venitiens, qui ne pensoient pas que le Roy en deust faire ainsy, dont feurent merveilleusement aises. Les Suisses se commencerent à mouvoir, et pensoit monsieur de La Palice que ce ne seroit rien, car ils estoient descendus à Milan deux ou trois fois; et pour ce que à chacun coup le grand nombre des chevaux françois leur coupoient les vivres, s'en retournoient avec cinquante mille escus qu'on leur donnoit, et leur faisoit-on la bataille d'escus au soleil; et en apprit la façon monsieur le grand-maistre Chaumont. Cela faict, les Suisses marcherent, avec l'ayde du cardinal de Sion et les Venitiens, de leur côté : quoy voyant, monsieur de La Palice garnit le chasteau de Milan et le chasteau de Cremone de gens, de vivres et d'autres munitions, et envoya monsieur d'Aubigny avecques trois cent hommes d'armes dedans Bresse; et lui, avecques toute la gendarmerie et les lansquenets du capitaine Jacob qui estoient demeurés, se retira dedans Pavie; car la chose feust merveilleusement subite, et tant que ledict sieur de La Palice n'eust loisir d'assembler ses gens, ni de mettre ordre en son affaire. Les Venitiens et les Suisses marchoient tousjours, et se misrent ensemble leurs deux armées, et vindrent devant Pavie; laquelle chose veue par le sieur de La Palice et les autres capitaines qui estoient avecques lui, telle fois conclurent de la tenir, mais après trouverent que mieux valoit de l'abandonner; laquelle chose feust faite, et y eust de belles escarmouches à l'arrivée et au sortir. Et ainsy que mondict sieur de La Palice sortoit par une porte, les Suisses et les Venitiens entroient par l'autre par dessus le pont, là où le reste des lansquenets du capitaine

Jacob donnoit à la journée de Ravenne, desquels estoit chef monsieur Destoges, gentilhomme françois, lequel portoit le guidon de monsieur de La Palice. Lui et lesdicts lansquenets, laissés derriere à l'arriere-garde, fisrent fort bien leur debvoir, et se retira ledict sieur de La Palice avecques toute son armée en France; et ne demeura en Italie pour les François que le chasteau de Milan, le chasteau de Cremone et la ville de Bresse, où estoit monsieur d'Aubigny, capitaine général, avecques quelques gens de pied et trois cent hommes d'armes françois, lequel, après le retour de monsieur de La Palice en France, ne demeura gueres sans avoir le siege par les Venitiens; car les Suisses estoient desjà retournés en leur pays, après avoir eu gros butin par le pays d'Italie, et force argent desdicts Venitiens. Durant lequel siége feurent faites beaucoup de belles saillies, et le tindrent long-temps à grosse batterie; et vous veux bien dire que c'est la plus belle ville de guerre que je vis jamais, et n'estoit point prenable, veu les gens de bien qui estoient dedans, et le chef qui estoit et est encore, tant homme de bien et bon capitaine. Toutesfois, par longueur de temps, la peste et famine se frappa tellement entre eulx, qu'ils feurent contraincts de rendre la ville, mais si honnestement, que les gens de chevaulx sortirent la lance sur la cuisse, et les piétons la picque sur le col; et en estoient beaucoup morts de la peste : et ainsy s'en revinrent en France. Et après ce tinrent encore assez le chasteau de Milan et le chasteau de Cremone le parti des François.

CHAPITRE XXXII.

Comment le jeune Adventureux vint sur les frontieres de Gueldres amasser cinq mille lansquenets; et comment ceulx de Lembourg et Luxembourg ruerent sur eulx.

[1512] LE jeune Adventureux, après le retour de toute l'armée d'Italie en France, revint deçà les monts, et print le chemin par le mont Geneve en Daulphiné, et trouva le Roy et la Reine à Grenoble, qui lui fisrent merveilleusement bonne chere, et estoient fort marris du retour de monsieur de La Palice; et de là s'en allerent à Blois, et de Blois à Paris, là où se faisoit une menée et pratique avecques les Venitiens pour avoir paix avecques eulx; et dresserent une auitre armée pour envoyer de-là les monts. Or laissons le Roy faire son entreprise, et disons du jeune Adventureux que, quand il feust de deçà les monts, voullust faire la guerre à monsieur de Treves pour la querelle d'une place, laquelle se nomme Castelbourg. Et s'en alla ledict Advantureux en Liege, et là ouit parler d'une bande de lansquenets qui revenoit de Gueldres, et s'appelloit *la bande noire,* laquelle a reigné long-tems depuis : et incontinent ces nouvelles ouies, vint devers monsieur de Liege son oncle, qui pour lors estoit bon françois, lequel lui presta quelque argent (et feurent douze cent pistoles) pour donner aux lansquenets. Laquelle chose faicte, ledict Adventureux despescha un gentilhomme liegeois, nommé Okelet de Feumaille, lequel il envoya devers lesdicts lansquenets, pour les retenir pour lui et à son service. Lequel arrivé devers lesdits lansquenets, luy octroyerent la requeste dudict Advantureux : et estoient les capitaines gentils compagnons, dont les deux principaux estoient Thimis de Medelbourg, honneste homme et de bon aage, et ung aultre qui s'appelloit Hans. Cela faict, le jeune Adventureux, avecques cent chevaulx, arriva à eulx ung samedy de Pasques, à dix heures du soir, à un village entre Trect et Vise ; et penserent lesdits lansquenets avoir une merveilleusement grosse alarme, cuidans que ceulx de Lembourg et de Luxembourg, et ceulx du pays qui étoient assemblés, vinssent ruer sur eulx. Or, le propre jour que ledict jeune Adventureux partit de Liege, eust lettres du Roy, lequel lui mandoit, sur tous les services qu'il lui pouvoit faire, qu'il lui retint lesdicts lansquenets à son service, et qu'ils auroient bon traitement, et qu'ils seroient bien payés ; pour lesquelles nouvelles ledict Advantureux se hasta de les avoir. Et estoit l'assemblée que le Roy voulloit faire pour envoyer en Guienne, où estoit question que les Espaignols voulloient descendre, ou en Italie pour faire son voyage. Et quand l'Adventureux feust arrivé vers eulx, et qu'ils le conneurent, ils feurent merveilleusement aises, car à ce jour leur avoit promis se trouver à eulx. Et après qu'il feust adverty de l'assemblée de ceulx de Lembourg et Luxembourg, et du pays environ, il fist amener du long de l'eauë quelques piques qu'il avoit fait venir d'Ardenne, et poudre pour les harquebutiers, qui resjouit merveilleusement lesdicts lansquenets, car ils en avoient grande faute ; et demeurerent toute la nuict en merveilleusement bon guet et gros allarme que ceulx de Lembourg et de Luxembourg leur fisrent.

Et le lendemain matin, qui feust le jour de Pasques(1), l'Adventureux, après avoir mis ordre à son affaire, s'en alla à Vise pour faire ses pasques, en attendant ce que ces gens assemblés vouloient faire, car il avoit mis bonnes espies pour entendre de leur volonté. Laquelle chose faicte, se mist en basteau pour aller audit Vise; et y eust quelques gentilshommes et valets des siens qui voullurent aller par terre, lesquels feurent prins et menés en une place qui s'appelloit Dolhein. Ledict Adventureux, après avoir oui messe et receu Dieu, ouit l'allarme dedans le camp que faisoit Le Drossart de Franquemont, lequel avoit assemblé tout le commung et gentilshommes du pays environ pour courir sus audict Advantureux et à ses gens, lesquels ne voulloient faire nul mal au pays; fors seulement vivre. Toutesfois l'allarme feust grosse, et s'arma ledict Adventureux dedans son basteau, et vint à ses gens, lesquels se mettoient en ordre; et, à vous en dire le vray, c'estoit une merveilleusement belle bande. Et vinrent les uns contre les autres, tellement qu'à l'abord y eust merveilleusement belle escarmouche, tant de gens de pied que de cheval, en laquelle y eust tout plein de gens tués et affolés. Et à donc lesdicts lansquenets et le jeune Adventureux avecques eulx baiserent la terre comme ils font de coustume, et marcherent tout droict contre leurs ennemis; mais ne voulleurent attendre,

(1) *Le jour de Pasques* : on disoit anciennement *faire ses pâques*, lors qu'on faisoit ses dévotions en quelque fête solennelle ; et comme, depuis le retour de l'armée d'Italie, il ne peut y en avoir d'autre que la *Notre-Dame d'août*, il paroît que c'est cette fête que l'auteur veut ici désigner. (*Note de l'abbé Lambert.*)

et avoient quelques pieces d'artillerie avecques eulx, laquelle ils avoient tout le jour tirée contre lesdicts lansquenets, laquelle feust gaignée. Cela faict, les lansquenets qui cuidoient aller se loger en ung village lequel s'appelle Hesvie, au pays de Luxembourg, se commencerent à mutiner entre eulx, disans qu'ils vouloient avoir argent, ou qu'ils ne passeroient pas la riviere; et repasserent l'eauë pour se retirer vers Gueldres, dont ledict Advantureux feust fort marry; et le devoient tuer dans leur domaine, comme ils disoient. Toutesfois il alla à eulx, et se commença à courroucer le premier, et leur donna quatorze enseignes, et les pria de venir avec luy au service du Roy, laquelle chose accorderent la plus grande part. Et quand ce feust faict, et que les basteaux estoient tous prests, l'Adventureux print deux enseignes en chacune main, et passa oultre; et ainsy après tous lesdicts lansquenets le suivirent, et ne retourna que trois cens hommes, que tous ne passerent la riviere de Meuse, et s'en vinrent à Ardenne, là où le roy Louis envoya audict Adventureux un gentilhomme nommé La Romagere, et qu'il luy prioit qu'il donnast congé auxdicts lansquenets, et que pour l'heure il n'avoit que faire de gens de pied, et ne lui envoya pas un grand blanc pour les contenter : de laquelle chose ledict Advantureux feust très-mal content, comme raison le voulloit; car il luy desplaisoit fort de perdre son credit avecques lesdicts lansquenets, qui estoient venus pour l'amour de luy. Toutefois il leur donna congé, pour ce que le sieur de Sedan lui manda que pour l'heure l'entreprise de Treves estoit rompue, et aussi pour ce que le Roy n'en voulloit point; et pour ce se deffit desdits lansquenets à grande mutinerie : toutesfois il eschappa du mieux qu'il peut, et estoit avecques luy Denis Soynart, seigneur d'Alemberg. Cela faict, ledict Adventureux s'en vint à Sedan, et de-là en France, bien marry, prest à dire au Roy qu'il ne luy avoit point faict de bon tour avecques les Allemans, et qu'il avoit perdu une belle bande; et que si une aultre fois il en avoit affaire, il ne les recouvreroit point aisément. Huict jours après qu'il eust laissé lesdicts lansquenets, luy estant à Severange de retour chez monsieur de Montmort, sur son chemin pour aller vers ledict sieur Roy, il eut nouvelle du Roy que sur tous les services qu'il lui vouloit jamais faire, qu'il lui fist recouvrer un nombre de lansquenets; laquelle chose vüe, ledict Adventureux feust merveilleusement marry. Toutesfois, pour faire service au Roy, il partit en toute diligence, et renvoya après lesdicts lansquenets, et en recouvrit bien deux mille, dont les capitaines estoient Thimis et Hans : et d'en recouvrer plus ne feust possible ; et feust force audict sieur Roy, pour en avoir plus largement, qu'on leur envoya à chascun un escu en Allemaigne dedans leurs maisons, avant que voulsissent jamais partir; qui feust une merveilleuse constance au Roy, pour ce que, quand ce vint à la monstre, ils ne voullurent le rabbattre. Toutesfois, avecques l'ayde de force argent, ledict sieur en eust assez, et en fist deux armées avecques aultres gens qu'il avoit, dont l'une estoit pour envoyer en Guyenne, et l'aultre en Italie; et en amena ledict Adventureux au Roy bien dix mille, sans une aultre bande que le duc de Suffolk lui amena de Lorraine.

CHAPITRE XXXIII.

Comment les Espaignols descendirent en Guyenne, où feust envoyé monsieur d'Angoulesme lieutenant-général pour le Roy; et comment le roy de Navarre perdit son royaume.

[Octobre et novembre 1512] Le roy Louis feust adverti de la descente des Espaignols en Guyenne, en ung lieu qui s'appelle Saint Jean de Pied de Porc; et le prindrent lesdicts Espaignols à l'amblée; et est ledict Sainct Jean lieu bien fort, lequel garde l'entrée des montaignes de Navarre. Ledict Roy fist marcher son armée et les lansquenets, qui estoient bien sept mille, avecques quelque autre bande que menoit le duc de Suffolk, qu'on appelloit *la blanche rose*. Brandecque, gentilhomme allemand, et monsieur de Montmort, général desdicts lansquenets, et le jeune Advantureux avec le demeurant des autres lansquenets, pour aller en Italie, vindrent en un lieu de Bourgogne qui s'appelle Coulange-la-Vineuse; et son frere, le sieur de Jamets, à Vezelay, où est une partie du corps de la Magdeleine, avecques deux mille lansquenets : et ont une coustume en France de mettre ces lansquenets en garnison ès lieux où il y a quelques vins, car ils l'aiment mieux que l'eaue bouillie. Le Roy despescha monsieur d'Angoulesme à monsieur de Longueville, et l'envoya en Guyenne chef général, et avoit assez belle armée. Et y eust belle escarmouche au pied des montaignes, où fisrent semblant les Espaignols de vouloir donner bataille; tellement que les advancoureurs feurent entremeslés avecques l'ung l'aultre, et y en eust beaucoup de tués d'ung costé et d'aultre : toutesfois quand les Espaignols visrent la grosse puissance des François, qui estoit beaucoup plus grande que la leur, se retirerent, et abandonnerent tout; et feust repris ledict Saint Jean Pied de Porc par les François. Cela faict, monsieur d'Angoulesme eust advis, et monsieur de Longueville avecques, et assemblerent les capitaines pour veoir ce qu'il estoit de faire, et feurent d'advis de rompre ceste grosse armée; et renvoya une partie en France, et l'aultre moitié, avecques monsieur de La Palice, en Navarre: laquelle chose conclue feust faicte.

Mais avant ce partement y eust gros debat entre les lansquenets et les Gascons, tellement qu'il y en eust bien cinq cent de tués; et si la gendarmerie qui les départit ne s'en feust meslé, il y en eust eu davantage. Ce faict, monsieur d'Angoulesme revint en France; monsieur de Longueville et la plus grande partie de ceste armée, et monsieur de La Palice avecques sept cent hommes d'armes et trois mille lansquenets que menoit le duc de Suffolk, et six ou sept mille Gascons et une bande d'artillerie, print son chemin vers Navarre, et vint trouver le roy dudict Navarre en ung chasteau près de Pampelune. Et avoit ledict Roy assez mal mis ordre à son affaire, jaçoit qu'il feust bon prince et fort devotieux, car il oyoit tousjours deux ou trois messes chacun jour; mais il n'estoit point homme de guerre, et feust fort marry monsieur de La Palice de trouver le petit ordre qu'il y avoit mis, car il n'avoit pas fourny une seule place, et si avoit eu loisir et argent assez ; et n'avoit point ung homme avecques luy qui le sceust faire, ny qui luy conseillast de ce faire. Monsieur de La Palice, qui estoit homme de guerre, advisa avecques ledict roy de Navarre et les capitaines qui estoient avecques luy que l'hyver estoit venu, et que d'assiéger ville il n'estoit point possible, principalement en ce pays-là, car il n'y avoit point de bois pour chauffer en tout Pampelune, et que pour ung jour et deux les gens d'armes l'endureroient bien; ce qui feust faict. Et fist-on amener des vivres, et allerent assieger Pampelune, et en peu firent une batterie, qui feust bien grande; mais dedans la ville y avoit gros nombre de gens de guerre.

Quand ladicte batterie feust faicte, il feust question de donner l'assault bien ferme, là où monsieur de Suffolk fist bien honnestement et les lansquenets; mais ceux de la ville, qui estoient plus forts, les repousserent tellement qu'il y demeura beaucoup de François, Gascons et lansquenets dans les fossés. L'assault failly et reboutté, feust d'opinion monsieur de La Palice que le roy de Navarre devoit fortifier ses places, et attendre l'advanture que Dieu luy voulloit envoyer; car monsieur de La Palice ne voulloit point là demeurer tout le long de l'hyver sans rien faire, car c'eust esté trop grande constance au roy de France. Et ce qui feust conseillé feust faict; et s'en retourna monsieur de La Palice en France, et eust beaucoup de peine à ramener son artillerie, à cause que les chevaulx estoient tous morts; et fallut que les lansquenets la tirassent à bras dedans les montaignes, avecques quelque argent qu'on leur donna. Et demeura le roy de Navarre en son royaulme, lequel il laissa perdre petit à petit, et s'en vint en France en son pays de Bearn, qui est très-beau pays et riche; et aymoit beaucoup mieux ce qu'il avoit en France que son royaume de Navarre.

CHAPITRE XXXIV.

Comment le roy Louis douziéme envoya monsieur de La Trimouille son lieutenant-général en Italie, avec toute son armée.

[Avril 1513] MONSIEUR de La Palice retourné en France, et toute l'armée, le Roy s'en alla à Paris, là où se trouva le sieur Jean Jacques, qui estoit son compere, et lui avoit le Roy faict tenir un de ses enfans (1); lequel sieur mist en teste au Roy de faire une petite armée, et l'envoyer en Italie, et avecques les parts et intelligences qu'il avoit en la duché de Milan, qu'elle seroit bientost revoltée, et qu'il espéroit aller jusques dans Milan avecques un esperon de bois; laquelle chose le Roy voulust bien entendre, car ledict sieur Jean Jacques estoit d'un bon entendement et esprit, et conduisoit bien une armée : et ne vis jamais homme qui pourveust mieux au camp, et qui feust plus diligent d'avoir bonnes espies, et qui cherchoit mieux son advantage, spécialement en Italie; car il congnoissoit tout le pays. Le Roy, veu le bon sens qu'il avoit, et loyauté qu'il avoit à bien servir son maistre, l'eust plusieurs fois faict son lieutenant-général et son gouverneur de Milan, n'eust esté les parts

(1) *Un de ses enfans* : madame Renée, qui épousa depuis Hercule II, duc de Ferrare.

qui estoient en Italie, dequoy il en tenoit, qui estoit là part guelfe. Or vous avez en Italie deux parts, asscavoir guelfe et gibeline, et les colonnois, et l'aultre partie adverse; et toutes les parts d'Italie sont sous ces deux-là, comme vous avez dedans Genes Adornes et Frégouses, où l'ung tient une partie, et l'aultre l'aultre.

Or le Roy vouloit bien contenter les deux parts, et les tenir en son amitié; et en faisant le sieur Jean Jacques son lieutenant-général, qui tenoit la part guelfe, il eust mal contenté les gibelins. Et, pour achever ce mal, il estoit tousjours contrainct y envoyer ung François, comme il fist, et feust regardé une fois que monsieur de Bourbon iroit; mais monsieur de La Trimouille pourchassa tant qu'il eust la charge; et allerent avecques luy le sieur Jean Jacques et le sieur de Sedan. Et incontinent feust l'armée dressée, et vist-on marcher la gendarmerie, qui estoit de douze cent hommes d'armes, asscavoir : la bande de monsieur de La Trimouille, cent hommes d'armes; la bande du duc d'Albanie, qui estoit capitaine général des gens de pied françois; la bande du sieur Jean Jacques et du grand escuyer de France, deux cent hommes-d'armes et archers italiens, comme les sieurs Barnabot et aultres; la bande de monsieur d'Aubigny, cent hommes-d'armes que menoit monsieur de Crussol; le baron de Biart, cent hommes d'armes; la bande de monsieur l'admiral Graville, la bande de monsieur La Fayette, et plusieurs aultres compagnies nouvelles que ne vous scaurions nommer. Les gens de pied estoient onze mille lansquenets, que menoit le jeune Advantureux et monsieur de Jamets son frere; et en estoit chef monsieur de Sedan, et ledict Advantureux son lieutenant, lequel estoit à pied avecques les lansquenets et son frere le sieur de Jamets; et n'en avoient avecques eulx que six ou sept mille, et le reste venoit de Guienne, que menoit le sieur de Brandecque, Tavennes, et aultres capitaines lansquenets, lesquels ne sceurent jamais venir à temps à la bataille. Et vint en ce temps en France ung comte d'Allemaigne, nommé le comte de Wolf, lequel se mist à pied avecques ledict Advantureux, et feust tousjours avecques luy à une double paye, et se fist si homme de bien avecques ledict Advantureux, que depuis a eu de grosses charges. Qui menoit l'artillerie de France estoit monsieur de La Fayette, parent de monsieur l'admiral Graville, lequel estoit homme sage et de bon entendement, comme cy-après sera déclaré. Et avecques ladicte artillerie le sieur de Sedan faisoit mener un parc faict en façon d'eschelles, lequel estoit merveilleusement bon, et cinq cent arquebuttes à crochet dedans ledict parc. Et si eust peu estre tendu à temps, par advanture que la chose ne feust point ainsy allée qu'elle alla, comme après sera déclaré. Et ainsy équippée passa l'armée les monts, laquelle conduisoit le sieur de La Trimouille, lieutenant-général pour le Roy.

CHAPITRE XXXV.

Comment le jeune Advantureux feust envoyé par le sieur de La Trimouille à Alexandrie, laquelle il print en un matin.

[Mai 1513] L'ARMÉE du Roy que menoit monsieur de La Trimouille passée les monts, ledict sieur fist haster les lansquenets, que le jeune Advantureux menoit, et ledict sieur de La Trimouille le suivoit, avec le demeurant de la gendarmerie ; et prenoient leur chemin non en Milan, mais en l'Astesan. Et en la comté d'Ast, qui appartient de long temps à la maison d'Orleans, est une ville qui se nomme Novarre, où feust long temps assiégé monsieur d'Orleans, du temps du roy Charles; et alla le jeune Advantureux jusques à la ville d'Ast avecques lesdicts lansquenets, et attendit monsieur de La Trimouille, lequel arriva le lendemain. Et ledict sieur arrivé, il ouit nouvelles que les Suisses estoient à Alexandrie, qui est une ville grande, et passe le Pô droict au milieu, et est une des plus riches villes des Italies; et après avoir au matin oui les nouvelles desdicts Suisses, ledict sieur de La Trimouille pria au jeune Advantureux qu'avecques ses lansquenets et quelques gens de pied françois allast prendre Alexandrie. Et avoit ledict jeune Advantureux avecques luy, outre ce que dessus est dict, de chascune compagnie trente hommes d'armes. Et partist de nuict, après souper, de ladicte ville d'Ast, et alla passer entre Roc et Novi, qui sont deux places fortes sur deux montaignes, et qui du temps des guerres tousjours ont esté l'une contre l'aultre.

Et s'en alla ledict Advantureux arriver à ung point de jour à Alexandrie, là où il trouva ung seigneur d'Italie qui s'appelloit Sacremore Viscomti, avecques cent hommes d'armes, qui luy venoit à secours; et surprinrent tellement les Suisses qui estoient aux portes, qu'ils entrerent dedans, et gaignerent ville ; et ainsy que les lansquenets entroient par une porte, les Suisses sortoient par l'aultre, et prenoient le droict chemin de Tortonne, pour eulx aller rallier. Ledict Advantureux ayant pris ladicte ville, et voyant la fuite que faisoient les Suisses, demeura en la ville, et fist incontinent marcher après eulx quelques gens de pied et de cheval; et là y eust belle escarmouche, et quelques Suisses tués; et fist mettre ledict Advantureux son artillerie sur les plattes formes du costé où les Suisses estoient sortis, et la fist tirer, pour donner à cognoistre aux peuples d'Italie, et à ceulx qui tenoient la partie françoise, que la ville estoit prise, et aussy pour donner bon courage aux amis et peur aux ennemis. Ladicte ville d'Alexandrie estoit fort riche; et, pour l'entretenir en amitié, deffendit le pillage qu'on commençoit desja à faire, car on pilloit aussi bien amis que ennemis; en laquelle chose il feust obéi, dont feust bien grande merveille, entre tant de nations, et ville prise de force et d'emblée. Après ce, ledict Advantureux alla loger en une abbaye de cordeliers, vis-à-vis la muraille de la porte par laquelle les Suisses estoient saillis; et dedans ceste abbaye les Espaignols, qui y avoient esté longtemps, et les Suisses et autres ennemis de France, y avoient laissé dedans tout le pillage qu'ils avoient faict ès villes et pays là en tour, lequel feust tout pris et pillé par lesdicts lansquenets et gens de guerre, et y fisrent ung merveilleusement gros gaing. Après que ladicte ville feust ainsi prise, ledict Advantureux le fist sçavoir à monsieur de La Trimouille, lequel en feust joyeux; car c'estoit ung grand point pour eulx d'avoir gaigné ladicte ville et le passage de la riviere, tant pour les vivres qui leur venoient, que pour le demeurant de l'armée qui venoit après eulx. Et huict jours après monsieur de La Trimouille, monsieur de Sedan, le duc d'Albanie, le sieur Jean Jacques, l'admiral de France et aultres arriverent tous, avecques le demeurant de la gendarmerie.

Or, comme je vous ay dict par cy-devant, les lansquenets, qui estoient en nombre cinq mille qui venoient de Guyenne, lesquels menoient deux capitaines allemans, qui se nommoient Tavennes et Brandec, n'estoient pas encore venus, et ne pouvoient suivre les aultres, et avecques eulx quelques advanturiers françois; et estoient encore quatre ou cinq journées loin du camp des François, et monsieur de La Trimouille et les aultres capitaines les vouloient tousjours attendre : mais le sieur Jean Jacques, lequel avoit charge de les mener jusques à Milan avecques ung esperon de bois, estoit encore en ceste fantaisie, et les faisoit tousjours haster, dont mal en prist, comme vous verrés cy-après.

CHAPITRE XXXVI.

Comment les François allerent assiéger la ville de Novarre, et de la grosse batterie qu'ils y feirent; et du secours des Suisses à ladicte place.

[Fin de mai 1513] LES François estans à Alexandrie entendirent par leurs espies que les Suisses n'estoient plus à Tortonne, et s'estoient retirés à Novare, où avoit encore quelque petit nombre de leurs gens; et aussy pour ce que ladicte ville de Novarre estoit plus près de leur pays, pour avoir secours si besoing estoit, ils s'estoient allé là mettre; et leur avoit envoyé le More Maximilian trois cens chevaulx, que legers qu'aultres de la duché de Milan, et là attendirent leur bonne fortune. Et estoit ledict More tousjours en son chasteau de Milan (¹), et se boutta avecques lui le sieur Galeas Viscomti, chevalier de l'ordre de France, lequel laissa le Roy, et l'abandonna en son affaire. Lequel More avoit merveilleusement grand peur de perdre son Estat, car il n'avoit secours des Venitiens ni aultres, hors desdicts Suisses, lesquels pour ce coup servirent merveilleusement bien. Et après que ledict sieur de La Trimouille et les aultres capitaines eurent entendu l'arrest des Suisses à Novare, incontinent se partirent d'Alexandrie, et vindrent assieger ladicte ville de Novare au bout de quatre jours après leur département d'Alexandrie. Et feust ladicte ville assiegée d'une merveilleuse sorte, veu les gens et l'artillerie qui estoient dedans; car ils avoient gaigné, quand les Venitiens chasserent monsieur de La Palice d'Italie, la plus grande part de l'artillerie qu'il avoit avec luy, et avoient mis dans le chasteau et ville dudict Novarre : lequel chasteau est assez fort, mais la ville ne vaut gueres, si est en pleine terre d'un costé, et l'autre en lieu marescageux; et y a une petite riviere qui passe d'un costé vers le pays des Suisses, tout contre la ville; et feust cause ladicte riviere de garder les François de mettre ordre ni rencontre au secours qui vint à ceulx de la ville. Quand les Suisses de la ville sceurent les François à une journée près, voullurent, si petit nombre qu'ils estoient, les aller combattre; mais ils adviserent entre eulx qu'ils estoient trop foibles : toutesfois les Suisses ont faict de plus belles choses à

(¹) *Et estoit ledict More tousjours en son chasteau de Milan* : Les autres historiens disent (et leur récit est plus vraisemblable) que le duc Maximilien s'étoit réfugié à Novarre, sous la protection des Suisses.

petit lot qu'à grand nombre. Et misrent les François leur siege à plein midy, et assierent leur artillerie, de laquelle estoit chef monsieur de La Fayette, dont vous ay ci-devant parlé, lequel estoit homme de grande diligence, comme le mestier de mener l'artillerie le requiert, et fault que ce soit un homme qui ne soit pas endormy, et specialement le conducteur principal d'icelle artillerie. Après ladicte artillerie estre assise, subit commença à tirer si rudement, qu'en moins de quatre heures elle fist une bresche pour entrer cinquante hommes de front. Or, en faisant les approches, l'artillerie du chasteau et de la ville fist grand meurtre sur les lansquenets et gens de pied françois, et en tua beaucoup; et là y eust un lansquenet tout auprès du jeune Adventureux qui eust les deux jambes emportées, et plusieurs aultres fort blessés. Toutesfois, quand ils eurent assis leur artillerie, se misrent derriere une dodenne de fossé, tellement que l'artillerie de la ville passoit oultre eux et ne leur faisoit plus de mal, fors que quand ils avoient leurs picques dressées elle les coupoit. Et feurent ainsi le jeune Advantureux et le sieur de Jamets son frere, avecques les lansquenets, trois jours et trois nuicts ainsy couchés en bataille, sans avoir ni tente ni pavillon pardessus eulx. Quand ladicte bresche feust faicte, tous les capitaines s'assemblerent ensemble pour donner l'assault; là où feust advisé entre eulx que la bresche avoit encore quinze pieds de hault pour descendre dans la ville, et falloit tomber de ceste hauteur; mais du costé des champs les fossés ne valoient rien, et estoient les maisons de la ville assez près des murailles, où les Suisses avoient mis toute leur harquebutterie et quelques pieces d'artillerie pour deffendre ledict assault. L'assault feust présenté aux lansquenets, lequel ils prindrent bien volontiers, jaçoit qu'il feust bien mal aisé; mais ils voulurent avoir aultres gens d'armes avecques eulx, comme un homme d'armes ou archer avecques chacun lansquenet, pour qu'ils estoient mieux armés pour soutenir un gros faict qu'un piéton qui est tout nud. Laquelle chose feust présentée par ledict Adventureux; mais il feust regardé que c'estoit une chose mal aisée à faire, veu la descente de la bresche, qui estoit fort dangereuse, et le gros nombre de gens qui estoit dedans.

Tout ce consideré, les François allerent mettre deux canons devant l'une des portes de ladicte ville, assez près de ladicte bresche, et rompirent la porte; et quand ladicte porte feust rompue, les Suisses feirent une sortie, et feurent reboutés. Et à donc feust d'opinion le sieur de Sedan, le jeune Adventureux, et aultres capitaines lansquenets, de couper chacun une manche de chemise et la remplir de poudre, pour boutter le feu dans la ville; qui eust esté une chose merveilleusement bien faicte, et de quoi on se repentit beaucoup depuis. Toutesfois ne se fist point, et demeura on là toute la nuict, là où on eust nouvelle, par les Albanois et advanturiers françois, que secours estoit venu à ceux de la ville, et en estoit dedans entré à dix heures de nuict. Et, comme vous ay cy-devant dit, il falloit faire bon guet; car par la porte et par la bresche qu'on y avoit faicte il pouvoit saillir et entrer beaucoup de gens. Sans point de faulte les Suisses eussent dès le soir presenté la bataille aux François; mais ils estoient si très-las de la grande diligence qu'ils avoient faicte, que plus ne pouvoient; car ils estoient venus en trois jours de leur pays, et aussi tous leurs gens n'estoient point encore arrivés, et venoient file à file toute la nuict. Et, comme je vous ay dit, les lansquenets et François feirent bon guet ; et quand ce vint au matin y eust une merveilleusement grosse escarmouche ; et feurent d'advis les capitaines françois de lever le siege et dissimuler la bataille. Et se retirerent auprès de Trecas, petite ville à trois milles d'illec, sur une montaigne où avoit une abbaye, et se logerent là en attendant le résidu de leur armée. Laquelle chose feust faicte ; et marcherent la gendarmerie devant, les adventuriers après ; le jeune Advantureux et les lansquenets, avec l'artillerie, demeurerent derriere ; et estoit toute l'artillerie du chasteau affutée sur eulx, car céux de la ville s'apperceurent bien qu'ils ne vouloient point donner d'assaut, ni combattre là : et ne fault pas douter que l'artillerie de ladicte ville de Novare et du chasteau pleuvoit et battoit si très-fort dedans lesdicts lansquenets que merveille, et en tua beaucoup, mais point de gens de nom. Or les advanturiers françois, quand ils feurent hors de la batterie, vouleurent tenir ordre, pour ce qu'il falloit passer ung passage pour monter la montaigne où estoit ceste abbaye, et l'artillerie de la ville battoit tousjours dedans lesdicts lansquenets ; laquelle chose leur ennuya merveilleusement. Mais quand le jeune Advantureux vist ce, il commanda aux lansquenets qui estoient devant, pour ce qu'il estoit derriere, et que les Suisses estoient tousjours sur leurs bras escarmouchans, dit auxdicts lansquenets qu'ils donnassent des coups de picque aux fesses des advanturiers ; ce qu'ils fisrent. Et à donc lesdicts adventuriers se hasterent de monter la montaigne, et se logea tout le monde ainsi qu'il estoit conclud.

Et se logerent le sieur de La Trimouille, le seigneur de Sedan, le duc d'Albanie, le sieur Jean Jacques et aultres, dedans ladicte abbaye; et le jeune Advantureux demeura hors, avec lesdits lansquenets, au camp, là où il faillit deux fois d'estre tué de l'artillerie du chasteau, qui battoit merveilleusement fort, et emporta le cheval d'un capitaine nommé Sourechet, qui devisoit avecques luy. Quand ledict Advantureux vist ce, s'en alla dans l'abbaye vers monsieur de La Trimouille, veoir qu'il avoit de faire; car l'artillerie du chasteau battoit fort, et lui faisoit ung grand meurtre de ses gens. Et droict ainsy qu'il debatoit, ung coup de canon vint du chasteau, passa au travers des fenestres de la chambre où ils estoient en conseil, sans faire mal à personne. Et incontinent feust conclud de desloger et aller à Trecas, qui est une petite ville à deux milles de-là, et à trois de la ville de Novare. Et incontinent ce conclud, tout le camp deslogea, et s'en alla loger audict Trecas, et estoit dict de loger en la ville, non pas aux champs; mais le sieur Jean Jacques, et ung secretaire qu'il avoit, lequel s'appelloit Parmesan, et gouvernoit ledict sieur, eurent quelques présens de ceulx de la ville. Et se logea toute l'armée autour de ladicte ville dudict Trecas, sans entrer dedans : et si les François y eussent logé, comme ils avoient premierement conclud, le mauvais ne feust pas tourné sur eulx comme il fist, pour ce qu'il y avoit un petit bois qui alloit de-là jusques à ladicte ville de Novare, lequel leur fist ung très-grand dommaige, comme cy-après vous sera plus à plain desclaré.

CHAPITRE XXXVII.

Comment les François perdirent la bataille contre les Suisses à Trecas, là où le jeune Advantureux feust laissé avec quarante-six playes avec les morts.

L'ARMÉE des François se logea assez tard, et estoit assez travaillée, et spécialement les lansquenets, que menoit l'Advantureux et le sieur de Jamets. Et incontinent qu'ils feurent logés, eurent un gros allarme, non pas à de faulces enseignes ; mais ce ne feust rien, car les Suisses se retirerent en attendant leurs gens qui venoient tousjours. La nuict se passa sans autre allarme : et avoit dit monsieur de La Trimouille le soir à tous les capitaines qu'ils pouvoient bien dormir seurement et faire bonne chere, et que les Suisses n'estoient encore prêts de combattre, car ils n'avoient point tous leurs gens ensemble. Toutesfois le matin, à l'ombre de ce petit bois que je vous ay cy-devant dit, lequel tenoit au logis des lansquenets, vindrent lesdicts Suisses rebouter le guet jusqu'au logis de monsieur de La Trimouille, lequel eust à grande peine loisir de se lever, et monta à cheval à demy armé, pour que le guet des François et des Suisses estoient desja pesle mesle contre son logis. L'allarme feust bien grande au camp, et la gendarmerie y alla chascun à cheval ; et les Suisses se renforçoient tousjours, et vindrent donner la bataille aux François bien à leur advantaige, car s'ils eussent failly ils se pouvoient retirer le long de ce petit bois jusques à Novare, sans que les gens de cheval leur eussent peu rien faire; et n'avoient avecques eulx que cinq cent chevaux, tant des leurs que de ceulx que le More Maximilian leur avoit envoyé : et sans point de faulte toute la fleur des gens de guerre du pays y estoit. Lesdits Suisses vindrent, pour gaigner l'artillerie, là où estoient les lansquenets, et pensoient, quand ils auroient deffaict cela, avoir grand avantaige au combat; et s'ils failloient ils se pouvoient sauver, en faveur de ce bois que je vous ay dit. Et vindrent pour combattre main à main lesdicts lansquenets, à l'ombre d'une petite maison; mais le sieur de Sedan partit avec trois cent hommes d'armes, lesquels quand ils la visrent commencerent à fuir; car ce n'estoit que leurs enfans perdus, dont la pluspart feust mis en pieces par ledict sieur de Sedan et la gendarmerie d'avecques luy. Et croy que s'il feust demeuré en son estat comme il estoit ordonné, que la bataille n'eust point esté perdue par les François comme elle feust. Ce faict, les Suisses reprindrent cœur, et vinsrent combattre les lansquenets main à main, lesquels, je vous assure, les Suisses trouverent merveilleusement bonne bande; et feust long-tems que je pensois que les Suisses perdroient ladicte bataille. Toutesfois lesdicts lansquenets n'estoient pas gros nombre, et croy qu'il n'y en avoit point cinq mille sains, et en point de combattre. Et feurent les Suisses de premiere arrivée repoussés, vous asseurant que depuis n'ay veu telle bande de lansquenets; et la harquebutterie y fist merveilleusement bien son debvoir, et feurent contraincts lesdicts Suisses abandonner quatre cent hallebardiers qu'ils avoient, et allerent donner sur les harquebuttiers lansquenets, qui estoient huit cent, tellement qu'ils les rompirent; et à donc lesdicts hallebardiers vinsrent donner sur le flanc auxdits lansquenets. Quand tout est dit, la bataille feust perdue, et feurent si mal secourus les lansquenets, que jamais nul homme de pied françois ne voulust combattre, quand ils visrent l'autre bande des Suisses qui approchoit; tellement que les lansquenets feurent rompus et mis en fuite, et l'artillerie des François gaignée par lesdicts Suisses. Et estoit là monsieur de Sedan cherchant après ses enfans, lequel les trouva en très-mauvais ordre. Et après qu'il les eust trouvés, le premier feust le sieur de Jamets, lequel monta sur un cheval pour aller rallier les lansquenets qui fuyoient. Et après feust trouvé le jeune Advantureux entre les morts, lequel on ne recongnoissoit plus; car il avoit quarante-six playes bien grandes, dont la moindre mist six semaines à guesrir; et quand son pere l'eust trouvé, il le mist sur le cheval d'une garce des lansquenets, qui feust là trouvée; et si le fist mener avec la gendarmerie qui s'en alloit. Et se cuiderent rallier les lansquenets deux ou trois fois; mais l'artillerie des François, que les Suisses avoient gaignée, commença à baltre si fort dedans eulx, que cela les décourageoit tous. Et y feust perdu merveilleusement de gens de bien lansquenets; car, de trois ou quatre cent hommes qui estoient au premier rang, ne s'en sauva jamais que l'Advantureux et son frere, et ung gentilhomme nommé Fontaine, et Guillaume de Limpel, et deux hallebardiers qui estoient audict Advantureux, et de sa garde; et tous les capitaines y demeurerent, excepté deux. Et bien vous veulx-je vous dire que la fleur des Suisses y demeura, et plus de Suisses que de lansquenets.

La bataille ainsi perdue, le général de Normandie, qui estoit de la maison de Bohier, fort honneste et homme de bien, vint à monsieur de Sedan, et luy dict : « Monsieur, tout est en fuite, comme vous voyez; « mais l'argent du Roy, deux cent cinquante mille « livres demeureront derriere, si vous ne nous atten- « dez ; et sont les Suisses tantost aux chariots qui les « menent. » Sur quoy ledict sieur respondit : « Pour- « quoy ne les attendrois-je, quand je ne vois ame qui « me chasse? » Et sans point de faulte si les Suisses eussent été forts de gens de cheval, ils eussent faict un gros meurtre et un gros gain; ce qu'ils ne fisrent. Et vous assure que ledict général de Normandie estoit un fort honneste homme; et vous dis hardiment qu'il y avoit des capitaines en l'armée qui n'y entendoient point tant que luy. La bataille ainsi perdue, on se retira à Verseil, une ville en la duché de Piémont, appartenant à monsieur le duc de Savoye, où les Suisses les suivirent toute la nuict; et vindrent audict Verseil, là où l'Advantureux faisoit habiller ses playes, où fallust coudre soixante et douze ou soixante et quatorze points d'esguille. Et comme les Suisses entroient par une porte, ceulx qui le conduisoient le fisrent sortir par l'aultre; et estoit en tel point, qu'il n'avoit ne bras, mains, jambes, ni œil, dont il peust aider, et perdist bien deux mille lansquenets. Cela faict, toute l'armée retourna en France; et vous asseure qu'il en estoit bon besoing. De la gendarmerie n'y avoit gueres de perdu, ni de piétons françois; qui tourna merveilleusement gros proffit au Roy et au royaume, car ils le trouverent fort embrouillé d'Anglois et d'autres nations. Et feust le Roy bien fort marry quand il entendit la perte de la journée; et manda au sieur de La Trimouille qu'il allast à diligence vers Dijon à son gouvernement de Bourgogne, ce qu'il fist: et le jeune Advantureux, lequel se faisoit porter en litiere, eust mandement dedans les montaignes de faire tirer le demeurant des lansquenets en Picardie.

CHAPITRE XXXVIII.

Comment les Suisses, sçachant la descente des Anglois en Picardie, vindrent assiéger Dijon; et de l'appoinctement qu'ils fisrent.

[Septembre et octobre 1513] L'ARMÉE des François retournée d'Italie en France, le Roy manda subit à monsieur de La Trimouille s'en aller à Dijon à son gouvernement de Bourgogne, à cause qu'il entendoit que les Suisses venoient pour l'assiéger, ainsi qu'ils fisrent; et manda aussi ledict seigneur Roy, au sieur de Sedan, qu'il vint vers luy en diligence; et après escrivit une lettre au jeune Advantureux, lequel estoit bien malade à cause de ses playes et blessures, en lui mandant que, s'il estoit possible, il vint vers lui en Picardie, et amenast avecques luy le demeurant des lansquenets; car il entendoit que les Anglois vouloient descendre. Lesquelles lettres veues, ledict Advantureux, si mal qu'il estoit, refist ses bandes de lansquenets, dont tous les capitaines étoient morts et tous les généraux, comme Thimis de Medelbourg, le capitaine Philippe Okelet, de Fumaille et aultres: et fist capitaine le dict Advantureux le comte de Wolf, lequel avoit esté blessé à la bataille. Et demeura le susdict Advantureux un tems à Lyon; et monsieur de La Trimouille tira vers Dijon, là où il ne feust de guerre arrivé, quand les Suisses, à gros nombre bien de trente mille hommes, vindrent assiéger ladicte ville, et le duc de Wirtemberg avecques; et y estoit aussi le comte Guillaume de Furstemberg et monsieur de Vergy, et pouvoient bien estre en tout quarante mille hommes; et avoient avecques eulx grosse artillerie qui estoit à l'empereur Maximilian, assez pour faire deux ou trois batteries.

Monsieur de La Trimouille estant à Dijon, bien adverty de leur venuë, se prépara pour tenir ladicte ville, laquelle pour l'heure ne valloit pas beaucoup; et estoient avecques luy monsieur de Lude, et Chandiou, général des gens de pied, lesquels estoient trois ou quatre mille; et avoit aussi monsieur de La Trimouille monsieur de Maisiere son nepveu, et sa compagnie, monsieur de Bussy d'Amboise et sa compagnie de cent hommes d'armes, et monsieur de Rochefort, fils du chancelier de France, bailly de Dijon.

Et avoit mis ordre ledict sieur de La Trimouille à Tallant, petite ville au-dessus dudict Dijon, laquelle faisoit beaucoup de mal aux Suisses et à leur camp, à cause de l'artillerie qui étoit dedans, laquelle les battoit fort dedans leur camp : et si avoit aussi ledict sieur pourveu à la ville et chasteau d'Aussonne, et à la ville et chasteau de Beaune, lesquelles coupoient les vivres aux Suisses et au duc de Wirtemberg. Les Suisses estans là commencerent la batterie, et tenoient leur siege devant ladicte ville du costé de Tallant; et

le duc de Wirtemberg et le sieur de Vergy tenoient
le leur du costé d'Aussonne. Et après que lesdicts
Suisses eurent mis ainsi leur siege et assis leur artill-
lerie, ils allerent prendre tout plain de petits chasteaux
entour dudict Dijon, comme Saint Seine et aultres
forts; et, par faulte de provisions, les prenoient d'assault et sans artillerie, fors aucunes pieces legeres qu'ils
menoient avecques eulx. La batterie feust grande, et
n'avoit point ledict sieur de La Trimouille la moitié
de ce qu'il lui falloit; et avecques ce on soupçonnoit
aucuns de la ville, qui est une chose fort fascheuse à
un siege, quand il faut qu'on se garde de dehors et de
dedans. Quand monsieur de La Trimouille vist ce, et
les inconvéniens qui en pouvoient advenir, voullust
travailler de quelque paix et appoinctement avecques
eulx, ce qu'il fist; car s'ils eussent passé oultre, ils
eussent faict ung merveilleusement grand dommaige
au royaume de France : et feust l'appointement tel,
qu'ils retourneroient en Suisse, et que les anciennes
alliances que le Roy avoit avecques eulx seroient en-
tretenues, et leurs pensions payées, et quatre mille
escus (1) qu'ils auroient d'argent. Laquelle chose les
Suisses, après avoir bien debattu le tout, accorderent,
et voullurent avoir les quatre cent mille escus sur le
champ, lesquels ne se peurent recouvrer si-tost; et leur
feurent baillés ostages monsieur de Mesieres et monsieur de Rochefort, bailly de Dijon, lesquels ils em-
menerent en Suisse avecques eulx, et leverent leur
siege; et de quoy feurent mal contens le duc de Wirtemberg et le sieur de Vergy, lesquels y estoient pour
l'Empereur. Et ainsi feust le siege levé, et s'en retour-

---

(1) *Quatre mille escus* : lisez *quatre cent mille escus.*

nerent chez soy; et le roy Louis merveilleusement aise de l'événement dudict siege de Dijon : et s'il en estoit bien aise, l'empereur Maximilian et le roy d'Angleterre en estoient bien marris; et Dieu sçait comment ils parlerent des Suisses, et les appelloient traistres et vilains, disans qu'il n'y avoit nul fiance en leur foy. Quand tout cela feust faict, et que les Suisses feurent retirés, monsieur de La Tremouille envoya par escrit au Roy l'appointement qu'il avoit faict avecques lesdicts Suisses, et les ostagers qui estoient allés avecques eulx; duquel appointement ledict seigneur Roy ne voullust rien tenir, dont mal en prist; car s'il eust voullu tenir ledict appointement, il ne feust pas mort tant de gens de bien depuis qu'il est mort. Et y feurent lesdits ostagers long-temps après : toutesfois, avecques quelque argent raisonnable, ils en sortirent, après y avoir esté une bonne année.

CHAPITRE XXXIX.

Comment les Anglois descendirent en France; de ce qui feust faict à leur descente; comment ils vindrent assiéger Therouenne; comment estoit l'armée des François à Blangy, où arriva, le jour de la journée des Esperons, le jeune Advantureux avec les lansquenets, qui fist grand reconfort à toute l'armée; et comment l'empereur Maximilian, par un jour de Saint Laurent, arriva au camp du roy d'Angleterre, deux ou trois jours avant la journée des Esperons.

[Août 1513] CE temps pendant que les Suisses estoient devant Dijon, les Anglois commencerent à descendre; et feust le premier qui descendit Tallebot, près de Boulongne, lequel vint avecques un nombre de gens. Laquelle descente entendue par monsieur de Piennes, gouverneur de Picardie, et lieutenant général pour le Roy audict Picardie, il envoya le sieur Duplessis, qui menoit la compagnie du capitaine Robinet de Frameselle, et trois cent hommes, qui feirent tant qu'ils s'apperceurent desdicts Anglois, lesquels estoient environ deux mille escartés du gros host. Et quand les coureurs les apperceurent, mondict sieur Duplessis commença à changer, et y vint luy-mesme en personne, et là eust gros combat, lequel dura longtemps; et eussent esté les Anglois tous hachés en pieces, n'eust esté le charoy, là où ils se retirerent. Et tirerent fort de leurs arcs contre les François, et en blesserent beaucoup, et de leurs chevaulx; et là eust monsieur Duplessis un coup de flesche au gousset, dont il en mourut. Et après ce eust une grosse escarmouche à Tournehen, là où feirent messieurs les François grande faulte, qu'ils ne combattirent les Anglois; car ils en eussent eu meilleur marché qu'ils n'eurent depuis : et y estoit le Roy en personne, nonobstant qu'il y avoit de bons capitaines françois (et pour vous dire, il y a une coustume en France que chacun capitaine n'a que cent hommes d'armes, fors le connetable, lequel en a quatre cent). Là où fist le Roy un grand honneur au sieur de Sedan, car il luy en bailla deux cent, dont l'une des bandes revenoit de-là les monts, dont estoit lieutenant le capitaine Jeannot le bastard, gascon, gentil compagnon, lequel a faict de merveilleusement belles choses en ses guerres de Liége, et fort bien servy la maison de La Marche; l'aultre bande estoit en Picardie en ceste affaire de Tournehen, laquelle menoit le vicomte d'Estoges. L'escarmouche feust belle et triomphante : et là, si les François eussent eu chevaulx pour mener artillerie, ils eussent beaucoup gaigné de l'artillerie desdicts Anglois. Toutesfois le vicomte d'Estoges gaigna un de leurs apostres (1), qui s'appelloit saint Jean, laquelle piece feust envoyée à Therouenne. L'armée du roy d'Angleterre se renforçoit tousjours, et y vint l'empereur Maximilian; et tous deux, d'un accord, allerent assiéger Therouenne. Et avoit ledict roy d'Angleterre une merveilleusement belle armée, tant de gens de pied que de cheval; car ils avoient gros nombre d'Anglois qui sont bonnes gens; et combattent bien en lieu fort et parcquez : et autrement je n'en fais point grand estime, car l'arc est un baston, hors de fort, pas trop advantageux; et est le baston dequoy ils usent de plus de rouges et de maillets de plomb. Et avoit aussi ledict roy d'Angleterre six ou sept mille lansquenets, qui s'appelloient la bande noire, belle, grande et bien armée, et aultres piétons du pays : et avoit douze ou quinze mille chevaulx, que anglois, flamans, hennuyers et allemans; car le roy de Castille y laissoit aller de ses gens qui vouloit, non obstant qu'il y eust amitié entre luy et les François; et n'y avoit point de guerre déclarée. Et estoient merveilleusement fournis d'artillerie, plus que camp que l'on eut de longtemps veu; et en cet equipage vindrent assiéger ladicte ville de Therouenne, laquelle feust fort battue, et y fisrent l'effort le plus grand qu'on pourroit faire pour prendre

---

(1) *Un de leurs apostres* : Henri VIII avoit douze pièces de canon du même calibre, qui portoient chacune le nom d'un apôtre.

place. Monsieur de Piennes, qui estoit lieutenant du Roy en Picardie, quand il entendit qu'ils y vouloient mettre le siége, y pourveut le mieux qu'il put, assez bien de gens, mais mal de vivres; et estoient dans ladicte ville chefs généraux pour le Roy deux gentils capitaines : l'ung estoit monsieur de Pont-Remy, et l'aultre monsieur de Teligny, sénéchal de Rouergue; et avoient trois cent hommes-d'armes avecques eulx, et deux mille hommes de pied, et sept cents lansquenets, dont le chef estoit le capitaine Brandhec, et feirent merveilleusement bien leur debvoir. Toutesfois ils avoient faulte de vivres, et feust advisé de leur mener des lards, qui est chose merveilleusement bonne en une ville; et fist-on charger force chariots, chevaulx et mulets, pour leur porter lesdicts lards : et feust advisé qu'on ne meneroit nulles gens de pied, fors chevaucheurs, pour leur jetter les lards dedans les portes; et feurent advertis ceulx de la ville des vivres qui leur debvoient venir. Laquelle chose entreprise par les capitaines françois, partirent deux heures devant le jour pour venir audict Therouenne, là où feurent découverts plustost qu'ils ne croyoient : et là eust une terrible escarmouche, et ne peurent les François parvenir à leur entreprise pour mettre lesdicts vivres dans Therouenne; car la gendarmerie de l'Empereur et du roy d'Angleterre monterent à cheval, et un nombre de gens de pied, lesquels s'advancerent avecques quelques pieces d'artillerie volante, lesquelles ils tirerent sur les François, et en tuerent aucuns; et y eust quelques lances rompues au choquer l'ung dedans l'aultre.

Toutesfois la gendarmerie françoise se mist en

fuite, et abandonna les lards (1), et feust chassé bien asprement; et y feust pris monsieur de Longueville, monsieur de Baiard, monsieur de Bussy d'Amboise, et plusieurs enseignes et guidons, et aultres gentilshommes; et y feust prise une des enseignes de monsieur de Sedan : mais ses gens en avoient gaigné une des Anglois, et estoit l'enseigne de sa maison; et n'y eust pas fort grand meurtre. Le camp des François estoit à Blangy, petit village assis en un fond sur un petit ruisseau, où estoient les gens de pied françois et le demeurant de leur gendarmerie. Or, comme la gendarmerie françoise fuyoit, le jeune Advantureux, qui venoit de devers le Roy et la royne Anne, duchesse de Bretaigne, arriva en la prime heure, avecques quatorze mille lansquenets de renfort, audict Blangy. Et incontinent lui arrivé, les premiers fuyans lui vindrent dire que monsieur de Piennes prioit qu'il voulust mettre lesdicts lansquenets en bataille, et qu'il estoit chassé de près; laquelle chose ledict Advantureux ne voulust point faire, de peur d'effrayer le camp; et monte à cheval avecques vingt ou trente capitaines ou gentilshommes, et va après eulx, et fist sonner que tout le monde feust prest. Et il n'eust gueres allé avant, quand il rencontra monsieur de Piennes et monsieur de La Palice, qui ne couroient plus; car quand la gendarmerie de l'Empereur et du roy d'Angleterre eurent un peu chas-

---

(1) *Et abandonna les lards* : Suivant Du Bellay et presque tous les autres historiens, les cavaliers albanais au service de France parvinrent à faire entrer des vivres dans Térouane; quatorze cents hommes d'armes qu s'étoient avancés pour les soutenir furent entièrement défaits. Cette déroute, appelée la bataille de Guinegaste, ou la journée des Eperons, eut lieu le 16 août 1513.

sés, ils s'arresterent pour attendre leurs gens de pied et le demeurant de leur gendarmerie. Et comme ay peu entendre par les prisonniers, comme monsieur de Bayart et aultres, qui eust voulu croire l'Empereur, ils eussent marché ce jour mesme ou le lendemain matin, et suivi leur bonne fortune : et, selon mon opinion, il eust merveilleusement bien faict. Toutesfois il ne se fist point, et demeurerent en leur siége, et le jeune Advantureux fist arrester les lansquenets et retourner au logis pour souper, avecques ce qu'ils estoient bien las.

Et eulx arrivés audict Blangis, le soir feust mandé l'Advantureux pour venir au conseil, pour regarder ce qu'on auroit à faire, par monsieur de Piennes et monsieur de La Palice. Lequel venu, regarderent qu'il seroit bon se retirer toute la nuict et passer l'eauë ; de laquelle chose faire ledict Advantureux ne feust d'opinion, et dit à monsieur de La Palice et à monsieur de Piennes qu'il n'estoit point là venu pour fuir, et qu'il venoit d'ung lieu où il avoit assez fui, et qu'il ne bougeroit de-là : et que si peu d'artillerie, qui n'estoit que quatre faucons, qu'il les vouloit avoir entre ses mains ; car l'équipage du Roi ny de son camp n'estoit venu, mais se commençoit à dresser. L'opinion dudict Advantureux feust trouvée bonne et feust tenuë, pour ce qu'il disoit que ce seroit grande folie et hazard de changer un tel camp de nuict, et qu'il en pouvoit advenir grand inconvenient. Cela faict, ledict Advantureux se retira en son logis pour souper ; et incontinent qu'il feust à table, l'escarmouche vint, là où les lansquenets qui estoient en sa charge monstrerent merveilleusement bon visage, et aussi fist la gendarmerie françoise. Mais ce ne feust rien, et fist-on retirer chascun en sa chacune. Et incontinent que ledict Advantureux feust arrivé, vint ung gentilhomme en poste du Roy à son logis, lequel lui bailloit encore cent hommes d'armes; dequoi ledict Advantureux feust bien aise; et ladicte compagnie qu'il luy bailla avoit gaigné le jour même l'enseigne de la maison du roy d'Angleterre. Et le matin, ledict Advantureux print possession desdicts cent hommes-d'armes, et alla veoir le lieu où avoit esté faict l'escarmouche et feust donnée l'allarme au camp des Anglois, et en retournant fist compter combien ils estoient de morts; mais il trouva qu'ils n'estoient point quarante, et y trouva aussi quelques povres compaignons françois blessés, lesquels il fist ramener au camp à chariots. Et ainsi demeura le camp à Blangy en attendant des nouvelles du Roi, lequel feust fort marry de ladicte escarmouche, et qu'on n'avoit pas peu boutter vivres dedans Theroueune. Et demeurerent les Anglois à leur siége, et cependant vint le sieur d'Angoulesme au camp.

CHAPITRE XL.

Comment les Anglois prindrent Therouenne et Tournay; et de l'appoinctement du roy de France au roy d'Angleterre; et de la mort du roy d'Ecosse.

[Août, septembre et octobre 1513] IL ennuyoit bien au roy d'Angleterre et à l'empereur Maximilian d'estre si longtemps devant Therouenne; et sans point de faulte ils y feussent encore, si ceulx dedans eussent eu des vivres; car il y avoit des gens de bien, et qui s'entendoient fort au mestier : mais les vivres leur failloient, et voyoient la ville perdue, car on avoit failli à leur bailler vivres, et aussi que le Roy pourroit bien avoir affaire des gens qui estoient dedans. Avant que les vivres du tout leur faillissent, commencerent à parlementer et traiter en bon appointement, qui feust honnorable, et feust tel : que la gendarmerie sortiroit la lance sur la cuisse, et les piétons la picque sur l'espaule, avecques leurs harnois, et ce qu'ils pourroient porter. Et ne faisoient ceulx de la ville rien sans l'adveu du Roy, lequel estoit à Amiens, et monsieur d'Angoulesme lieutenant général pour luy au camp. Cela faict, saillirent tous en l'ordre que vous ay compté, après l'avoir tenue neuf semaines, et la rendirent au roy d'Angleterre [1], lequel y feust encore plus de trois semaines avecques l'Empereur pour la faire desmolir, et la bruslerent : si n'y demeura gueres de maisons que l'église. Or ce temps pendant que le roy d'Angleterre faisoit cela, monsieur d'Angoulesme estoit bien adverty qu'il vouloit aller à Tournay ; et pour ce envoya demander à ceulx de la ville qu'ils vouloient avoir pour garder leur ville, et qu'il leur envoyeroit ce qu'il leur falloit : lesquels respondirent audict sieur *que Tournay estoit tourné, et que jamais n'avoit tourné, et encore ne tournera ; et que si les Anglois venoient, ils trouveroient à qui parler.* Toutesfois il n'y eust capitaine, ne aussi ledict seigneur, qui n'entendit bien que c'estoit d'un peuple assiégé, comme il advint ; car, au bout de trois jours qu'ils feurent assiégés, traiterent d'appointement

---

[1] *Et la rendirent au roy d'Angleterre :* Térouane fut rendue le 22 août 1513. Henri VIII et Maximilien y entrèrent le 28.

avecques ledict roy d'Angleterre, et lui rendirent la ville (1). Et en ce temps vint monsieur de Gueldres à Maisieres avecques mille chevaulx et mille hommes de pied, pour venir au secours du roy de France; mais sa personne ne passa pas ladicte ville de Maisieres, pour quelques affaires qu'il avoit en son pays; et retint le Roy les gens de pied et renvoya les chevaulx, car il en avoit assez. Quand la ville de Tournay feust ainsi rendue, le roy de Castille, madame de Savoye et tout plain de dames et demoiselles s'y trouverent, et y feirent une merveilleusement bonne chere. Or, ce temps pendant que ces bonnes cheres se faisoient, le camp des François marchoit tousjours les cotoyant, là où vindrent nouvelles au roi d'Angleterre et aux François que la bataille avoit esté une fois perdue par les Anglois contre les Ecossois, et depuis regaignée par les Anglois; et y estoit mort le gentil roi d'Ecosse (2) : dont feust grand dommage, car c'estoit un gentil prince. Et après cela faict avoit appresté son armée pour aller en Hierusalem; et s'il ne feust là demeuré, il s'y en alloit, qui feust une grande perte pour la chrestienté. Et après tout cela faict,

---

(1) *Et luy rendirent la ville* : Tournay fut investi le 15 septembre, et Henri VIII y entra le 24. — (2) *Le gentil roi d'Ecosse* : Jacques IV, aïeul de Marie Stuart, perdit, le 9 septembre 1513, la bataille de Flodden contre les Anglais commandés par le comte de Surrey, et y fut tué. Comme il n'existoit parmi ses sujets aucun témoin de sa mort, ils crurent long-temps qu'il avoit survécu à sa défaite, et qu'il s'étoit retiré dans quelque solitude. Cela n'empêcha pas sa veuve Marguerite, sœur de Henri VIII, d'épouser, dix mois après, Archibald de Douglas, comte d'Angus. Cette princesse, voulant ensuite faire rompre ce mariage, eut l'air de partager l'opinion des Ecossais; mais le motif qui la faisoit agir empêcha qu'on n'ajoutât aucune foi à ce qu'elle disoit.

les deux villes prinses, Tournai et Therouenne, le roi d'Angleterre cassa toute sa gendarmerie, et avecques ses gens de pied retourna en son pays.

CHAPITRE XLI.

Comment la royne de France Anne, duchesse de Bretaigne, femme du roy Louis douzieme, mourut au chasteau de Blois; et comment après ledict seigneur Roy espousa la sœur du roy d'Angleterre.

[9 janvier 1514] L'EMPEREUR et le roy d'Angleterre estant à Tournay, et faisans grand chere, le temps tousjours se passa, et estoit ja le mois d'octobre. Quoy voyant ledict Roy, et que les François ne vouloient point combattre, fors laisser animer ses gens et son argent devant les villes et places, il eust conseil et advis de lui retirer avecques toute son armée en Angleterre, et fist faire un chasteau à Tournay, de bonne grandeur, et le fournist bien de bonne artillerie et de tout ce qu'il lui falloit. Et l'Empereur se retira dans son pays, bien marry que les choses n'estoient allées autrement; et s'il eust peu tant faire que ledict roy d'Angleterre eust donné la ville de Tournay au roy de Castille son petit-fils, il en eust esté merveilleusement bien joyeux; mais il ne le sceut jamais mener jusqueslà; et certes elle luy estoit bien scéante, et au milieu de ses pays. Et ainsi se retirerent l'Empereur et le roy d'Angleterre, l'ung d'ung costé, l'autre de l'autre. Et Madame (1), et le roy de Castille son nepveu, tire-

(1) *Et Madame :* Il s'agit ici de Marguerite d'Autriche, gouvernante

rent vers Bruxelles. Ce temps pendant que le département de ces princes se faisoit, le roy de France rompist son armée, et se retira à Blois, et chacun à sa maison; et trouva audict Blois la Royne sa femme et ses filles, et estoit ladicte Royne souvent malade d'une maladie nommée gravelle pierre, et aultres; où elle manda le jeune Advantureux, pour quelque menée qu'elle voulloit faire avec le roy de Castille, et de toute sa maison d'Autriche; et avoit le cœur merveilleusement affectionné à faire plaisir à cette maison de Bourgogne. Et en devisant de ses besongnes elle tomba malade, et envoya un jour querir ledict Advantureux, elle estant au lict, et luy pria qu'il attendit illec encore deux ou trois jours, nonobstant qu'il étoit pressé d'aller ailleurs pour ses affaires. Et empira ladicte Royne si fort de sa maladie, que cinq jours après elle mourut de pierre; qui feust une grande perte à plusieurs gens de bien. Et qui en feust bien aise, ce feust monsieur d'Angoulesme, pour ce qu'elle lui estoit bien contraire en ses affaires; et ne feust jamais heure que ces deux maisons ne feussent tousjours en pique. Quand la Royne feust morte, le Roy son mary en mena ung merveilleusement grand deüil, et fist porter son corps dedans l'église de Saint Sauveur de Blois; et delà, avecques tous les princes et dames de France, fist convoyer le corps à Saint Denis, là où tous les roys et roynes de France sont enterrés; et là luy feust faict le plus grand service et honneur que l'on fist

---

des Pays-Bas, et fille de Maximilien, dont nous avons parlé dans le Tableau du règne de Louis XII, à l'occasion de la ligue de Cambray. L'auteur l'appelle autre part madame de Savoie, parce qu'elle étoit veuve de Philibert, duc de Savoie.

jamais à royne de France, ni à prince ou princesse. Et y fist faire le Roy une tombe de marbre blanc, la plus belle que je vis oncques, sur laquelle a un épitaphe gravé tel qui s'ensuit :

>La terre, monde et ciel ont divisé madame
>Anne, qui feust des roys Charle et Louis la femme.
>La terre a pris le corps qui gist sous cette lame :
>Le monde aussi retient sa renommée et fame,
>Perdurable à jamais sans estre blasmée d'ame;
>Et le ciel pour sa part a voulu prendre l'ame.

Ces nouvelles feurent mandées en Angleterre à monsieur de Longueville, lequel y estoit prisonnier; et estoit homme sage et de bon esprit, et en qui le roy Louis se fioit fort, et encore plus en son frere monsieur de Dunois, premier duc de Longueville. Ledict sieur, estant prisonnier en Angleterre, mena tellement l'affaire de poste en poste, que le mariage feust conclud de madame Marie, sœur du roy d'Angleterre, et du roy de France Louis, douzieme de ce nom. Laquelle chose accordée, vint descendre ladicte dame Marie à Calais, et avecques elle ledict sieur de Longueville, lequel feust mis à rançon de cinquante mille escus, dont il en gaigna la plus grande part à la paulme contre le roy d'Angleterre. Et y vint ladicte dame bien accompaignée, et avec elle le duc de Suffolck, homme de petite maison; mais il avoit tousjours esté si bien aimé de son maistre, qu'il l'avoit faict duc de Suffolck : et y estoit aussi le milord Cambrelan, le milord Marquis et le duc de Nortfolk, et leurs femmes, lesquelles tenoient compagnie à ladicte dame, laquelle estoit merveilleusement bien accompaignée d'hommes et de femmes, et avoient bien deux mille chevaux ; et y avoit aussi envoyé le roy d'Angleterre deux cent archers de sa garde, tous à cheval, l'arc et la trousse à costé. Cela entendu par le roy de France, il envoya le sieur d'Orval et monsieur de La Trimouille à Calais au-devant d'elle, et monsieur de Vandosme pour la recevoir à l'entrée de son pays.

CHAPITRE XLII.

Comment le roy Louis douzième acheva le mariage de monsieur d'Angoulesme et de madame Claude, sa fille.

[10 mai 1514] CE temps pendant que ces menées se faisoient, monsieur d'Angoulesme en menoit un aultre; car il vouloit que le mariage de luy et de madame Claude, fille aisnée du roy Louis, feust achevé, laquelle chose feust accordée par bons moyens par ledict seigneur roy Louis : et en ce mariage faisant il luy bailloit la duché de Bretaigne, pour en jouir présentement; mais cela ne fist pas sans beaucoup d'affaires, car le Roy, qui estoit un peu chatouilleux, sçavoit bien comment il avoit faict au feu Roy, et craignoit que ledict sieur d'Angoulesme ne luy en voullust faire autant. Toutesfois la chose se fist, et y feust ledict sieur d'Angoulesme merveilleusement bien servi, et spécialement par monsieur de Boissi, grand-maistre de France, et par le tresorier Robertet, qui pour lors gouvernoit tout le royaume, car, depuis que monsieur le legat d'Amboise mourut, c'estoit l'homme le plus approché de son maistre, et qui sçavoit et avoit beaucoup veu, tant du temps du roy Charles que du roy Louis; et, sans point de faulte, c'estoit l'homme le mieux entendu que je pense gueres avoir veu, et du meilleur esprit; et tant qu'il s'est meslé des affaires de France, et qu'il en a eu la totale charge, il a eu cet heur qu'il s'est tousjours merveilleusement bien porté. Le Roy avoit auparavant baillé audict sieur d'Angoulesme le duché de Vallois, afin qu'il eust nom duc; et avecques ce et la duché de Bretaigne, ce qu'il avoit de par ses pere et mere, c'estoit ung gros prince, et pouvoit faire beaucoup de bien à ses serviteurs. Ledict sieur d'Angoulesme, quand vint au jour de ses avant dictes nopces, envoya querir le jeune Advantureux, qui estoit de sa nourriture, lui mandant qu'il s'alloit marier. Laquelle chose entendue par ledict Advantureux, subit se trouva au chasteau d'Amboise, où ledict sieur estoit, et madame sa mere; et incontinent partit dudict chasteau d'Amboise bien accompagné, et vinst à Saint Germain en Laye, qui est un fort beau chasteau à cinq lieuës de Paris, beau parc en belle chasse. Et luy arrivé, au bout de quatre jours après feurent faictes les nopces les plus riches que vis jamais, car il y avoit dix mille hommes habillés aussi richement que le Roy, ou que monsieur d'Angoulesme, qui estoit le marié; et, pour l'amour de la feuë Royne, tout le monde estoit en deüil; et ne feust pas changé d'homme ni de femme pour ledict mariage.

CHAPITRE XLIII.

Comment madame Marie, sœur du roy d'Angleterre, arriva à Abbeville bien accompaignée de gros seigneurs et dames d'Angleterre, et comment le roy Louis douziéme l'espousa; et des triomphantes nopces qui feurent faictes en la ville d'Abbeville.

[Octobre 1514] LE roy Louis douziéme estant à Saint Germain après les nopces du sieur d'Angoulesme faictes, feust adverti, par les postes et par le sieur de Longueville, comment le mariage de madame Marie, sœur du roy Henri d'Angleterre, et de lui, estoit accordé, et que ledict Roy estoit prest pour la faire partir. Laquelle chose entendue par le Roy et son conseil, se prépara pour aller à Abbeville : ce qui feust faict. Et manda ledict seigneur Roy à tous les princes de son royaume, pensionnaires, gentilshommes de sa maison, et ses gardes, eulx trouver audict Abbeville; ce qu'ils fisrent. Et envoya le Roy monsieur de Vandosme au-devant de ladicte dame Marie; et quand ce vint qu'elle approcha à une journée d'Abbeville, envoya encore de rechef monsieur d'Alençon et aultres princes devant elle, et vint coucher à trois lieuës dudict Abbeville. Et le propre jour qu'elle devoit arriver, le Roy envoya monsieur d'Angoulesme sur le chemin d'Abbeville, là où elle avoit couché, bien accompaignée. Et vous asseure qu'elle ne venoit point en dame de petite étoffe; car elle estoit bien accompaignée de gros princes et dames et gros personnages, et entre aultres y estoient, pour les principaux, le milort Cambrelan, le duc de Suffolk, le milort Marquis (1), et le duc de Nortfolk, bon vieil personnage des plus estimés qui soit en Angleterre, et avoit sa femme avecques lui, laquelle conduisoit ladicte dame Marie, et grand nombre de dames et damoiselles. Et estoient avecques ladicte dame, comme vous ay desja dit, deux mille chevaulx anglois, et alloient merveilleusement en bon ordre, tout le bagage, pages et valets devant, et deux cent archers à cheval, l'arc et la trousse à la ceinture, et le gand et le brasselet, tous accoustrés de la livrée du roy d'Angleterre, et après marchoient tous les gentilshommes, en bien grand nombre; et après suivoient les princes d'Angleterre et les princes de France, devisant ensemble : et puis venoit la royne Marie et monsieur d'Angoulesme, qui parloit à elle, et aultres princes et princesses, et toutes les dames après; et estoit ladicte Royne sur une hacquenée, et la pluspart des dames et le residu en chariots; et outre ce suivoient cent archers anglois à la queuë desdictes femmes. Et quand ils feurent à demie lieuë d'Abbeville, le Roy monta sur ung grand cheval bayart, qui sautoit; et avecques tous les gentilshommes et pensionnaires de sa maison et sa garde, et en moult noble estat, vint recevoir sa femme, et la baisa tout à cheval. Et après ce embrassa tous les princes d'Angleterre, et leur fist très-bonne chere; et à l'aborder, pour mieux resjouir toute la compagnie, avoit plus de cent trompettes et clairons. Et ainsi entrerent en la ville, où toute l'artillerie estoit affutée laquelle tiroit merveilleusement ; et feust ainsi menée ladicte Royne jusques au logis du Roy, qui estoit très-

---

(1) *Milort Marquis* : Thomas Gray, marquis de Dorsay.

beau, là où fist sa harangue le duc de Nortfolk pour le roy d'Angleterre son maistre, et conducteur de sa sœur.

Cela faict, feurent bien festoyés tous les princes, dames et damoiselles; et soupa ladicte Royne ce jour-là avec le Roy, et logea en son logis. Et monsieur d'Angoulesme mena tous les princes d'Angleterre souper au sien, où feurent merveilleusement bien festoyés; et, en soupant, appelloient lesdits princes monsieur d'Angoulesme monsieur le duc, de quoi ne se sceut tenir ledict sieur qu'il ne leur demandast en disant : « Pourquoy, messieurs, m'appellez-vous monsieur le « duc, veu qu'il y a tant par le monde, et vous aul- « tres l'estes comme moy? » A quoy lui feirent response, et lui dirent que c'estoit pour ce qu'il estoit duc de Bretaigne, et que c'estoit la principale duché de toute la chrestienté, et qu'il se devroit nommer *duc sans queuë*. Le souper faict, retournerent tous au logis du Roy, là où il ne feust plus question de deüil, car tout le monde l'avoit laissé, et estoit desja la Royne en la salle ; et se commencerent les dances de toutes parts, et durerent bien tart. Le lendemain au matin feurent les espousailles, et ne feurent pas faictes à l'eglise, mais en une belle grande salle tendue de drap d'or, là où tout le monde les pouvoit veoir. Et estoit le Roy et la Royne assis, et la Royne, toute deschevellée, avoit un chapeau sur son chef, le plus riche de la chrestienté, et ne porta point de couronne, pour ce que la coustume est de n'en point porter, si elles ne sont couronnées et sacrées à Sainct Denis. Et là servit monsieur d'Angoulesme d'offrande au Roy d'une fort honneste sorte, comme plus prochain du sang : et madame Claude, sa femme, servit la Royne d'offrande et à la messe fort honnestement. Et sçai bien que ladicte dame Claude avoit un merveilleusement grand regret, car il n'y avoit gueres que la Royne sa mere estoit morte; et fallut à ceste heure qu'elle servit ce qu'on avoit accoustumé de faire à la Royne sa mere. Le Roy et la Royne espousés, toute l'après-disner et sur le soir feust faicte la plus grande chere du monde. La nuict venue, se coucherent le Roy et la Royne; et le lendemain le Roy disoit qu'il avoit faict merveilles. Toutesfois je crois ce qu'il en est, car il estoit bien malaise de sa personne. Toutesfois c'estoit un gentil prince, tant à la guerre qu'aultre part, et en toutes choses où on vouloit le mettre; et feust dommaige quand cette maladie de goutte l'assaillit, car il n'estoit pas vieil homme.

Les nôces faictes et toutes ses bonnes cheres, le Roy et sa femme et tous les Anglois s'en allerent à Saint Denis, là où feust couronnée et sacrée ladicte Royne, en la présence de tous les Anglois et tous aultres étrangers; et ce temps pendant les François apprestoient les choses pour faire les jouxtes à Paris.

CHAPITRE XLIV.

Comment la royne de France, sœur du roy d'Angleterre, fist son entrée à Paris; des belles joustes et tournois qui y feurent faicts, dont estoient tenans monsieur d'Angoulesme et le jeune Advantureux, et six capitaines de France que ledict sieur d'Angoulesme avoit choisis.

[Novembre 1514] QUAND la Royne feust couronnée à Saint Denis, elle vint faire son entrée à Paris, qui feust fort belle ; et la faisoit merveilleusement belle à veoir, car elle estoit belle dame ; et aussi avoit longtems que les Anglois n'avoient veu de triomphes de France, par quoy ils les trouverent merveilleusement beaux. Et ainsi s'en alla descendre ladicte dame Royne au palais, et fist tout ainsi que les aultres roynes ont accoustumés de faire en leurs cérémonies, qui sont merveilleusement grandes. Monsieur d'Angoulesme, qui estoit jeune homme, voullust bien montrer qu'il n'estoit pas mal content de ce mariage, nonobstant que si ladicte Royne eust eu un fils, il lui eust merveilleusement venu mal à propos ; et feust ung temps qu'il en sceut bien mauvais gré au sieur de Longueville, pour ce qu'il avoit traicté et pratiqué cedict mariage, lui étant en Angleterre prisonnier. Toutesfois ledict sieur d'Angoulesme, deux jours après les nopces à Abbeville, prit l'Advantureux en venant du logis du Roy et allant au sien, et lui dit : « Advantureux, je « suis plus joyeux et plus aise que je fus passé vingt « ans; car je suis seur (ou on m'a bien fort menti) qu'il « est impossible que le Roy et la Royne puissent avoir « enfans, qui est faict à mon advantage. » Et avoit tant fait ledict sieur, que madame Claude sa femme ne bougeoit de la chambre de la Royne, et lui avoit-on baillé madame d'Aumont pour sa dame d'honneur, laquelle couchoit dans sa chambre. Or, comme je vous ai desja dict, ledict sieur d'Angoulesme voulant bien donner à congnoistre, pour complaire au Roy et aux Anglois, qu'il estoit bien aise dudict mariage, entreprit les jouxtes et tint le pas. Et pour mieulx faire et plus honnestement, il choisit sept capitaines de France, et lui pour le huictiéme : et estoit le premier monsieur de Vendosme, monsieur de La Palice, monsieur de Bonnivet, depuis admiral de France, le grand sénéchal de Normandie, le jeune Advantureux, le grand escuyer de France, et le duc de Suffolk, anglois; et avecques leurs aydes tinrent le pas à tous venans, tant Anglois que François, feust à cheval ou à pied; et vous asseure qu'ils eurent merveilleusement à souffrir, car ils eurent dessus les bras plus de trois cent hommes d'armes, et y feurent faictes de fort belles choses, de frapper et bien jouxter; et encore feust plus beau à veoir les banquets et festins qui s'y feirent : et seroit chose trop longue à les vous compter, car il n'y eust seigneur de France qui ne festoyast lesdits Anglois; tellement qu'ils n'eurent jamais loisir, si longuement qu'ils y feurent, de disner ou souper une fois chez eulx, ni à leur logis. Quand toutes les choses eurent durées six semaines, les seigneurs et dames d'Angleterre voullurent retourner à leur pays; et, après avoir eu bonne despesche et force présens du Roy, prindrent congé du Roy, de la Royne et de monseigneur d'Angoulesme, et les fist le Roy conduire et deffrayer jusques hors son royaume. Et demeura pour ambassadeur ordinaire le duc de Suffolk; car, à ce que j'en pus congnoistre, il ne voulloit point de mal à la sœur de son maistre.

CHAPITRE XLV.

Comment le roy Louis douzieme, après avoir faict bonne chere avecques sa nouvelle femme, mourut à Paris par un jour de l'an.

[1er janvier 1515] LE Roy partit du palais et s'en vint loger aux Tournelles à Paris, parce que le lieu est en meilleur air, et aussi ne se sentoit pas fort bien, car il avoit voullu faire du gentil compaignon avecques sa femme : mais il s'abusoit, car il n'estoit pas homme pour ce faire; car de long-temps il estoit fort malade, et spécialement des gouttes, et avoit desja cinq ou six ans qu'il en avoit cuidé mourir, car il feust abandonné des medecins, et vivoit d'ung merveilleusement grand regime, lequel il rompist quand il feust avecques sa femme; et lui disoient bien les medecins que s'il continuoit il en mourroit, pour se joüer. Ceulx de la basoche à Paris disoient que *le roy d'Angleterre avoit envoyé une hacquenée au roy de France, pour le porter bien-tost et plus doucement en enfer ou en paradis.* Toutesfois, lui estant bien malade, envoya querir monsieur d'Angoulesme, et lui dit qu'il se trouvoit fort mal, et que jamais n'en eschaperoit; de laquelle chose ledict sieur le reconfortoit à son pouvoir, et qu'il faisoit ce qu'il pouvoit. Et fist ledict seigneur Roy à sa mort tout plein de mines : nonobstant, quand il se feust bien deffendu contre la mort, il mourut par un premier jour de l'an, sur lequel jour fist le plus horrible temps que jamais on veit; et vous jure ma foi que ce feust dommaige de sa mort, et qu'il n'estoit sain; car c'estoit un gentil prince, lequel avoit faict beaucoup de belles choses en son temps, et la pluspart y estoit en personne, dont en seront les chroniques merveilleusement belles. Lui mort, monsieur d'Angoulesme se vestit de deuil, comme le plus prochain de la couronne, et s'en vint au palais, et incontinent fist advertir en diligence tous les princes et dames du royaume, et spécialement madame sa mere : et, sans point de faulte, ce lui feust une belle estregne pour ung premier jour de l'an, veu que ce n'estoit point son fils. Et, à vous bien dire, ledict sieur d'Angoulesme naquit par ung premier jour de l'an, son pere mourut par ung autre premier jour de l'an, et après eut le royaume de France par ung premier jour de l'an. Ledict feu Roy estant aux Tournelles, feust commencé à luy faire son enterrement, comme on a de coustume faire aux aultres rois, qui sont belles cérémonies et antiques. Et en portant son corps desdictes Tournelles à Nostre-Dame, avoit gens devant avecques des campanes, lesquelles sonnoient et crioient : *le bon roi Louis, pere du peuple, est mort!* Et quand tout feust faict ce qu'il appartenoit de faire à Nostre-Dame, feust convoyé, par les princes et seigneurs de son royaume, à Sainct Denis, là où feust faict son enterrement, lequel feust merveilleusement beau et triomphant. Et vous asseure que monsieur d'Angoulesme daulphin, et madame Claude sa femme, et fille dudict seigneur feu Roy, en feirent merveilleusement bien leur debvoir ; car il n'y feust rien oublié ni espargné, comme l'on doit faire à l'honneur d'ung tel prince.

CHAPITRE XLVI.

Cy devise que fist la royne Marie de France après la mort du Roy son mary.

[Mars 1515] LE roy Louis mort et enterré, monsieur d'Angoulesme, comme roy, faisoit fort son debvoir de reconforter la royne Marie; aussi faisoit madame sa femme. Et est la coustume telle des roynes de France, que quand le Roy est mort elles sont six sepmaines au lict, sans veoir fors de la chandelle. Et estoient journellement avecques ladicte Royne madame de Nevers et madame d'Aumont, et avoit tout son estat aussi grand que quand le Roy son mary vivoit. Et ce temps pendant environ trois sepmaines ou ung mois après la mort du feu roy Louis, monsieur d'Angoulesme, daulphin, demanda à ladicte Royne s'il se pouvoit nommer roy, à cause qu'il ne sçavoit si elle estoit enceinte ou non : sur quoi ladicte dame lui fist responce qu'ouy, et qu'elle ne sçavoit aultre roy que luy; car elle ne pensoit avoir fruict au ventre qui l'en peust empescher. Or avoit entendu le Roy, luy estant monsieur d'Angoulesme, l'amitié que le duc de Suffolk portoit à ladicte royne Marie, et aussi qu'elle ne le hayoit pas; et lui dit : « Monsieur de Suffolk, je sçai
« bien de vos affaires, et l'amitié qu'avez avecques la
« royne Marie et vostre gouvernement, et beaucoup
« d'aultres choses plus que vous ne pensez. Je ne vou-
« drois point que quelque chose se fist là où je peusse

« avoir honte, ny le roy d'Angleterre mon frere,
« avecques lequel je veulx garder toute l'alliance et
« amitié qu'il soit avecques le feu Roy mon beau-
« pere; et pour ce je vous prie que ne fassiez chose
« que ne soit à mon honneur; et s'il y avoit quelques
« promesses entre vous et la Royne, faites tant que
« vostre maistre, duquel vous estes bien aimé, m'en
« escrive, et en serai fort bien content. Mais autre-
« ment, gardés vous sur vostre vie que ne fassiés chose
« qui ne soit à faire; car si j'en fus adverti, je vous
« ferai le plus marry homme du monde. » Et la lui promist ledict Suffolk, et lui dit : « Sire, je vous jure sur
« ma foi et sur mon honneur; et suis contant que me
« fassiés couper la teste, si je fais chose qui soit contre
« votre honneur ni la volonté de mon maistre; » laquelle chose il ne tint pas, car, trois ou quatre jours
après qu'il eust faict ladicte promesse, espousa secretement ladicte Royne; et ne seust mener son affaire si
secretement que le Roy n'en feust adverti. Laquelle
chose par lui entendue, manda ledict duc de Suffolk
à parler à luy, et lui dit : « Monsieur de Suffolk, je
« suis adverti de telle chose : je ne pensois point que
« feussiez si lâche; et si je voulois bien faire mon deb-
« voir, tout à cette heure je vous ferois trancher la teste
« sur les espaules; car vous m'avez faussée vostre foy,
« et me fiant en vostre foy, je n'ay point faict faire
« le guet sur vous, et secretement vous avez espousé
« la royne Marie sans mon sceu. » A quoi respondit
ledict duc de Suffolk, ayant belle peur et grande
crainte, et dit : « Sire, je vous supplie que vostre
« plaisir soit de me le pardonner. Je confesse que
« j'ai mal faict; mais, sire, je vous supplie d'avoir es-

« gard à amours qui me l'ont faict faire, et me sub-
« mets du tout à vostre misericorde, vous suppliant
« avoir merci de moi. » Sur quoi le Roy luy dit que
ja il n'auroit merci de lui, et qu'il le mettroit en
bonne main, tant qu'il en auroit adverty le roy d'Angleterre son frere; et s'il le trouvoit bon, aussi feroit-il. Toutesfois aucuns soupçonnoient que le Roy le faisoit par finesse, de peur que le roy d'Angleterre n'en
fist une grosse alliance autre part.

CHAPITRE XLVII.

Comment monsieur d'Angoulesme François, premier de ce nom, feust sacré roy de France à Rheims; de son entrée à Paris, et des belles joustes et tournois qui y feurent faictes, là où estoit monsieur de Nassau, monsieur de Sempy, ambassadeur pour le roy Catholique; et de ce qui s'y fist.

AFIN que vous entendiés, quand le roy Louis douzieme feust mort, tous les princes de France se retirerent vers monsieur d'Angoulesme, et avoit une merveilleusement grosse cour à Paris; et quant tous les princes chrestiens envoyerent ambassadeurs devers lui, et vint nouvel ambassadeur de par l'Empereur le comte de Nassau et le comte de Sempi, et pour le roy d'Angleterre feust nouvel ambassadeur maistre Boulant, lequel apporta nouvelles que le roy d'Angleterre estoit content du mariage de la royne Marie sa sœur, et de l'avantdict duc de Suffolk; de laquelle chose le Roy feust bien aise : par ce moyen il estoit asseuré que le roy d'Angleterre n'en pouvoit faire grosse alliance autre part. Et fist faire le Roy bonne despeche à ladicte royne Marie de tout le douaire qu'elle avoit en France ; et s'en retourna en Angleterre avecques ledict duc de Suffolk, et demeura le susdict maistre Boullant ambassadeur en France pour le roy d'Angleterre. Et après cela faict vint madame de Bourbon et toutes les dames et princesses de France, pour accompaigner madame d'Angoulesme, royne, au sacre du Roy à Rheims. Et vint passer ledict seigneur à Chasteau-Thiéri, lequel il donna au jeune Advantureux, qui est belle ville et belle place ; et delà il alla à Rheims, où se trouverent tous les pairs de France, au moins ceulx qui y servoient ; et croi que toute la chrestienté y avoit ambassadeurs : et y vint monsieur de Lorraine, monsieur de Geneve, et monsieur de Sedan. Et feust le sacre [1] dudict Roy merveilleusement beau et triumphant ; et séjourna quelques jours à Rheims, faisant bonne chere, et tous les ambassadeurs avecques luy ; et de-là s'en alla à Saint-Thieri, à trois lieues dudict Rheims, où fault que tous les rois de France, après leur sacre, voisent faire une offrande ; et de-là à Saint Marcou, où le Roy fist la neufvaine : et est ung saint de grand merite, et qui donne grande vertu aux rois de France, car par ce moyen ils guerrissent les escruelles, et ne se passe an que le Roy n'en guerrisse mille personnes, qui est une merveilleusement belle chose. Cela faict, vint à Saint-Denys, où il feust couronné ; et feust son couronnement merveilleusement triomphant. Et après vint à

[1] *Et feust le sacre* : cette cérémonie eut lieu le 25 janvier 1515. François 1 avoit vingt-un ans.

Paris faire son entrée, qui feust merveilleusement belle, où feurent tous les princes et dames du royaume de France, et beaucoup d'aultres estrangers, tant Italiens que aultres. Les joustes feurent belles; et y feurent tenans monsieur de Saint Paul, monsieur de Vendosme, le jeune Advantureux et aultres seigneurs. Et les venans estoient monsieur d'Alençon, monsieur de Bourbon, monsieur de Guise, et aultres princes et gros seigneurs. Et feust le tournoi des plus beaux du monde, tant à pied que à cheval. Et après le tournoi, des banquets et festins qui se feirent avecques les dames n'en fault point parler, car ce feurent les plus beaux du monde. Ce temps pendant que ces choses se faisoient, le Roy et son conseil ne perdoient point temps avecques les ambassadeurs des princes qui estoient là, car il recontinua la paix avecques le roy de Castille, et y feust faict le mariage (1) de madame Louise, fille aisnée du Roy, au susdict roy de Castille; et aussi feust renforcée l'alliance d'Angleterre et celle d'Ecosse, et les intelligences qu'il avoit en Italie. Et cela faict, le Roy tira vers Blois, et se despartirent tous les princes pour retourner chacun en son pays.

(1) *Et y feust faict le mariage* : Dubellay, mieux instruit que Fleurange, puisqu'il fit partie de l'ambassade qui fut envoyée à Charles d'Autriche, dit que ce fut madame Renée, seconde fille de Louis XII, qui fut alors promise à ce jeune prince.

CHAPITRE XLVIII.

Comment le roy François, premier de ce nom, après avoir mis ordre à ses affaires en France, commença à dresser son armée pour aller en Italie.

Le Roy se voyoit paisible de tous costés, jeune, riche, et puissant homme, et de gentil cueur; et gens autour de lui qui ne lui desconseilloient pas la guerre, qui est le plus noble exercice que peult avoir ung prince ou ung gentilhomme, quand c'est bonne querelle. Et ainsi commença à dresser son armée pour faire son voyage d'Italie, car il en estoit pressé par les parts qui tenoient pour lui audict Italie. Le Roy fist incontinent despescher par tout pour avoir lansquenets, et envoya le duc de Suffolk d'un costé, et manda au sieur de Sedan et au jeune Advantureux lui en faire recouvrer : ainsi fist-il à monsieur de Gueldres, auquel il promist estre chef général de tous les lansquenets, qui feurent en nombre vingt-six mille. Et à vous en dire le vray, quand son armée feust assemblée et dressée, c'estoit une des plus belles que je vis oncques; car quand ledict sieur Roy feust à Lyon, monsieur de Gueldres et monsieur de Lorraine se trouverent vers lui, ausquels il fist merveilleusement bon recueil : et aussi y vindrent tous les princes de son royaulme. Et là fist le compte et le get de son armée, et trouva, comme je vous ai dit, le nombre de vingt-six mille lansquenets, desquels estoit chef le sieur de Gueldres, et les principaux dessous lui estoient le duc de Suffolk, le comte Wolf, Brandecque, et ung capitaine qui avoit nom Michel Opembergh, gentilhomme de monsieur de Gueldres, et qu'il avoit bien servi en ses guerres de Gueldres, et le capitaine Tavennes; qui avoit amené six mille lansquenets, qui se nommoient la bande noire, la plus belle bande que l'on ait gueres vuë; et leur avoit faict faire monsieur de Sedan leurs monstres à Maisieres sur Meuse, et delà les envoya à diligence vers Lyon après le Roy, qui passoit desja les monts. Et avoit ledict seigneur Roy avecques lui deux mille cinq cent hommes d'armes d'ordonnance, quinze cent chevaulx-legers, sans les pensionnaires gentilshommes de sa maison et ses gardes, et dix mille advanturiers françois, dont estoient capitaines Georget Bonnet et Maulevrier; et avoit aussi dix mille Gascons, Biscains et Navarrois, que menoit le comte Pedro Navarre, chef de tous les gens de pied françois; et avoit avecques lui le baron de Grammont, Henry Gonnet, et plusieurs autres gentils capitaines : et avoit ledict Pedro Navarre faict faire une maniere de parc, auquel avoit une façon d'artillerie que le jeune Advantureux avoit appris, et n'estoit pas plus longue de deux pieds, et tiroit cinquante boulets à ung coup, et servit fort bien ; et en fist faire ledit Advantureux trois cent pieces à Lyon, qui se portoient sur mulets, quinze jours avant que le Roy partit, par l'ordonnance dudict seigneur Roy; et est une façon d'artillerie de quoy on n'a pas encore usé. Les noms des capitaines que le Roy avoit avecques lui vous seroient trop longs à nommer; mais les princes estoient monsieur d'Alençon, monsieur de Bourbon, monsieur de Vendosme, monsieur de Gueldres, monsieur de Lorraine; monsieur de Lautrec, pour l'heure mareschal de France, monsieur de Bonnivet, lequel a esté, depuis la mort de monsieur de Graville, admiral de France, car il en avoit le don et la réserve dès long-temps; monsieur de La Palice, mareschal de France; le sieur Jean Jacques Trivulce, aussi mareschal de France; monsieur Humbercourt, monsieur de Bayard, le comte de Sancerre; le jeune Advantureux avecques deux cent hommes d'armes, cent de la bande de monsieur de Sedan son pere, dont estoit lieutenant monsieur de Jamets, frere dudict Advantureux; monsieur d'Aubigny, le baron de Bearn, monsieur de Bussy d'Amboise, La Clayette, le grand escuyer Galeas, et cinq ou six compagnies italiennes, et beaucoup d'autres capitaines que ne vous sçaurois nommer. Tous les princes et capitaines ci-dessus nommés estoient chefs de cent hommes d'armes, de cinquante et de quarante. Et avoit ledict seigneur Roy son artillerie merveilleusement bien esquipée, et estoit de soixante et douze grosses piéces, et deux mille cinq cent pioniers, dont estoit chef le sénéchal d'Armagnac Galliot, maistre de l'artillerie de France; et estoit tout ledit esquipage à la mode françoise, qui est telle que chacun sçait bien. Et print congé ledict seigneur Roy de madame sa mere, et de sa sœur la duchesse d'Alençon, lesquelles l'avoient convoyé jusqu'à Lyon : ainsi partist et se mist ès montaignes avecques son armée, et laissa régente en France madame sa mere, et aultres bons capitaines et bon-conseil; et entre aultres y demeurerent monsieur d'Orval, et monsieur d'Asparaut, frere de monsieur de Lautrec en Guyenne, et par tout les pays gens de bien et gros personnages.

CHAPITRE XLIX.

Comment le Roy partit de Lyon pour achever son entreprise; et comment Prosper Colonne feust prins par le mareschal de Chabannes, seigneur de La Palice; et comment monsieur de Lautrec et l'Advantureux suivirent les Suisses, qui se retirerent vers Saluces.

[Août 1515] QUAND le Roy feust dedans les montaignes, et passé oultre Grenoble, le mareschal de Chabannes, qui avoit quelques espies et intelligences en Italie, feust adverti comment Prosper Colonne estoit en une petite ville en la fin du Piedmont, nommée Villefranche, avecques toute la gendarmerie, sans les Suisses. Ledict sieur de La Palice, qui estoit un grand homme de guerre, print son chemin vers le pays de Saluces; et estoient avecques lui monsieur d'Aubigny, monsieur d'Humbercourt, monsieur Bayart, et trois cent hommes d'armes d'aultres capitaines; et pouvoient estre en tout cinq cent lances. La grosse artillerie du Roy et quelques gens de pied prindrent leur chemin par le mont Geneve, pour descendre à Suse; car il n'y a mont par où elle peut passer que par là. Et le Roy et l'artillerie legere print son chemin à Quilestre, qui sont trois montaignes diverses, et vint descendre à un chasteau sur montaigne, la petite ville en bas, nommée Rosques Parviere, joignant au marquisat de Saluces. Or les Suisses avoient assiégé une ville, laquelle s'appelle Dragony, et sont là trois villes assez près l'une de l'aultre: et s'appelle la premiere Cony, la seconde Tracony, et la troisieme Dragony; dont la plus grande part appartient au marquis de Saluces, et l'aultre à monsieur de Savoye. Lesdicts Suisses ne sçavoient pas où les François vouloient passer, et pour leur couper chemin vindrent assiéger la plus proche ville du mont, c'estoit Dragonyc; et n'y avoit dedans que des vilains, et avoient lesdicts Suisses avecques eulx grosse artillerie, et y feirent grosse batterie, et la bresche pour y entrer trente hommes de front, et donnerent l'assault. Ceulx de la ville feurent advertis que le Roy marchoit, et esperoient de bref avoir secours, comme ils eurent, et en cet espoir receurent l'assault deux ou trois fois, et se deffendirent si vaillamment qu'ils repousserent les Suisses; et y eust bien sept ou huit cent tués. Quand les Suisses eurent entendu que le Roy à puissance marchoit, et les approchoit de près, laisserent ladicte ville pour retirer leur artillerie à leur camp; car ils n'estoient là que dix ou douze mille hommes, et n'estoient pas pour attendre la puissance du Roy, qui estoit telle que je vous ai dit, mais elle n'estoit pas ensemble : et si j'eusse esté Suisse, j'eusse plustost combattu le Roy à la descente des montaignes, qui avoit attendu que toute son armée feust ensemble; et feust une grosse faulte à eulx. Or laissons les Suisses tirer vers Saluces, et retournons à monsieur de La Palice, lequel, tandis que lesdicts Suisses, par faulte de chevaulx, tiroient leur artillerie à force de col, avoit passé les monts avecques toute la gendarmerie, fist telle diligence, tousjours bonnes espies sur espies, qu'il passa le Tessin à un gué là où les guides le menoient. Quand il feust oultre l'eauë, à dix mille de Villefranche, où estoit Prosper Colonne, douze heures avant le jour envoya monsieur de Humbercourt avecques deux cent hommes d'armes pour aller gaigner la partie de la ville en laquelle estoit ledict Prosper avec douze cent hommes d'armes, et pensoit qu'il ne feust encore nouvelles de François qu'à l'endroit de Guillestre par où le Roy descendoit, et aussi la grosse artillerie qui venoit par Suse; mais il ne se doutoit de la grande diligence que monsieur de La Palice avoit faicte, lequel estoit descendu avant les deux, à sçavoir le Roy et son artillerie.

Et feurent tous esbahys ceulx de la porte dudict Villefranche, quand monsieur de Humbercourt, qui menoit l'avant-garde, vint à la porte à belle course de cheval, et ne seurent jamais mettre ordre ni venir à temps, qu'ils ne trouverent gens qui la vouloient fermer; ce qu'ils eussent faict, si un archer (1) ne se feust approché, lequel boutta sa lance entre les deux battans de la porte, tellement qu'ils ne la seurent jamais fermer; et à force de cheval entrerent dedans, et repousserent tous les gens de cheval et de pied qu'ils trouverent, et y eust là gros combat; mais la grosse flotte vint, qui les suivit : ils estoient reboutés, et y feust ledict sieur d'Humbercourt bien fort blessé au visage. Et sans point de faulte il y avoit dedans ladicte ville deux fois autant de gendarmes qu'estoient ceulx de dehors qui les assailloient; mais ils feurent prins en si grand désordre, qu'ils n'eurent loisir d'eulx mettre en deffense que bien peu. Et feurent prins ledict Prosper Colonne, et tous les autres capitaines, tout ainsi qu'ils alloient disner; et feurent aussi prins ceux dedans, et y en eust beaucoup de tués. Après cela faict,

---

(1) *Un archer* : cet archer s'appeloit Hallancourt : il étoit de Picardie.

le mareschal de Chabannes en advertit le Roy, lequel en feust merveilleusement bien aise, car c'est un grand advantaige pour sa conqueste d'Italie. Et se retira ledict mareschal vers le Roy avecques tous ses prisonniers, auquel le Roy fist bon recueil, et à tous les aultres capitaines, car ils l'avoient bien gaigné. Et delà ordonna monsieur de Lautrec et le jeune Advantureux avecques six cent hommes pour aller chevaucher les Suisses, qui menoient l'artillerie à leur col, comme vous ai dit, et l'amenerent ainsi de Saluces à Montcallier. Et eulx estant là, le jeune Advantureux sceust qu'il y avoit des Suisses en la ville de Thurin, et des principaux, qui estoient venus vers monsieur de Savoye; et le principal d'eulx estoit ung nommé Jean Gaudion, des plus fins de toutes les ligues, et vouloit pratiquer quelque traité avec monsieur de Savoye.

Or les villes de monsieur de Savoye estoient neultres, et y pouvoient entrer Suisses et François; et le jeune Advantureux, pour achever son entreprinse, advertit le comte de Sancerre, qui estoit jeune homme, et homme de bon vouloir, lequel avoit cinquante lances, et se mist en chemin pour aller à Thurin. Et avecques eulx vint monsieur de Lescun, frere de monsieur de Lautrec, qui depuis a esté mareschal de France, et n'y avoit pas trois mois qu'il avoit quitté le rond bonnet et estoit evesque de Tarbes; et pour voir la guerre l'avoit laissé, car il n'avoit point voulu estre d'Eglise, et estoit des premiers qui alloient aux champs; et vous asseure qu'il se fist gentil capitaine et homme de bien, et est mort tel. Ledict jeune Advantureux et ses gens marcherent, et vindrent à Thurin, et laisserent trente hommes à la porte : le residu de la gendarmerie entrerent tout droict au logis où estoient lesdicts Suisses, qui se voullurent deffendre à coups de harquebutte; mais on leur commença à crier que le premier homme qui tireroit seroit haché en pieces, et qu'on bouteroit le feu à la maison; et cesserent de plus tirer, et se rendirent. Et cela entendu par monsieur de Savoye, envoya ung gentilhomme devers ledict Advantureux, lui prier qu'il ne voullust point toucher auxdicts Suisses, ni les prendre ou emmener, car ce qu'ils faisoient estoit pour affaire du Roi, et à bonne intention; laquelle chose ledict Advantureux ne voullust croire, tant qu'un gentilhomme nommé Morette vint, lequel apporta lettres faisant mention que ce que lesdits Suisses faisoient estoit pour le service du Roy. Et cela faict, ledict Advantureux les laissa aller : nonobstant il print leur foy, et après s'en retourna, et tous ses gens, à Moncallier avecques monsieur de Lautrec, et de-là où il estoit parti. Et lui arrivé, manda au Roy ce qu'il avoit faict, dequoi ledict seigneur Roy feust bien marri; car si lesdicts Suisses eussent esté prins, il n'y eust jamais eu journée ni bataille, car c'estoient tous les principaux de toute l'armée. Et, comme je vous ay cy-devant dit, les Suisses tiroient leur artillerie au col, à faulte de chevaulx, et les François les chevauchoient toujours; jusques à une petite ville qui est à monsieur de Savoye en la fin du Piedmont, laquelle se nomme Chivas; et là feust ordonné le jeune Advantureux pour aller tenir ladicte ville, à cause qu'elle estoit bonne françoise. Et le vindrent accompaigner jusques au bord de l'eaue cinq cent hommes d'armes, et estoient les Suisses de l'aultre costé de l'eaue, où estoit ladicte ville de Chivas et leur artillerie; et commencerent à battre ladicte ville. Et le jeune Advantureux avecques la gendarmerie voulant entrer dedans, vist qu'elle estoit ja prise, car les vilains la laisserent perdre; et y feust tué plus de trois mille personnes, jusques aux petits enfans, et les prestres dedans les églises, et par tout. Quand les Suisses visrent l'Advantureux avecques la gendarmerie, commencerent à desloger pour gaigner pays; car ils avoient peur que l'armée du Roy ne les attrapast avant qu'ils eussent gaigné Milan et les aultres Suisses qui leur venoient au secours; et se partirent hors de la ville en une belle place, avecques leur artillerie. Et quand l'Advantureux vist ce, poussa dedans la ville, et en tua quelques uns qui estoient demeurés derriere, et sauva aucuns povres gens qui s'estoient sauvés en une tour; et de là leur alla donner l'escarmouche en cette belle plaine de Chivas, où coups de harquebutte ne coustoient rien, car il y en avoit qui voloient. Cela faict, se retira ledict jeune Advantureux vers monsieur de Lautrec, et manderent au Roy les nouvelles de Chivas, et la cruauté qui y avoit esté faicte; dequoi il feust fort marri. Et les Suisses tirerent toujours leur chemin vers Novarre avecques leur artillerie, qui leur faisoit une merveilleuse peine, car il falloit qu'ils la tirassent la pluspart au col; et la boulterent dedans le chasteau et ville de Novarre, qui tenoit encore pour eulx. Et ce faict, s'en allerent à Milan, où estoit le More Maximilian (1), duc de Milan.

(1) *Le More Maximilian* : on donnoit à Maximilien Sforce, fils de Ludovic, le surnom de More qu'avoit porté son père.

CHAPITRE L.

Cy devise de la journée faicte à Sainte Brigide près de Marignan, laquelle les François gaignerent contre les Suisses par un jour de Sainte Croix, en septembre ; de la prise du chasteau de Novarre, et du secours que les Venitiens feirent au Roy.

[13 et 14 septembre 1515] Les Suisses estans retirés à Milan, monsieur de Lautrec et le jeune Advantureux revindrent où le Roi estoit avecques la gendarmerie. Le Roi marcha tousjours, tellement qu'il vint à Novarre, où le chasteau tenoit pour les Suisses; et envoya devant le sénéchal d'Armaignac et monsieur de La Palice avecques une bande d'artillerie, six mille hommes de pied et cinq cent hommes d'armes. Quand ils feurent arrivés audict Novarre, la ville se rendit, et le chasteau non ; mais après avoir esté battu deux jours il se rendit, où le Roi recouvra tout plain de belle artillerie que ses prédécesseurs avoient perdue. Cela faict, le Roi marchoit toujours, tirant droict à Milan, et fist tant qu'il vint à Marignan, petite ville à dix mille de Milan, sur la riviere, le droict chemin de Milan à Rome, là où ledict Roy s'arresta, et toute son armée, pour se rafreschir, car ils n'avoient point reposé depuis qu'ils estoient partis. Et ce temps pendant se menoit une pratique avecques lesdicts Suisses pour faire une paix entre le Roy et eulx ; et cela faisant, le Roy regaignoit toute sa duché de Milan, et le More demeuroit tout seul : et feust regardé entre le Roi et lesdicts

Suisses de se trouver à Galeras, pour confirmer ce qui avoit esté pour parlé et accordé entre eulx. Et envoya ledict seigneur Roy, pour sa part, pour ambassadeur, monsieur le bastard de Savoye, depuis grand-maistre de France, et monsieur de Lautrec, et avecques eulx cinq cent hommes d'armes; et leur bailla cinquante mille escus d'or pour porter auxdicts Suisses : et pensoit, sans point de faulte, ledict seigneur Roi avoir du tout appointement avecques eulx; et ne faillirent lesdicts Suisses de leur costé à eulx y trouver, et parlerent ensemble, avecques lesdicts ambassadeurs, de leurs affaires. Or le cardinal de Sion, qui estoit le plus mauvais François qui feust oncques, et qui avoit ammené les Suisses au secours du More, entendit (et aussi fist ledict More) que l'appointement se vouloit faire entre le Roi et les Suisses, et qu'ils ne viendroient point au dessus de leur entreprinse. Ledict cardinal fist sonner le tambourin, et fist assembler tous les Suisses en Germanie, en la place du chasteau de Milan, et là fist faire ung rang; et lui au milieu, en une chaise, comme un regnard qui presche les poules, leur fist entendre comme le Roi n'avoit point de gens avecques lui, car il avoit envoyé une partie de son armée à Galeras; et qu'ils combattoient pour la sainte Eglise, et que jamais gens n'auroient tant d'honneur en leur affaire qu'ils auroient. Et ce faict, leur fist prendre à chacun une clef, et donna quelque argent aux capitaines particuliers.

Or estoient les Suisses dedans Milan trente-six ou trente-huit mille hommes, et avoit en ces bandes quelques capitaines particuliers, lesquels avoient pension du Roi, et estoient assez bons François, et entendoient bien la finesse du cardinal de Sion, et aussi ils ne l'aimoient point; lesquels prindrent conseil avecques leurs gens, et estoient des haults cantons, comme Zurich, Uri, Berne, et Onderwalde : et des principaulx estoit ung gentilhomme de Berne, nommé Albert de La Pierre, qui communiqua la finesse du cardinal de Sion, et remonstra à tous ses compaignons, les capitaines des haults cantons, la honte que ce leur seroit, et à toute la nation, de tromper ung tel prince que le roi de France, veu qu'ils s'estoient accordés avecques lui, et que leurs ambassadeurs estoient avecques ceulx de France audict Galeras. Et comme il debattoit ces querelles, le cardinal de Sion avoit desja gaigné les aultres capitaines, et fist sonner l'allarme, pour ce que le jeune Advantureux et le comte de Sancerre estoient venus faire l'escarmouche; et fist saillir lesdicts Suisses, et tirer du chasteau quatre pieces d'artillerie couleuvrines, et fist sonner le cornet de bœuf, et celui d'Onderwalde, qui s'appelle le cornet de vache; et fist marcher les Suisses, lui estant en personne, droict au camp du Roi. Quand ils feurent hors de la ville, Albert de La Pierre, et les aultres capitaines des haults cantons, fisrent arrester tous leurs gens, qui estoient bien en nombre de quatorze mille, et remontrerent aux communes et à leurs compaignons comment ils ne vouloient point faulser leur foy et serment, ni aller, contre l'honneur d'eulx et de leur nation, à l'appetit du cardinal et du More. Et, pour vous le faire court, s'en retournerent des haults cantons quatorze mille hommes, dont Albert de La Pierre estoit un des principaulx capitaines, et se retirerent en leur pays de Suisse; et le demeurant avecques le cardinal de Sion, qui estoient vingt-quatre mille, avecques quelques Milanois de la partie du More, et quelques gens de cheval. Environ cinq cent commencerent à marcher, environ trois heures après disner.

L'Advantureux les voyant marcher, laissa quelques gens derriere pour les chevaucher et veoir ce qu'ils feroient, et vint devers le Roy à Marignan, et le trouva en sa chambre, où il essayoit un harnois d'Allemaigne pour combattre à pied, lequel luy avoit faict apporter son grand-escuyer Galeas; et estoit ledict harnois merveilleusement bien faict et fort aisé, tellement qu'on ne l'eust sceu blesser d'une esguille ou espingle. Et incontinent qu'il vist ledict Advantureux, lui saillit au col, et lui demanda des nouvelles de Milan, car le Roi l'y avoit envoyé, et lui dit : « Comment, vous êtes armé, et nous attendons aujourd'hui la paix? » Sur quoy l'Advantureux lui fist response : « Sire, il n'est plus question de se mocquer ni attendre paix, et vous fault armer aussi bien comme moi; et faictes sonner l'allarme. Aujourd'hui vous avés la bataille, ou je ne cognois point à la nation à qui vous avés affaire. » Ce faict, affin qu'on ne pensast point que ce feust mocquerie, ledict Advantureux avoit avecques lui un trompette, auquel il fist sonner l'allarme. Et quand le Roi vist que c'estoit à bon escient, commença à s'armer, et print Barthelemi d'Alvienne par la main, et lui dit : « Seigneur Barthelemi, je vous prie d'aller en diligence faire marcher vostre armée, et venés le plus tost que vous pourrés, soit jour ou nuict, où je serai; car vous voyés quelle affaire j'en ai. » Et alors se partist ledict sieur Barthelemi d'Alvienne, en bien grand diligence et en poste, pour faire ce que le Roi lui avoit commandé; et aussi il en avoit le commandement de la seigneurie de Venise, avecques ce qu'il estoit bon François, et le faisoit de bon cœur. Cela faict, qui feust subit, le Roi et tout son conseil envoya l'Advantureux, et lui bailla la charge que debvoit avoir ung des plus vieux mareschaulx de France, car il estoit encore bien jeune; et lui commanda qu'il regardast les ennemis ce qu'ils faisoient, et quel ordre ils tenoient, et le lui fist sçavoir, affin que là selon il ordonnast la bataille. Et quand il vist qu'il auroit bataille, pria monsieur de Bayard, qui estoit gentil chevalier, qu'il le fist chevalier de sa main; qui feust un grand honneur audict sieur de Bayard de faire ung roi chevalier devant tant de chevaliers de l'ordre et de gens de bien qui estoient là. Laquelle chose faicte, l'Advantureux partist, et rencontra monsieur de Bourbon et monsieur de La Palice, qui avoient desja l'allarme, lesquels lui baillerent la mesme charge que le Roi lui avoit baillée; et print avecques lui vingt hommes d'armes, et s'en alla au devant des Suisses, lesquels il rencontra à deux milles près du camp; et estoit desja assez tard, et feirent semblant les Suisses d'eulx vouloir loger, ce que manda ledict Advantureux au Roi : mais, pour ce qu'il ne laissast pas à mettre tousjours ses gens en ordre (ce que fist ledict seigneur Roi), aussi fist monsieur de Bourbon, qui menoit l'avantgarde. Cela faict, les Suisses marcherent tousjours le grand pas, et ne se logerent point. Et quand l'Advantureux vist ce, manda au Roi et à monsieur de Bourbon que ce jour ils auroient la bataille, et que tout le monde se déliberast de bien frapper. Et ne vous fault oublier à dire que monsieur de Gueldres (1), trois jours devant la bataille, pensant que l'appointement se feroit, et aussi pour quelque affaire qu'il disoit avoir en son pays, demanda congé au Roy, et se retira; de quoi il fist merveilleusement mal, car plusieurs disoient que c'estoit peur des coups; et en feurent fort marris tous ses amis, et aussi feust madame la mere du Roy, car elle lui eust bien voulu de grands biens, pour ce qu'il estoit son parent bien proche. Et s'en alla ledict sieur de Gueldres en diligence, et bailla charge générale à monsieur de Guise son nepveu, qui en fist merveilleusement bien son debvoir, et feust bien fort blessé à cet affaire; et certes c'est un honneste prince et gentil compaignon.

Or, pour retourner à nostre propos, ledict Advantureux avoit laissé soixante hommes d'armes de sa bande, avecques les cent hommes d'armes de la bande de monsieur de Sedan, que menoit monsieur de Jamets, frere dudict Advantureux; et leur avoit dit qu'ils ne bougeassent d'ung lieu où il les avoit mis, qui estoit avecques monsieur de Bourbon. Et y estoit le sieur de Braine, beau-frere dudict Advantureux, lequel y estoit venu pour son plaisir : aussi y estoit monsieur de Rochefort, bailly de Dijon; monsieur de Saussy, frere dudict Advantureux; monsieur de Vandenesse, frere de monsieur de La Palice, lesquels y estoient pareillement venus pour leur plaisir. Et ledict Advantureux au retournant ayant les Suisses sur les bras, et escar-

(1) *Monsieur de Gueldres* : Ce prince venoit d'apprendre que les Flamands, sujets de Charles d'Autriche, avoient fait une invasion dans son pays : il partit pour les défendre.

mouchant contre eulx, trouva lesdictes bandes françoises arriere d'où il leur avoit ordonné, et en lieu fort mal advantaigeux pour eulx, et en feust bien fort marry; mais puisqu'ils estoient venus jusques-là, il en falloit faire son mieux; car lesdicts gens d'armes estoient mis de façon qu'ils ne pouvoient dissimuler le combat, et estoient les premiers combattans, et si ne pouvoient aider à l'armée, ni l'armée à eulx. Et quand l'Advantureux vist qu'il n'y avoit autre remede, fist prendre à chacun son habillement de teste, et donner dedans : et là feust blessé son cheval d'un coup de harquebutte, dont il mourut incontinent après. Et à ceste charge fist merveilleusement son debvoir le comte de Brayne; aussi fist le bailly de Dijon, et y feurent leurs deux chevaulx blessés. Et aussi y feirent merveilles le sieur de Jamets, monsieur de Saussy, et monsieur de Vandenesse, qui estoit gentil compaignon; et y feust aussi blessé le vicomte d'Estoges d'un coup de harquebutte en la cuisse : et y demeura des gens d'armes, mais pas beaucoup. Et sans point de faulte le jeu estoit mal parti, car les François n'estoient que deux cent hommes d'armes contre bien quatorze mille Suisses; car, comme je vous ai dit, le demeurant de leur armée ne les pouvoit aider. Et quant les lansquenets visrent l'Advantureux charger, il en passa le canal où ils estoient en bataille bien mille ou douze cent, pour prendre les Suisses en flanc, et combattoient main à main. Quand les Suisses visrent qu'ils avoient repoussé l'Advantureux, lequel s'estoit retiré lui et ses gens en l'armée, vindrent donner sur lesdits lansquenets, et renverserent toute cette bande qui avoit passé le canal; et sans point de faulte peu en eschappa. Or avoient les

Suisses quatre pieces d'artillerie sur le grand chemin, qui feust arrestée à une maison; car quand l'Advantureux vist ce, il fist boutter le feu dans ladicte maison, et par ainsi ladicte artillerie ne peust approcher plus près, par quoi elle ne fist pas grand mal aux François; mais vous pouvez croire que l'artillerie du Roy, qui estoit de soixante et quatorze grosses pieces, leur faisoit ung merveilleux déplaisir. Cela faict, lesdicts Suisses boutterent oultre, et suivirent leur fortune, et vindrent combattre l'une des bandes des lansquenets main à main, lesquels durerent bien peu, car les Suisses les renverserent incontinent. Et feust là bien combattu, et y feirent la gendarmerie merveilles; aussi feirent les advanturiers et Lorges avecques eulx, et tout plein d'autres gentils capitaines. Et feust tué à ceste charge François monsieur de Bourbon, frere de monsieur de Bourbon, pour lors connestable de France, et monsieur de Humbercourt, qui estoit gentil capitaine, et le comte de Sancerre, et tout plain de gens de bien. La nuict vint, et les Suisses commencerent à chasser les gens d'armes d'ung costé et d'aultre, car ils ne sçavoient où ils alloient, et on les tuoit par tout où on les trouvoit; aussi estoient les lansquenets et les gens de pied françois tous escartés comme les autres. Et demeura le Roy auprès de l'artillerie, qui n'avoit point un homme de pied auprès de lui; et fist une charge avecques environ vingt-cinq hommes d'armes, qui le servirent merveilleusement, et y cuida le Roy estre affolé : et vous jure ma foy que feust ung des plus gentils capitaines de toute son armée, et ne voullust jamais abandonner son artillerie, et faisoit rallier le plus de gens qu'il pouvoit autour de lui. Et feurent les Suisses bien près de l'artillerie, mais ils ne la voyoient point : et feist esteindre ledict Roi ung feu qui estoit auprès de ladicte artillerie, pour ce que les Suisses estoient si près d'eulx, et afin qu'ils la vissent point si mal accompaignée. Et demanda ledict seigneur à boire, car il estoit fort alteré; et y eust un piéton qui lui alla querir de l'eauë qui estoit toute pleine de sang, qui fist tant de mal audict seigneur, avecques le grand chaud, qu'il ne lui demeura rien dans le corps; et se mist sur une charette d'artillerie pour soi ung peu reposer, et pour soulager son cheval, qui estoit fort blessé; et avoit avecques lui ung trompette italien nommé Christophe, qui le servit merveilleusement bien, car il demeura tousjours auprès du Roy; et entendoit-on ladicte trompette par-dessus toutes celles du camp, et pour cela on sçavoit où estoit le Roy, et se retiroit-on vers luy. Et monsieur de Vandosme, avecques le jeune Advantureux, qui sçavoit le langage allemand, rallia les lansquenets, tellement que le Roy en eust bien-tôt autour de lui bien quatre mille, que lui amena le capitaine Brandecque; et les autres capitaines suivoient file à file.

Or, puisque je vous ai dit que faisoient les François, fault que je vous dise aussi ce que faisoient les Suisses. Depuis que la nuict feust venue, ils feurent déliberés de faire une charge au Roy; et la cause feust pour ce qu'ils avoient faict un feu au milieu d'eulx, là où une volée d'artillerie alla donner à travers d'eulx, qui leur porta ung merveilleux grand dommaige. Toutesfois, quand ils eurent bien advisé entre eulx, ils visrent qu'ils n'estoient point le nombre de gens qu'il leur falloit pour ce faire, et se retirerent, et commencerent à fairé sonner les deux gros cornets d'Uri et d'Onderyalde; et par ce moyen leurs gens qui estoient escartés se rallierent aupres d'eulx, et n'avoient point un tambourin qui sonnast des leurs : et y eust tout le long du jour et de la nuict combat à quelque endroit que ce feust; et les gens d'armes françois, au lieu de cornets, avoient trompettes par où ils se rallierent. Quand le jour feust venu, il se trouva là où estoit le Roy bien vingt mille lansquenets et toute la gendarmerie, et tout assez bien en ordre auprès de leur artillerie, et si les Suisses avoient assailli le jour bien asprement, encore fisrent-ils plus le matin; mais sans point de faulte ils trouverent le Roy avecques les lansquenets qui les receurent. Et leur fist l'artillerie et la harquebutterie des François ung grand mal, et ne peurent supporter le fais, et commençoient à aller autour du camp d'ung costé et d'aultre, pour veoir s'ils pouvoient assaillir; mais ils ne venoient pas au point, fors une bande qui vint ruer sur ces lansquenets : mais quand ce vint baisser des picques, ils glisserent oultre, sans les oser enfoncer; et y avoit devant ung gros capitaine, lequel vouloit mutiner les lansquenets et parler à eulx, et feust là tué.

Les Suisses avoient mis, dans la maison que l'Advantureux avoit faict brûler le jour de devant, deux piéces d'artillerie qui battoient où estoit le Roy, et faillirent à tuer ledict seigneur Roy et quelques gens de bien; mais toutesfois si en demeura-t'il quelqu'ung. Il y avoit même une autre bande de Suisses qui se vouloit rallier avec l'autre, pour venir donner sur l'artillerie des François; mais ledict Advantureux, monsieur de Bayart, et monsieur de Bussy d'Amboise, avecques quelques hommes d'armes qu'ils avoient, entreprindrent à ruer sur eulx, et leur donner aux flancs, ce qu'ils feirent. Et feust jetté par terre l'Advantureux, et quelques gens d'armes des siens qu'il avoit nourris, et eurent leurs chevaulx blessés et affolés; et sans monsieur de Bayart qui tint bonne mine et ne l'abandonna point, ni le sieur de Saussy qui lui rebailla ung cheval, sans point de faulte l'Advantureux estoit demeuré. Or, lui remonté à cheval, il vist que les Suisses s'en alloient rompus, et se bouttoient dans une grande cassine; et fist l'Advantureux boutter le feu dedans, et y demeura bien huit cent hommes; et le demeurant se sauva, où voullust aller donner dedans monsieur de Bussy d'Amboise, et le guidon dudict Advantureux, nommé Turteville, qui s'estoit advancé oultre son commandement, car il vouloit voir plus de gens auprès de lui; et feurent tués dans un fossé de coups de harquebuttes et de coups de main avant que jamais homme y seut mettre ordre, dont feust grand dommaige. Et demeura à ladicte bataille beaucoup de gens de bien, et entre aultres y demeura le frere de l'Advantureux, nommé monsieur de Roye, lequel avoit fait le long de la journée merveilleusement bien son debvoir, et estoit homme de bien et gentil compaignon, et feust dommaige de sa mort. Cela faict, les Suisses ayant la bataille perdue, se retirerent le grand chemin de Milan, le mieux en ordre qu'ils peurent, et ne voullust jamais le Roy ni les capitaines qu'on leur donnast la chasse âprement; et feust ordonné monsieur l'admiral avecques trois cent hommes d'armes pour le conduire jusqu'aux portes de Milan. Cela faict, le Roy vint à l'Advantureux, qui venoit de l'exécution de cette maison, et lui dit : « Comment, mon ami, on m'avoit dit que tu étois « mort! » Surquoi l'Advantureux lui respondit : « Sire, « je ne suis pas mort, et ne mourrai point, tant que « je vous aurai faict un bon service. » Et lui dit le seigneur Roy : « Je sens bien que, en quelque bataille « que vous ayez esté, ne voullustes estre chevalier : je « l'ai aujourd'hui esté ; je vous prie que le veuillez « estre de ma main ; » laquelle chose l'Advantureux lui accorda de bon cœur, et le remercia de l'honneur qu'il lui faisoit, comme la raison le vouloit. Et de là se retira ledict seigneur Roy en son logis, et laissa monsieur le grand-maistre Boissy, l'Advantureux avecques lui, en attendant que le demeurant de l'armée feust logé.

CHAPITRE LI.

Cy devise des ambassadeurs françois et suisses qui estoient à Galeras ; et comment le Roy fist assiéger le chasteau de Milan, où estoit le More dedans, lequel se rendist par composition.

[4 octobre 1515] LE Roy ayant gaigné la bataille, et tout son camp remis en ordre, après avoir perdu quelque peu de bagages que les advanturiers françois pillerent eulx, je veux retourner au sieur Berthelemy d'Alvienne, qui estoit allé querir les Veniliens, et vint toute la nuict. Comme il arriva à trois milles du camp, rencontra une bande de Suisses qui fuyoient, laquelle il deffit, et en feust de tués bien cinq cent. Et vindrent lesdicts Venitiens le matin, après que la bataille feust gaignée, vers le Roy, merveilleusement en bon ordre; et arriverent au camp, là où le Roy alla au-devant d'eulx. Ils estoient mille hommes d'armes, douze cent chevaulx-legers, et douze mille hommes de pied, tous accoustrés à leur mode, et dix-huict grosses piéces d'artillerie bien esquipée; et se misrent tous en ordre devant le Roy, fisrent tirer leur artillerie. Et vous asseure que le Roy leur fist ung merveilleusement bon recueil, car ils estoient venus à son service d'une fort bonne volonté et de bon cœur; et se logerent au camp du Roy, qui leur fist donner quartier. Or retournons aux ambassadeurs françois, qui sont à Galeras avecques cinq cent hommes d'armes (1). Quand ils ouirent tirer l'artillerie, entendirent que la bataille donnoit; et estoient plus forts que les ambassadeurs suisses, lesquels leur dirent que c'estoit malgré eulx et sans leur sceu que le cardinal de Lyon faisoit cette menée; et estoit presque le tout accordé, quand ils sceurent les nouvelles de la bataille, par postes que le Roy leur envoya; de quoy feust merveilleusement marri monsieur de Lautrec, aussi feust monsieur le bastard de Savoye; car ils avoient une grosse puis-

(1) Le duc de Savoie Charles III avoit, comme on l'a vu, gardé la neutralité; par sa médiation, un traité avoit été conclu entre le Roi et les Suisses: ceux-ci devoient rendre le duché de Milan, moyennant une somme considérable; et une pension de soixante mille ducats qui seroit faite à Maximilien Sforce. L'argent ayant été transporté à Buffalaro, les Suisses, excités par le cardinal de Sion, essayèrent de l'enlever. Lautrec, chargé de le garder, fut instruit de cette perfidie, et eut le temps de le faire conduire à Galeras. Les Suisses, furieux d'avoir échoué dans cette entreprise, allèrent attaquer l'armée française à Marignan.

sance avecques eulx de cinq cent hommes; et partirent incontinent, leur semblant bien que cela faisoit faulte au Roi à la bataille; qui estoit chose vraye. Et ainsi retournerent sans bailler argent auxdicts Suisses, et arriverent au camp le soir, dont le jour avoit esté bataille.

Cela faict, le Roi regarda de mettre ordre à ses affaires, et envoya assiéger la ville et chasteau de Milan; et envoyerent ceulx de la ville dudict Milan ambassadeurs devers le Roy, et composerent avecques lui d'eulx rendre à sa volonté; ce qu'ils fisrent. Et alors feurent envoyés dedans la ville monsieur de Bourbon et monsieur de Lautrec avecques une partie de l'armée; et le comte Pedro Navarre, et le sénéchal d'Armaignac, maistre de l'artillerie, allerent assiéger le chasteau, où s'estoit retiré le More Maximilian avecques cinq cent chevaulx, dont estoit Chuire l'ung des chefs, Jean de Mantoue, et quelques aultres, et douze cent Suisses; et assiégerent le chasteau de bien près, et Pedro Navarre commença à miner. Or laissons le siége devant le chasteau de Milan, et retournons au Roi, qui envoya monsieur le grand-maistre Boissi, le bastard de Savoye et l'Advantureux à Cremone, et à toutes les villes qui tenoient contre le Roy. Et se retira ledict seigneur à Pavie, car il ne vouloit point entrer dedans la ville de Milan sans que tout ne feust à lui. Ce faict, marcha monsieur le grand-maistre vers Cremone, et vindrent ceulx de la ville se rendre à lui. Et après, avecques l'armée qu'il avoit, entra dedans la ville, et fist sommer le chasteau, lequel ne se voulust pas rendre sitost; mais print un terme, en cas qu'il ne feust secouru, de lui rendre. Et feust ordonné l'Advantureux pour faire les tranchées autour de la ville et du chasteau (ce qu'il fist), afin qu'ils ne peussent saillir de nuict; et estant en cesdictes tranchées, y avoit ung maistre-d'hostel chez le Roi, nommé Saint Severin, où vint donner ung coup de canon du chasteau dedans le rampart où estoit ledict Advantureux; et eut si grand peur ledict maistre d'hostel, qu'il empoigna deux capitaines par le col si rudement, qu'il les tira dans le fossé avecques lui, qui avoit bien vingt pieds de profondeur, tellement qu'il se rompist presque le col, et eulx aussi; dequoi feust bien ri après.

Quand le jour feust venu, et le terme que ceulx du chasteau avoient prins, et promis d'eulx rendre, ils se rendisrent à la volonté du Roi, leurs bagues sauves. Or, pour vous dire vrai, quand le Roi vint pour conquester la duché de Milan, il promist aux Venitiens de leur rendre ce qui leur appartenoit de delà la riviere d'Adde, et de leur aider à le reconquester à ses dépens. Cremone ainsi rendue à la volonté du Roi, et plusieurs aultres petites villes et chasteaux, monsieur le grand-maistre alla mettre le siége devant Bresse, laquelle se rendist à lui, après y avoir esté ung espace de temps; et la rendist aux Venitiens, et en suivant la promesse que leur avoit faicte le Roi, dequoi les Venitiens feurent merveilleusement bien contents. Ne restoit plus que de rendre aux Venitiens la ville de Veronne, que tenoit l'empereur Maximilian. Ce faict, les Venitiens retournerent à Venise, et misrent garnisons dans les villes qu'ils avoient conquestées; et monsieur le grand-maistre, avec son armée, retourna vers le Roi à Pavie. Or pendant ce temps-là on faisoit merveilleusement grosse batterie au chasteau de Milan;

et quant se faisoient les mines, dont Pedro Navarre estoit conducteur, et son lieutenant estoit Henri Gonnet, qui autrefois avoit esté capitaine du chasteau de Bresse; et minerent la casemate dudict chasteau de Milan, et la fisrent tomber par terre; mais elle retomba presque aussi forte qu'elle estoit auparavant. La casemate ainsi minée, et les deffenses rompues, tant du hault que des fossés, Pedro Navarre se print à miner le plat de la muraille, et ceulx dedans voulurent contreminer : toutesfois ceulx dedans avoient une mine, qui estoit leur chef, asçavoir le More, qui tenoit si mauvaise mine, que cela les estonna plus que la mine de Pedro Navarre; et dient qu'il ne sçavoit où estre de peur. Toutesfois le chasteau de Milan est une très bonne place; et l'avoit faict le roy de France Louis douziéme bien amender, du temps que en estoit chef le chevalier de Louvain, gentil capitaine et bon chevalier. Après toutes ces batteries et mines, le More, duc de Milan, vint à composition, se voyant pressé et sans esperance de secours, et fist appointement avecques le Roi, par tel qu'il lui donneroit cent livres tous les jours à despendre, qui sont trente-six mille livres par an: laquelle chose le Roy lui accorda, et le demeurant s'en alla bagues sauves. Par ainsi feust ladicte ville rendue entre les mains du Roy, et vint le More à Pavie vers ledict seigneur Roy, et le sieur Jean de Mantoue avecques lui. Les Suisses se retirerent en leur pays, à qui le Roy fist bailler bonne conduite. Et le capitaine Chuire, et les gens qui estoient venus de par l'Empereur au secours du More, se retirerent à Veronne, lesquels le Roy fist pareillement conduire. Et le More Maximilian vint à Pavie vers le

Roy, se rendre à lui, ainsi qu'il lui avoit promis. Et le conduisoit Gabriel de La Chastre avecques cinquante archers de la garde; et dit ledict More au Roy : « Sire, « je me viens rendre à vous comme vostre serviteur, « vous suppliant qu'il vous plaise me retenir à vostre « service, et à me tenir ce que m'avez promis, et vous « vouloir servir de moy; et vous promets par ma foi « que je me sens le plus heureux homme de mon li- « gnage d'estre tombé ès mains d'un tel prince que « vous estes, et aussi veu le bon traitement que me « faictes; car quand j'estois duc de Milan, je n'en es- « tois pas duc, mais valet; car les Suisses en estoient « maistres, et ne faisoient que ce qu'ils vouloient. » Sur quoy le Roy lui fist response, et lui dit qu'il feust le très bien venu, et qu'il esperoit de lui faire de plus en plus bon traictement; et que ce n'estoit point le dernier bon tour qu'il lui feroit, et qu'il l'envoyeroit devers madame sa mere, laquelle estoit régente en France, et elle lui feroit merveilleusement bon recueil. Cela faict, le Roy s'en alla souper, et le More s'en alla en une chambre qu'on lui avoit apprestée au chasteau de Pavie. Et le lendemain matin partist ledict More Maximilian, et s'en vint en France; et le fist conduire le Roy par les archers de sa garde, et le capitaine Gabriel, qui en estoit chef, jusques à Lyon, vers madame sa mere, qui attendoit tousjours de ses nouvelles. Or, ainsi comme ces choses se faisoient, tant le siége de Maximilian que l'allée de monsieur le bastard de Savoye pour reconquester les villes, celles qui appartenoient au Roy et aux Venitiens, le Roy ne dormoit pas. Il fist fort sagement; car incontinent après la bataille, et que les Suisses feurent retournés en leur pays, il trouva moyen d'envoyer ambassadeurs devers eulx : laquelle chose il fist, et leur envoya demander paix, laquelle, après avoir débattu beaucoup de choses, ils accorderent, moyennant quelque argent que l'on leur bailla; et y feurent compris tous les treize cantons. Ces choses faictes, le Roy se prépara pour faire son entrée à Milan, laquelle chose feust merveilleusement belle, comme vous oyrés cy-après.

CHAPITRE LII.

Comment, après que le chasteau de Milan feust rendu et que le More feust en France, le Roy fist son entrée à Milan tout en armes, la plus belle que feust jamais; et des belles joustes et tournois qui y feurent faictes.

[Novembre 1515] Le Roy ayant mis ordre à tous ses affaires, et la ville de Milan préparée pour le recevoir, ledict seigneur Roy se mist en chemin, et se partist de Pavie pour aller faire son entrée dans la ville de Milan, laquelle feust merveilleusement belle et triomphante; et avoit, sans ses gardes et sa maison, douze cent hommes d'armes et six mille lansquenets, tous armés. Et vint en cet équipage jusques à Cassan, qui est sur le chemin, à quatre milles de Milan. Et ainsi les lansquenets tous devant lui et en ordre marchoient, et estoit le Roi armé de toutes piéces, l'espée au poing, comme il est coutume à ung tel affaire, et ses gardes autour de lui; et après lui et ses gardes le suivoient lesdicts seigneurs italiens, et après tout cela douze cent hommes d'armes à la queue, la lance sur la cuisse. Et en tel estat et ordonnance entra le Roy en la ville de Milan, où lui feust faict le meilleur et plus grand recueil que jamais feust faict à prince; car il y entroit comme victorieux, et alla descendre au Dome, qui vaut autant dire dans ce quartier comme ici la maîtresse eglise de toute la ville; et illec rendist grace à Dieu de sa noble victoire : et de-là, avecques tous les haulzbois, trompettes et clairons, et en cette belle compaignie, vint jusques à son logis, lequel n'estoit gueres loin de-là. Ce faict, tout le monde se retira en son logis; et festoya le Roi le sieur Jean Jacques, le sieur Galeas Viscomti, et tout plain d'aultres seigneurs, chacun en faisant son mieux; et n'y eust jamais prince en Italie qui feust mieux festoyé des seigneurs et dames qu'il feust, et vous asseure que bonne chere et masques n'y feurent pas oubliés. Et huict jours après son entrée feurent faictes les joustes, où feust monsieur de Sainct Paul ung des principaulx tenans; et feurent faictes en la place, devant le chasteau de Milan, où estoient les lices et les échaffauts pour les dames : et le Roy lui-mesme y voulust jouster, car il n'y faillit oncques. Et feust en ceste jouste blessé monsieur de Sainct Paul en ung œil, d'ung coup de lance que monsieur de Brion lui donna; tellement que pour aujourd'hui n'en est pas encore bien gueri. Les joustes finies et ayans faict grand chere, ce temps pendant le Roy ne dormoit point, ni les ambassadeurs d'Italie; et entre autres choses se menoit une menée du Pape et du Roy pour se veoir l'ung l'aultre à Boulongne, laquelle chose feust accordée. Et vint devers le Roi le cardinal de Ferrare de par le Pape, lequel estoit fort honneste personne, et ne bougeoit d'avecques le Roi en tous les banquets, festins et mascarades qui se faisoient, et estoit fort bien en sa grace. Et feust accordée ladicte veue du Pape et du Roi à Boulongne. Le Pape estant à Rome, fist les deux parts de chemin, et le Roi fist le tiers; et commença chacun à s'accoustrer pour son partement, et partist le Pape de Rome premier.

CHAPITRE LIII.

Comment le pape de Rome et le roy de France s'entrevisrent à Boulongne la Grasse.

[Décembre 1515] LE Roy feust adverty de la venue du Pape de Boulongne, et qu'il approchoit : alors se partist de Milan avecques tous les princes d'Italie, et monsieur de Lorraine avecques; et estoit ledict seigneur Roy bien accompaigné, car il avoit douze cent hommes d'armes, et six mille lansquenets pour sa garde; et vint aussi jusqu'à Modene et à Regge, là où vindrent plus de trente cardinaux au-devant de lui. Et sans point de faulte le Pape lui fist faire tout l'honneur qui lui estoit possible; car il vouloit bien avoir son amitié, et aussi faisoit le Roy la sienne. Et feust cause de cette amitié monsieur le grand-maistre Boissy, qui pour lors gouvernoit le royaume de France; et en feust faict son frere cardinal, et depuis legat en France [1]. Le Roy vint jusques à Boulongne en ce triomphe, et feust son entrée merveilleusement belle, tousjours en armes :

---

(1) *Et depuis legat en France:* Adrien Gouffier, évêque d'Albi et grand aumônier, fut nommé légat en France en 1519, avec des pouvoirs à peu près pareils à ceux qu'avoit eus le cardinal d'Amboise sous Louis XII. Il mourut en 1523.

et le Pape l'attendit en son siege, et le receut comme fils aisné de l'Eglise, sans souffrir que le Roy lui baisa les pieds comme il estoit accoustumé, mais le vint embrasser. Et avoit ledict Pape bien la mine d'estre ung bien fort honneste homme de bien, et estoit homme fort craintif, et si ne voyoit pas fort clair, et aimoit fort la musique; et estoit ledict Pape nommé Leon dixieme, de la maison de Medicis à Florence; et fist merveilleusement grand chere au Roy, et logerent ensemble en ung logis. Le lendemain matin, le Pape chanta la messe en la plus grande pompe et triomphe que jamais pape la chanta; car monsieur de Lorraine et tous les princes du royaume de France le servoient à la messe, et y estoient les chantres du Pape et du Roy, lesquels il faisoit bon ouir, car c'estoient deux merveilleusement bonnes chapelles ensemble, et chantoient à l'envi. Et quand ce vint à la fin de la messe, le Pape donna à recevoir Dieu au Roy et à tous les princes de France. Et la messe faicte, le Pape et le Roy disnerent ensemble, et mangerent la pluspart du temps toujours ensemble; et s'engendra entre eulx deux une telle amitié et si grande, qu'ils estoient souvent enclos eulx deux en une chambre, devisant de leurs affaires. Et donna le Pape au Roy une vraye croix longue d'ung pied, des plus belles que je vis, et lui donna quant et quant le jubilé; toutesfois qu'on porteroit ladicte croix à la procession le jour de Sainte Croix en septembre, pour ce que le mesme jour il avoit gaigné la bataille. Et après avoir esté là neuf jours, le Roy print congé de lui, avecques bonne asseurance de paix et d'amitié avecques l'ung et l'aultre [1]. Et revint le Roy en sa

---

[1] *Avecques l'ung et l'aultre :* Dans cette entrevue, le Pape et le Roi

ville de Milan faire la plus grande chere que jamais, et cassa la pluspart des gens de pied de son armée.

CHAPITRE LIV.

Comment l'Advantureux retourna en France.

LE Roi, estant à Milan, ouyst dire que quelques Flamans s'assembloient sur les frontieres de Luxembourg, et aussi que le pere dudict Advantureux estoit fort malade; de laquelle chose ledict Advantureux feust adverti par monsieur le grand-maistre Boissi (¹), qui estoit parent et allié dudict Advantureux. Et aussi y avoit entendu le Roi que les lansquenets, ausquels il avoit donné congé passer le royaume de France, faisoient tout plein de mal, et par espécial la noire bande. Et pour tous ces affaires renvoya le Roi ledict Advantureux en France, lequel vint en bonne diligence (où estoit son pere monsieur de Sedan) jusques à Jamets, qui est une belle place, forte et bonne, que ledict sieur avoit faict faire de nouveau. Or, avant que l'Advantureux partist de France pour aller en Italie, s'estoit venu plaindre à lui une sienne parente, de ceulx de Mollin, honneste dame et bonne:

convinrent des principaux points du concordat, qui ne fut publié et reçu en France qu'en 1517.

(¹) *Le grand-maistre Boissi :* Artus Gouffier, seigneur de Boissy. Il avoit succédé en 1504 au maréchal de Gié dans les fonctions de gouverneur du prince François, alors héritier présomptif de la couronne. Ce prince, devenu roi, lui donna la charge de grand-maître. Boissy mourut à Montpellier en 1519.

et les raisons de sa plainte estoient qu'on l'avoit mariée à ung gentilhomme de Lorraine, lequel n'estoit point homme; et avoit esté sept ans avecques lui, qu'elle n'en vouloit rien dire; et, par contraincte de son marry, elle s'en complainct à ses parens. Et vouloit bien sondict mary deffaire le mariage, mais il voulloit avoir les biens d'elle, laquelle chose n'estoit pas raisonnable. Et se vint de rechef plaindre audict Advantureux, lequel avoit promesse de messieurs de Metz de lui faire delivrer ses biens; car elle avoit dispense de Rome pour demarier de lui et se remarier à ung aultre, et lui avoient promis messieurs de Metz de lui faire justice et raison; laquelle chose ledict Advantureux ne trouva faicte à son desir, pour ce que l'adverse partie de sa cousine avoit trop grande faveur en la ville de Metz. Et, pour se complaindre, la dame encore une fois vint audict Advantureux: laquelle complainte par lui ouye, envoya une deffense à mesdicts seigneurs de Metz, en leur mandant qu'ils avoient faulcé leur foi, et qu'ils n'avoient point faict ce qu'ils avoient promis. Et cela faict, s'en alla l'Advantureux vers les lansquenets de la bande noire, qui estoient assez près de-là, et amassa sept à huit cent chevaulx; et y eurent six mille lansquenets qui le voullurent servir pour ung teston le mois, et ne voulloient point prendre d'argent, fors seulement dire qu'ils estoient à maistre qui leur donnoit argent. Et cela ainsi faict, avecques douze grosses pieces d'artillerie marcha droict à Metz. Laquelle chose entendue par messieurs de Metz, envoyerent ambassadeurs sur ambassadeurs, disans, pour l'amour de Dieu, qu'il ne leur fist point de mal, et qu'ils feroient raison de tout le deuxieme jour après. Et fisrent admettre dessus les lettres qu'ils escrivoient ung terme nouveau ; car il mettoit : *A très-noble et très-mieux que sage*. Et ledict Advantureux leur fist response qu'il marcheroit jusques dedans les portes de leur ville, tant qu'il verroit la chose faicte. Laquelle feust faicte sans nul délai, et eust ladicte dame tout son bien, et feust démariée ; et espousa depuis ung gentilhomme de Lorraine, fort homme de bien, lequel se nommoit monsieur de Port-sur-Solle, de bonne grosse maison, et riche ; et en eust depuis de beaux enfans. Et cela faict, ledict Advantureux donna congé aux lansquenets, et se retira avecques la gendarmerie et son artillerie, et lui fisrent ceulx de Metz des présens de chevaulx ; et s'en retourna vers son pere à Jamets.

CHAPITRE LV.

Comment le Roy, après avoir mis ordre en son pays d'Italie, revint en son royaume de France, et laissa monsieur de Bourbon son lieutenant-général à Milan ; et comment l'empereur Maximilian vint en la duché de Milan.

[Fevrier-juillet 1516] LE Roy ayant mis ordre en son pays d'Italie pour estre paisible de toutes parts, revint en son royaume de France, et laissa monsieur de Bourbon son lieutenant-général en Italie, et y laissa aussi encore assez de gens de pied, et toute la gendarmerie ; et le faisoit pour ce qu'il avoit entendu que l'empereur Maximilian faisoit gros amas de gens, et ne sçavoit on qu'il en vouloit faire. Ledict seigneur

Roy, retournant de Milan, trouva madame sa mere à
Grenoble, laquelle estoit venue au devant de lui; et
de là tirerent à Lyon, et ne voullurent partir de là,
tant qu'ils sceussent que l'empereur Maximilian voulloit. Ils n'y demeurerent pas long-temps en cette
attente; car incontinent nouvelles lui vindrent que
l'Empereur marchoit en grande diligence avecques
ung gros nombre de gens, et avoit envoyé ambassadeurs en Suisse pour avoir gens; et estoit son armée
de quarante à cinquante mille hommes. Cela entendu
par le Roy, envoya dire à monsieur de Bourbon ces
nouvelles, et qu'il se pourveust de gens, de vivres et
remparts, et de ce qu'il lui falloit. Et quant et quant
ledict seigneur Roy envoya en Suisse, pour ce que la
paix estoit entre lui et eulx, pour avoir un nombre de
gens; et escrivit à messieurs des ligues, et à ses amis
particuliers et pensionnaires, pour avoir de leurs gens;
laquelle chose il eust, et vint en son service, comme
vous oyrés cy-après; mais il en alla vingt mille avecques l'Empereur. Monsieur de Bourbon ayant entendu
que l'Empereur marchoit, va au devant de lui, et
passe la riviere d'Adde, faisant semblant de vouloir
combattre; et l'Empereur marchoit tousjours avecques
son armée vers où les François estoient. Toutesfois les
François trouverent nécessaire, en leur conseil, de
repasser ladicte riviere d'Adde, pour ce qu'ils n'estoient point gens suffisans pour combattre l'Empereur
à la moitié près. Et se vint ledict sieur Empereur loger
sur ladicte riviere, et estoient si près l'ung de l'aultre,
qu'ils ne faisoient qu'escarmoucher du long du jour;
car l'Empereur ne demandoit que la bataille, et feist
faire trois ponts pour passer son armée tout d'ung coup

pour combattre. Et feurent une fois les François tous délibérés de donner la bataille en passant ladicte riviere; et croy qu'ils l'eussent faict, s'ils eussent eu les gens qu'ils attendoient d'heure en heure venir à leur secours, lesquels n'estoient pas encore venus; mais ils estoient bien prests. Et pour ce adviserent les François d'eulx retirer tous ensemble en la ville de Milan, car ils pensoient bien que l'Empereur n'estoit point fort d'argent pour payer longtemps une telle armée, et aussi que les François espéroient avoir quelque intelligence avecques les Suisses qui estoient avecques luy; laquelle chose ils fisrent. Et eust belle escarmouche à entrer en ladicte ville de Milan; car, en temps que ce conseil tenoit, l'Empereur avoit faict passer beaucoup de sa gendarmerie et de ses gens de pied, et eust ung peu de désordre à entrer en la ville. Incontinent que monsieur de Bourbon feust entré en ladicte ville, il despartit tous les quartiers, et ne fisrent toute la nuict que remparer; et y avoit plus de cinq mille personnes ouvrans, et y avoit dedans quatre cent hommes d'armes et quatre mille hommes de pied venitiens, dont il en bailla à monsieur de Lautrec une partie, et au sieur Jean Jacques l'aultre, et luy en print deux parts. Le lendemain, tandis que l'Empereur faisoit passer le demeurant de son armée, ariverent quatorze mille Suisses que Albert de La Pierre menoit; et quand ils feurent là dedans, fisrent tellement leur cas, qu'ils eurent chacun, l'ung portant l'aultre, plus de trente florins d'or, sans tous les gros présens que fist monsieur de Bourbon à tous les capitaines; et demeurerent là ce jour et l'aultre. Le jour après, l'Empereur oyant que les Suisses estoient entrés à Milan, feust merveilleusement esbahy, et cela sans point de faulte l'estonna fort. Et deux jours après que les Suisses feurent dedans Milan, ils eurent intelligence à ceulx de dehors, et lettres des seigneurs de leurs ligues; tellement qu'il s'en partist hors de la ville six mille pour un coup, après avoir servi le Roy huict jours. Et demeura Albert de La Pierre, gentil capitaine, avecques six mille dedans la ville, en dépit de toutes les ligues et de tout le monde, dont il feust bien après recompensé. Tout cela faict, l'Empereur marcha tout droit à Milan, et toute son armée et artillerie, pensant que ceulx dedans se deussent estonner. Et quand il feust près des portes, donna deux coups de canon, et puis s'en retourna, sans aultre chose faire, en assez mauvais ordre, et les Suisses en leur pays. Et croy que lesdicts Suisses voulloient retourner, et que cela feust en partie cause de sa retraite : et sans point de faulte il ne se feust pas encore retiré, et partist sitost. Quand l'Empereur feust retourné dans les Allemaignes, monsieur de Bourbon deffist toute son armée, pour ce qu'il n'en avoit besoing, et donna congé aux Venitiens et aux Suisses qui estoient avecques lui; et après feust mandé par le Roy pour revenir en France, et feust laissé lieutenant-général en Italie monsieur de Lautrec. Et revint ledict seigneur de Bourbon assez mal content, non-obstant que quant il vint à Lyon le Roy luy fist merveilleusement bonne chere; et y eust en ce temps beaucoup de picques contre les capitaines, spécialement contre monsieur de Chastillon.

CHAPITRE LVI.

Comment le marquis de Mantoue, pour quelques affaires qu'il disoit avoir, s'en retourna, et abandonna le Roy, et luy renvoya son ordre; et comment l'Advantureux fist une maison nommée Messencourt; et le combat qu'il y donna.

[1519] APRÈS que monsieur de Bourbon feust retourné d'Italie en France, le Pape fist alliance au marquis de Mantoue (1) de sa niepce, et le fist capitaine de l'Eglise. Et ce faict, le marquis renvoya son ordre au Roy; de quoy il fist merveilleusement mal, et lui estoit reprochable, car le Roy l'avoit nourri, et ne lui avoit requis chose qu'il ne lui eust accordé. Toutesfois le Roy en feust bien marry, et n'en fist pas grand estime; car il se fioit bien en l'amitié qu'ils avoient le Pape et lui ensemble. Et en ce temps l'Advantureux fist faire une maison nommée Messencourt, que son pere lui avoit donnée, merveilleusement belle et jolie pour la chasse et pour la guerre, et pour toutes autres choses; et la fist bastir en fourche, et estoit ung merveilleusement beau commencement de place; et y fist faire force artillerie, tellement qu'il y en avoit assez pour faire une bonne batterie, et la place bien gardée. Et y donna ledict Advantureux ung camp à ung gen-

---

(1) *Au marquis de Mantoue*: Frédéric II n'épousa point une nièce de Léon x. Nommé par ce pontife capitaine général de l'Eglise, il fit long-temps la guerre à François I. Par un diplôme du 25 mars 1530, Charles-Quint lui conféra le titre de duc.

tilhomme nommé le baron d'Antin, et y feurent les cérémonies gardées, et y courut le camp comme en telle chose appartient de faire : mais son ennemy, autre gentilhomme gascon, ne s'y trouva point; par quoy il traisna ses armes à la queuë d'ung cheval, car la raison le veult à celui qui fault; car il l'avoit adverty du jour qu'il y debvoit estre, et que s'il lui failloit, il lui feroit ce qu'il fist. Toutesfois ledict d'Antin se trouva merveilleusement mal, lui retourné en France, et feurent tous ses biens confisqués; car l'ordonnance de France est telle, que qui va chercher combat hors le royaume sans le congé du Roy, il y va de la vie et de tous ses biens : et n'y a que deux sortes de combat que le Roy veille permettre, qui est le crime de leze-majesté, et pour l'honneur des dames.

CHAPITRE LVII.

Comment le Roy donna charge à l'Advantureux de mener pratiques en Allemaigne pour gaigner les princes et électeurs de l'Empire.

LE roy de France prévoyant l'Empereur vieil et caduc, désirant estre empereur, fist mener plusieurs pratiques en Allemaigne pour attirer les electeurs à lui et à sa cordette; de quoy estoit ung des principaux meneurs de cette pratique monsieur de Sedan, et l'Advantureux son fils; et feurent gaignés trois ou quatre electeurs dont ne veulx dire les noms : de telle sorte que le Roy pensoit avoir bonne part à l'Empire, si l'Empereur feust venu à la mort. Et entre aultres allans et venans aux Allemaignes y avoit un gentilhomme audict Advantureux, lequel s'appelle Pierre Buisson, mareschal des logis de sa bande, et estoit provençal, gentilhomme sage, et parloit aussi bien allemand que françois. Et en allant et venant par le pays, François de Sikengen (1) voullust parler à lui quand il sceut qu'il estoit l'Advantureux, et lui pria qu'il vouloist dire au sieur de Sedan et audict Advantureux qu'il avoit oüi dire tout plain de bien d'eulx; et que s'il estoit plaisir ou service qu'il lui peust faire, qu'il estoit à leur commandement; qu'il desiroit autant l'alliance de la maison de La Marche, que de nulle maison d'Allemaigne; et que pour leur faire service il avoit tousjours deux mille chevaulx et dix mille hommes de pied à leur commandement, et artillerie à l'advenant; et qu'il avoit deux ou trois places, dont la principale se nommoit Scawerbourg, et part à plus de vingt autres, qui seroient ouvertes à toute heure pour le seigneur de Sedan et l'Advantureux. Et afin qu'ils eussent plus grande fiance en lui, il n'avoit que deux fils, lesquels il leur donna : et eust monsieur de Sedan l'aisné, qui se nommoit Quiriker; et l'Advantureux eust le puisnés, nommé Hans; et ont esté tous deux très-gaillards hommes. Et fist le rapport

(1) *François de Sikengen :* il étoit fils de Suivik, seigneur de Sikingen, auquel l'empereur Maximilien fit couper la tête, pour le punir des vexations et des pilleries qu'il avoit exercées contre l'Empire et les villes libres d'Allemagne. François de Sikingen, marchant sur les traces de son père, se rendit puissant dans l'Oustenck; mais ayant déclaré la guerre à Richard de Greiffenclau, archevêque et électeur de Trèves, il fut assiégé dans son château de Landstoul, et mourut, le 7 mai 1523, d'une blessure qu'il avoit reçue pendant le siége. (*Histoire de Lorraine, de dom Calmet.*)

ledict Pierre Buisson, lequel feust très-volontiers oüi ; et depuis cette heure ledict sieur de Sedan et l'Advantureux ne cesserent jamais, tant que le susdict François Sikengen feust au service du Roy ; et adressoient beaucoup de leurs affaires d'Allemaigne à luy ; et a duré cette alliance jusques à sa mort.

CHAPITRE LVIII.

Comment François de Sikingen fist alliance avecques messire Robert de La Marche et l'Advantureux son fils ; et comment il emprint faire la guerre à monsieur de Lorraine.

François de Sikingen estoit gentilhomme allemand, de bien petite race, mais bien gentil compaignon ; et du temps que je vous parle avoit environ quarante ans, point homme de guerre, mais homme de grande honnesteté ; et aimoit fort la guerre, et jamais n'y avoit esté ; et estoit le plus beau langageur que je pense en ma vie avoir veu, et de telle sorte qu'il n'y avoit gentilhomme en Allemaigne, prince ni homme de guerre, qui ne lui voullust faire plaisir, comme lui donnerent bien à congnoistre depuis. Ledict Francisque entendit qu'il y avoit ung comte d'Allemaigne (1), lequel estoit en partie sujet de monsieur de Lorraine, lequel s'appelloit le rhingrave, et quelques comtes encore qui voulloient faire la guerre à mondict sieur de Lorraine. Et à donc manda ledict sieur Francisque

(1) *Ung comte d'Allemaigne* : Suivant dom Calmet, c'étoit le comte de Guérasque, ou Grosbeck. Cette guerre se fit à l'occasion des mines de Lorraine.

à monsieur de Sedan qu'il estoit temps, pour les querelles qu'il avoit à monsieur de Lorraine, qu'il y besongnât, et que les choses se dressoient en Allemaigne pour lui faire une bonne venue ; et du moins, s'il ne s'en voulloist mesler pour l'amour du roy de France, qu'il souffrist que sur sa querelle il pust deffier monsieur de Lorraine, et qu'il lui voulloist montrer qu'il avoit puissance de faire plaisir à ses amis et déplaisir à ses ennemis. Sur quoy lui fist response monsieur de Sedan qu'il n'estoit point deliberé pour l'heure de faire la guerre à monsieur de Lorraine, et que de sa part il s'en rapportoit à lui, et qu'il seroit bien aise s'il en pouvoit faire son proffit. Quand ledict Francisque eust oüi la response du sieur de Sedan, et entendu que les autres comtes allemans marchoient, il fist une petite armée à part de sept ou huict cent chevaulx, de cinq ou six mille piétons. Et les autres comtes en leur armée avoient mille ou douze cent chevaulx; et dix mille hommes de pied, et leur artillerie assez mal esquipée. Et surprindrent monsieur de Lorraine de telle sorte, qu'il n'eust point grand loisir de mettre ordre à son affaire; et envoya au secours vers le roy de France. Et en cet esquipage que vous ay dit allerent les Allemans assiéger une ville, laquelle se nomme Saint Hypolite, qui ne valoit gueres, et la prindrent et pillerent. Mais tout incontinent que le secours de France feust venu, qui estoit de quatre ou cinq mille chevaulx, ils mirent de l'eauë en leur vin. Toutesfois monsieur de Lorraine fist avec lesdits comtes ung appoinctement, et bailla à Francisque quelque argent comptant, et cinq cent florins de pension sa vie durant; et par ainsi chascun se retira. Ce temps pendant que Fran-

cisque faisoit belle chose, le Roy feust adverti, par monsieur de Sedan et l'Advantureux, que Francisque estoit bien personnage pour lui faire du bon service en Allemaigne; par quoi eust volonté ledict seigneur de le tirer à son service, et de le bien traicter : de quoy feust adverti ledict Francisque, et vint à Sedan, où il trouva monsieur de Sedan et l'Advantureux son fils, qui le prit en sa charge, et le mena devers le Roy par Chasteau Thiery et par toutes les bonnes villes de France, lui faisant la meilleure chere qu'il estoit possible lui faire; et vous asseure que ledict Francisque trouvoit le royaume de France merveilleusement beau, et la maniere de vivre à son appetit. Et ainsi le mena ledict Advantureux à Amboise vers le Roy, qui lui fist merveilleusement bon recueil et bonne chere. Et estoit ledict Francisque assez bien accompaigné, car il avoit douze gentilshommes allemans avecques luy. Ledict seigneur Roy le trouva fort honneste homme et bien parlant; et si le Roy lui fist bonne chere, aussi fisrent toutes les dames, tellement qu'il ne pouvoit parler. Et lui donna le Roy trois mille francs de pension; et sans point de faulte il les auroit bien desservi, si ledict seigneur Roy l'eust tousjours tenu à son service; mais il ne feust pas fait ainsi, comme ci-après vous sera déclaré. Ledict Francisque se partist du Roi avecques gros présens, et une chesne de trois mille escus, et tous les autres gentilhommes chesnes de cinq cent ou mille escus : et se partist fort bien content du Roy, si non d'une chose, laquelle il conta à l'Advantureux ainsi qu'il l'alloit conduire, et lui dit : « Le Roy ne m'a point déclaré de son af-
« faire de l'Empire; toutesfois je sçay bien ce qu'en

« est : et pourtant vous prie de dire au Roy que me
« recommande très-humblement à sa bonne grace, et
« que le servirai et lui tiendrai le serment que je lui
« ay faict, qui est de le servir contre tous et envers
« tous, osté la maison de La Marche; et que la raison
« pourquoi je lui demandois des gens d'armes n'estoit
« point pour moi, mais pour gaigner des gentils-
« hommes d'Allemaigne ; et que moi et les gentils-
« hommes qui entreroient à son service le serviront
« loyaument, et lui feront du bon service. Mais dites-
« lui que les grands princes le tromperont, et n'y aura
« point de faulte; et lui donneray à cognoistre de-
« dans peu de temps que je suis pour lui faire service,
« car j'entreprendrai quelque bonne chose avecques
« vostre ayde. » Et incontinent dict adieu. Et l'Advantureux lui bailla ung gentilhomme, qui avoit nom
Guillaucourt, pour le conduire à Sedan. Et de-là se
retira Francisque en Allemaigne, où il fist assembler
une armée pour venir contre ceulx de Mets, pour la
querelle d'ung gentilhomme que ledict Francisque
soutenoit. Il les avoit requis plusieurs fois de venir à
appoinctement, et en estoient arbitres monsieur de Sedan et l'Advantureux ; mais jamais n'avoient trouvé
façon de venir audict appoinctement : pour laquelle
raison ledict Francisque les envoya deffier, et vint accompagné de quatre mille hommes de cheval et seize
ou dix-sept mille hommes de pied, et dix ou douze
pieces d'artillerie. Et envoya prier ledict Francisque
l'Advantureux de s'y vouloir trouver, et de le venir
veoir; et pour ce qu'il estoit fort malade à Messencourt, luy envoya cinq cent chevaulx que menoit le
sieur de Jamets, frere dudict Advantureux, auquel il

en avoit baillé la charge; et arriva devers ledict Francisque. Et feurent faictes tout plein de belles escarmouches devant ladicte ville de Mets; et se faisoient tout plein de pratiques et menées entre ledict Francisque et messieurs de Mets pour venir à paix. Et afin que vous entendiez, le plus grand revenu que ceux de Mets ayent est en vignes; et ledict Francisque, pour leur donner plus grande peur et crainte, avoit fait amener trois chariots pleins de serpes pour couper lesdictes vignes; lequel, incontinent qu'il vist que ceux de Mets dissimuloient, commença à les faire couper. Et incontinent que ceux de Mets visrent ce, vindrent appointer avecques lui, et lui donnerent vingt mille florins de Mets, à trente sols le florin, et encore quelques présens qu'ils donnerent aux capitaines; et se leverent, et ne feust pas sans faire grand dommaige; et revint le sieur de Jamets avecques les gens d'armes dudict Advantureux. Et cela faict, ledict Francisque avoit quelque querelle contre le landgrave de Hesse (1), gros prince d'Allemaigne; mais il estoit jeune homme et fort beau fils: ledict Francisque mena son armée, au partir de Mets, tout droict dedans ses pays, et commença à brusler. Quand ceulx du pays visrent ce, et la mere dudict landgrave, ils lui donnerent trente mille florins d'or pour avoir appointement avecques lui. Et cela faict, ledict Francisque rompit son armée, et s'en retourna chascun chez soi, et contenta Francisque merveilleusement les Allemans; tellement que quand il en avoit affaire, je n'ai point veu d'hommes qui en finist plustost que luy.

(1) *Le landgrave de Hesse :* Philippe de Hesse. Dans la suite, il embrassa la religion de Luther, et eut beaucoup de part aux troubles de l'Allemagne.

CHAPITRE LIX.

Comment en ce temps le cardinal de La Marche et le sieur de Sedan son frere, pour quelque tort que le Roy leur fist, le laisserent, et allerent au service de l'Empereur.

Comme ces choses se faisoient, le Roy, qui avoit eu autrefois quelque soupçon sur monsieur de Sedan pour l'amour de la royne Anne de Bretaigne, pensant qu'il ne feust pas bien son serviteur, et qu'il feust du tout pour ladicte royne Anne, laquelle estoit grande ennemie dudict Roy (ce qui n'estoit pas vray, car jamais ledict sieur de Sedan ne voullust faire chose préjudiciable audict Roy du temps qu'il estoit monsieur d'Angoulesme ny depuis, néanmoins luy estant son serviteur); et, pour le faire court et plus abbregé, il lui cassa sa compaignie, disant qu'elle estoit mal vivante : et sans point de faulte il estoit ainsi, et luy en debvoit le Roy rebailler une aultre ; ce qu'il ne fist point. Et feust aussi ledict sieur de Sedan mal payé de ses pensions et estats : et monsieur de Liege, qui n'estoit à cette heure là point cardinal, lequel estoit son frere, vint à la traverse, mal content aussi, parce qu'il n'avoit point l'audience, ni l'entrée, ni la bonne chere qu'il avoit du feu roy Louis. Et avec tous ces mécontentemens, et l'intelligence qu'ils avoient avecques madame de Savoye (1), abandonnerent tous deux le service

(1) *Madame de Savoye* : Marguerite d'Autriche, dont il a été parlé dans une note précédente. (*Voyez* page 260.)

du Roy; et luy renvoya le sieur de Sedan son ordre, lequel receut monsieur de Paris (1), chancelier dudict ordre. Et ainsi se retirerent au service de l'Empereur, lequel les traicta très-honnestement; et avoient autant d'estat que du Roy, dequoy les bonnes villes de Brabant et de Flandres estoient respondantes : mais le seigneur de Sedan n'avoit point de gens-d'armes, car il avoit en France cent hommes d'armes, et là il n'en avoit que cinquante, et en la fin que vingt-cinq; car il bailla les aultres vingt-cinq à Francisque, comme vous oyrés cy-après. Or monsieur de Liege avoit en France ung bon evesché, qui s'appelle Chartre, qui est ung des meilleurs de France; et pour ce pensoient le Roy et son conseil qu'il ne le debvoit point abandonner, pour l'amour de cet evesché : dequoi ils se trouverent abusés, car l'Empereur luy fist merveilleusement grand bien, et le fist cardinal, et luy donna plus de soixante mille florins en bénéfice. Et la chose qui feust cause du partement dudict sieur de Liege feust que le Roy luy avoit promis de le faire cardinal, et le Pape en avoit accordé ung au Roy à sa volonté; et avoit esleu monsieur de Liege pour l'estre, et avoit baillé à l'Advantureux, qui estoit son nepveu, la dépesche, de sa propre main et de madame sa mere, tant au Pape qu'à luy : et alla veoir ledict Advantureux son oncle, et lui porta sa despesche à luy, et ce temps pendant le Roy et Madame fisrent faire aultre despesche en faveur de monsieur de Bourges (2), frere du gé-

---

(1) *Monsieur de Paris* : Étienne Poucher, qui avoit été ministre de Louis XII. Il devint archevêque de Sens, et mourut en 1524, âgé de soixante-dix-huit ans. — (2) *Monsieur de Bourges* : il étoit frère de Thomas Bahier, lieutenant général de Normandie, et trésorier de l'é-

néral de Normandie, de la maison de Boyer. Or avoit monsieur de Liege son chancelier dudict Liege, qui avoit nom Aleandre (1), très-sçavant homme et honneste, poursuivant l'affaire de son maistre, lequel fist tant qu'il eust le double des lettres que le Roy escrivoit au Pape pour l'aultre, et les envoya à son maistre, dequoy il feust très mal content; et, à dire vray, ce feust très mal faict au Roy, non obstant que, quand il luy feust remonstré, ledict seigneur Roy jura sa foy qu'il n'en sçavoit rien; et voilà la principale cause qui fist départir monsieur de Liege.

Or retournons à Francisque, qui avoit achepté une querelle de quelque marchand à qui ceulx de Milan qui estoient au Roy avoient faict quelque tort, et ledict Francisque avoit pris bien pour vingt-cinq mille francs aux marchands de Milan qui passoient leurs marchandises par les Allemaignes. La complainte desdicts Milanois vint au Roy, comment par ses serviteurs et pensionnaires ils avoient receu dommaige : dequoy ledict seigneur Roy en advertit ledict Francisque, lequel luy fist response d'un vray Allemand, car il pensoit qu'il n'y eust justice non plus qu'en Allemaigne; mais il s'abusoit. Et feust la response dudict Francisque telle au Roy : que ce qu'il en avoit faict et l'avoit faict pour ung mieux, et affin que lesdits Milanois entendissent

---

pargne. On croit que le trésorier obtint pour son frère cette démarche de la mére du Roi, en mettant à sa disposition des sommes considérables.

(1) *Aleandre* : Jérôme Aléandre, savant célèbre, italien de nation, appelé en France par Louis XII pour professer les belles lettres dans l'université de Paris, et devenu ensuite chancelier d'Erard de La Marck, évêque et prince de Liége. Il fut cardinal sous Paul III.

raison; dequoi le Roi se contenta fort mal, et fist arrester ses pensions et estats; dequoi ledict Francisque, qui pensoit avoir bien faict, ne feust pas bien content de son costé. Et le sieur de Sedan, sçachant cela, n'en feust point marry; car il avoit envie, pour ce que Francisque estoit son ami, le retirer avecques lui; et fist tant par ses menées qu'il recouvra ledict Francisque au service de l'Empereur, et eust autant d'estat de l'Empereur qu'il avoit du roy de France : et feust content ledict sieur de Sedan qu'il n'eust que vingt-cinq hommes, et que Francisque eust les aultres vingt-cinq. Laquelle chose feust faicte, et se contenta ledict Francisque, lequel porta depuis au Roi grand dommaige, et spécialement pour le faict de l'Empire, comme cy-après sera déclaré.

CHAPITRE LX.

Comment le duc d'Urbin, nepveu du Pape, vint en France reconforter la paix entre le Pape et le Roy; et comment il espousa une des filles de Boulongne, et après tint le Daulphin.

[1517] LE Roy estant à Amboise avecques la Royne et madame sa mere, la Royne accoucha d'un beau fils; dequoi feust merveilleusement joyeux, car il n'en avoit point encore. Et incontinent despescha monsieur de Saincte Mesme, gentilhomme de sa chambre, pour aller devers le Pape le prier d'estre son compere, et aussi pour lui donner à congnoistre et confirmer la paix et l'amitié qu'ils avoient ensemble. Et ledict

Saincte Mesme arrivé à Rome, jamais on ne fist plus grande chere à homme qu'on lui fist; et feust très aise le Pape des nouvelles que le Roy luy envoya, et du bon tour qu'il luy faisoit de le convoyer pour son compere; et envoya, en son lieu, tenir ledict Daulphin le duc d'Urbin son nepveu, accompaigné des ambassadeurs de Florence. Et avoit ledict duc d'Urbin bien fort la grosse verolle, et de fresche mémoire; et falloit qu'il vint en posté, ce qu'il faisoit à grande peine. Et vint à Amboise, où tous les princes de France allerent au devant; et lui fist le Roy merveilleusement bon recueil et bonne chere. Et avoit le Roy envoyé querir monsieur de Lorraine pour son aultre compere, et madame de Bourbon pour sa commere. Le baptesme feust faict au plus grand triomphe qui feust possible, et comme en tel cas appartient; car, sans les princes de France, il y avoit beaucoup de princes estrangers et ambassadeurs. Et estoit toute la cour d'Amboise tendue, tout le dessus, qu'il n'y pouvoit pleuvoir; et estoient les deux costés et le dessus tout tendus; et feust là-dessous faict le banquet, qui feust merveilleusement triomphant; et feust dancé et ballé le possible. Et trois jours après feurent faictes les nopces dudict duc d'Urbin à la plus jeune fille de Boulongne, qui estoit très-belle dame et jeune; car monsieur d'Albanie avoit espousé l'aisnée. Et quand ladicte dame espousa ledict duc d'Urbin, elle ne l'espousa pas seul, car elle espousa la grosse verolle quant et quant; et à ce propre jour le Roy le fist chevalier de son ordre. Et entre aultres dames il y avoit soixante et douze damoiselles déguisées, toutes par douzaine, accoustrées de toutes sortes, l'une à l'italienne, l'autre à l'allemande, et toutes en suivant d'autres sortes, pour mieux dancer; et avoient les tambourins et les musiciens de mesme. Et estoient au banquet la mariée et tous les princes assis à la table du Roy, tant de France que les estrangers, et tous les ambassadeurs, chacun selon leur ordre; et la Royne et madame sa mere estoient de l'autre bout assis : et faisoit merveilleusement beau veoir tout cela, car on portoit tous les mets avec les trompettes. Et quand le souper feust faict, feurent les dances et carolles jusques à une heure après minuit; et y faisoit aussi clair qu'en plain jour, les flambeaux et torches qui y estoient; et dura le festin jusqu'à deux heures après minuit : et alors on mena coucher la mariée, qui estoit trop plus belle que le marié. Et le lendemain se fisrent les joustes les plus belles qui feurent oncques faictes en France ni en la chrestienté : et feust huict jours de long le combat dedans les lices et hors des lices, et à pied, à la barriere, là où à tous ces combats estoit le duc d'Urbin, nouveau marié, qui faisoit le mieux qu'il pouvoit devant sa mie.

Et y feust faict entre aultres choses une façon de tournois, après ceulx-là, que je ne vis en ma vie qu'en ce lieu; car le Roi fist faire une ville contrefaicte de bois, environnée de fossés, tout en plain champ, assez grande; et y avoit faict mener quatre grosses piéces d'artillerie, canons et doubles canons; et tiroient à volée par dessus ladicte ville, comme si on y eust voulu faire batterie. Et estoit monsieur d'Alençon avecques cent hommes d'armes à cheval, sa lance sur la cuisse, dedans ladicte ville; et l'Adventureux avecques quatre cent hommes d'armes à pied bien armés, dont estoient les cent Suisses de la garde. Or alloit ledict Advantureux au secours, feignant de secourir la ville où estoit monsieur d'Alençon; et la tenoit assiégée monsieur de Bourbon avecques cent hommes d'armes à cheval, et monsieur de Vendosme avecques cent hommes d'armes à pied, comme si l'Advantureux l'alloit secourir. Et comme cela se faisoit, le Roi, armé de toutes pieces, se vint jetter avecques l'Advantureux dans la ville. A la poincte de l'artillerie qu'ils avoient dedans la ville, estoient de gros canons faicts de bois et cerclés de fer, qui tiroient avecques de la poudre, et les boullets, qui estoient grosses balles pleines de vent, et aussi grosses que le cul d'ung tonneau, qui frappoient au travers de ceulx qui tenoient le siége, et les ruoient par terre sans leur faire aucun mal; et estoit chose fort plaisante à veoir des bonds qu'elles faisoient. Or, tous ces passe-temps là faicts, monsieur d'Alençon, avecques tous les gensd'armes à cheval, saillit hors de la ville; et le Roy et l'Advantureux, avecques tous ses gens de pied avecques lui, et trois grosses pieces d'artillerie, commencerent à tirer comme en champ de bataille. D'aultre costé, contre monsieur d'Alençon vint monsieur de Bourbon, avecques cent hommes d'armes fort bien en ordre; et monsieur de Vendosme, avecques les gens de pied, contre le Roi et l'Advantureux; et donnerent dedans tant de gens de cheval que de pied, tout à un coup. Et feust le plus beau combat qu'on ait oncques veu, et le plus approchant du naturel de la guerre. Mais le passe-temps ne plut pas à tous; car il y en eust beaucoup de tués et affolés. Cela faict, on se départist, qui feust chose mal-aisée à faire; et eust esté bien pire, si chevaulx et gens n'eussent esté hors d'haleine;

car, tant que haleine leur dura, ils combattirent. Après les tournois faicts, qui durerent un mois ou six sepmaines, le Roi despescha le duc d'Urbin pour retourner en Italie, et sa femme avecques lui; et les conduisit le duc d'Albanie, que le Roi envoya ambassadeur devers le Pape; lequel y servit merveilleusement bien pour les affaires du Roy, et y print amitié si grande que depuis elle a duré entre le Roi et la maison de Medicis. Et après ce monsieur de Lorraine se retira en Lorraine, et la pluspart des princes de France en leurs maisons.

CHAPITRE LXI.

Comment l'empereur Maximilian mourut; et comme le roy de France despescha son admiral, le sieur d'Orval et l'Advantureux, pour aller en Allemaigne pour l'élection de l'Empire.

[1519] En ce temps que toutes ces choses se faisoient, l'empereur Maximilian ayant volonté de faire encore quelque chose en Italie, et ayant le Roi ambassadeurs vers lui pour traicter paix et amitié, la maladie le print en la ville d'Ilsbang, dont il mourut. Ce feust dommaige de sa mort, car il estoit bon prince, et reveilloit toute la chrestienté; car quand il ne pouvoit faire quelque chose, si monstroit le chemin aux aultres, et doivent toutes gens de guerre estre marris de sa mort. Et feust trouvé à la mort dudict Empereur une chose fort estrange : car il avoit toute sa vie faict mener un coffre après lui, et pensoit-on qu'il feust plein d'argent, ou de lettres, ou de quelque autre chose de grande importance; et n'estoit que sa sépulture où il vouloit estre ensépulturé; et par tout où il alloit, feust ce en guerre ou autre part, le faisoit mener; et en la fin y feust mis, et y est encore. Le Roi, estant à Paris, en sceust les nouvelles; et les premieres qu'il en eust feust par le pays des Suisses, lesquelles il ne voullust point croire du commencement, car on avoit eu nouvelles qu'il se portoit bien. Et alors feurent despeschés monsieur l'admiral (1), monsieur d'Orval et l'Advantureux, pour aller en Allemaigne faire les pratiques de l'Empire pour le Roi estre empereur; et feust conclud qu'ils iroient vers monsieur de Lorraine à Nancy, là où ils seroient, et ne bougeroient d'ung temps de là, pour regarder de là en avant ce qu'ils auroient à faire, en usant aussi du conseil de monsieur de Lorraine, lequel n'estoit pas à Nancy, car il estoit allé à Luneville, qui est encore plus près des Allemaignes; et y a ville et chasteau, et beau lieu pour la chasse et pour la vollerie. Et là trouva monsieur de Lorraine l'admiral, qui estoit allé devant, à qui monsieur de Lorraine fist merveilleusement bonne chere; et monsieur d'Orval et l'Advantureux demeurerent derriere, pour apprester ung peu de leurs affaires, et aussi pour ce que monsieur l'admiral et le président Guillard estoient allés devant pour tousjours commencer l'affaire.

(1) *Monsieur l'admiral:* Guillaume Gouffier, seigneur de Bonnivet, amiral de France. Il avoit réussi, l'année précédente, dans une mission en Angleterre.

CHAPITRE LXII.

Comment les ambassadeurs françois allerent en Allemaigne, et passerent par Treves, et allerent à Coblentz vers monsieur de Treves, électeur de l'Empire; de-là alla monsieur l'admiral en un chasteau près de Francfort, pour une partie desdictes affaires, et monsieur d'Orval et l'Advantureux à Coblentz, et allerent en ambassade vers monsieur de Colongne.

[1519] ET après que les ambassadeurs de France, qui estoient députés pour aller en Allemaigne, eurent demeuré trois ou quatre mois à Nancy avecques monsieur de Lorraine, et que le temps de l'élection de l'Empereur s'approchoit, et estoit environ le mois de mai, se partirent de Nancy, et prindrent congé de monsieur de Lorraine, et s'en allerent passer le bailliage d'Allemaigne, et par le pays de Leisse, et delà à Treves; et avoient toujours lesdicts ambassadeurs avecques eulx quatre cent mille escus, que archers portoient en brigandines et en bougettes; et avoient lesdicts ambassadeurs avecques eulx quatre cent chevaulx allemans aux gages du Roy, qui les conduisoient. Et l'Advantureux avoit avecques lui quarante chevaulx, la pluspart aussi allemans, tous habillés de vert, à une manche de ses couleurs; et fisrent ces gens là beaucoup de service. De Treves s'en allerent lesdicts ambassadeurs à Coblentz, où trouverent monsieur de Treves, qui leur fist merveilleusement bon recueil. Et pouvoient bien estre en tout huict cent chevaulx, et feurent logés de là le Rhin en une abbaye de moynes blancs, tout vis-à-vis de Coblentz; et fault passer par dedans la ville pour y aller, et y est ladicte abbaye auprès d'une place où se tient monsieur de Treves, qui a nom Hermenstin, sur une montaigne; et y a auprès une aultre petite place toute ruinée que Charlemaigne fist faire, laquelle s'appelle Helvestin. Eulx estant là, monsieur l'admiral partist, et quatre chevaulx avecques, et s'en alla auprès de Francfort, en ung chasteau là où il menoit pratique avecques le duc de Saxen et le marquis de Brangdebourg; et feust là long-temps caché en ce chasteau, qu'on n'en sçavoit nouvelles; car s'il eust esté découvert, il eust esté en danger de sa personne, et ne s'en feussent pas si bien portées les affaires du Roy, nonobstant qu'elles se porterent si mal qu'il n'est pas possible plus; et falloit que quand mondit seigneur l'admiral vouloit aller à Francfort, qu'il y allast en valet, portant la male d'un gentilhomme allemand. Cependant que monsieur l'amiral estoit en son voyage, monsieur d'Orval et l'Advantureux allerent veoir monsieur de Treves, lequel les receut comme ambassadeurs en une grosse salle, en la vue de tout le monde; et lui feust faicte la harangue en latin par ung maistre des requestes du Roi, qui s'appelloit monsieur de La Vernade. Tous les jours lesdicts ambassadeurs françois alloient veoir monsieur de Tresves; et leur fist faire bonne chere durant le temps qu'ils y feurent, et spécialement l'Advantureux : et lui fist-on cette bonne chere par toutes les Allemaignes, car ils disoient qu'il estoit allemand, non pas françois. Peu de temps après, ledict seigneur d'Orval et l'Advantureux se partirent dudict seigneur de Treves, et se misrent sur le Rhin, dedans les plus beaux basteaux qu'on ne sçauroit veoir, qui estoient à monsieur de Treves ; et avoient lesdicts basteaux dedans salles, chambres, galleries, et tous offices. Et ainsi se misrent lesdicts ambassadeurs dessus l'eau du Rhin, et tous leurs gens, et allerent à Andernack, ville sur le Rhin assez jolie ; et delà allerent à Bonne, qui est une grosse ville à monsieur de Colongne. Et là estoit ledict sieur de Colongne au chasteau de la ville, bien accompaigné de comtes d'Allemaigne et gentilshommes, tant ses gens que autres ; et fist merveilleusement bon recueil aux ambassadeurs de France, et les receut en la mesme façon que monsieur de Treves les avoit receus ; et lui feust faicte la harangue à lui et à tous les électeurs telle : que le roy de France envoyoit lesdicts ambassadeurs devers eulx pour ce qu'il avoit entendu que l'empereur Maximilian estoit mort, et qu'il falloit qu'en bref ils en éleussent ung autre ; et leur prioit qu'ils regardassent, pour le bien de la chrestienté, d'en élire un qui leur feust suffisant : et de lui s'ils voyoient qu'il feust homme pour l'estre, pour le bon desir qu'il avoit que les affaires de l'Empire allassent bien, il l'accepteroit de bon cœur, nonobstant qu'il n'y eust homme en son royaume qui feust de cette opinion pour plusieurs causes. Ladicte harangue faicte, monsieur de Colongne rendist aux ambassadeurs merveilleusement bonne response ; et feust remis le tout à l'après-disnée pour deviser des affaires. Et après cela mondict seigneur de Colongne mena les ambassadeurs dedans une grande salle disner, où il y avoit plus de soixante ou quatre-vingt tables carrées ; et celle de monsieur de Mesme y estoit, et n'y avoit à sa table assis que luy et monsieur d'Orval, l'Advantureux et monsieur de Lavernade, qui avoit fait la harangue, et monsieur Du Plessis, gentilhomme de Lorraine, et qui servoit de truchement. Et dura le disné quatre grosses heures, et tellement que le bon sieur d'Orval s'endormist à table. La table levée, retourna monsieur de Colongne et les ambassadeurs au conseil, et feust la response telle : qu'il remettroit le tout à Francfort, où ils seroient tous ensemble, et que s'il pouvoit faire quelque service au Roy, il le feroit de bon cœur. Cela faict, les ambassadeurs prindrent congé de lui; et pour ce qu'on se mourroit fort de la peste audict Bonne et par toutes les Allemaignes en ce temps-là, ne voullurent lesdicts ambassadeurs faire plus long séjour audict Bonne, ni monsieur de Colongne aussi, et conclurent de partir le lendemain pour retourner à Coblentz. Mais à l'Advantureux, qui estoit parent de monsieur de Colongne et de tous ces comtes, ils lui fisrent un banquet le soir en ville de Bonne, qui fut merveilleusement beau; et ne feust jamais tant beu que là, car il y avoit bien vingt-cinq ou trente comtes, tous parents dudict Advantureux et alliés, et tout plain d'aultres gentilshommes françois avecques luy; et n'y eust François ni Allemand qui ne s'en retourna bien pensé. Le soupé faict, tout le monde print congé; et retournerent lesdicts ambassadeurs à Coblentz, et monsieur de Colongne à Colongne pour accoustrer son cas, pour se trouver à Francfort pour le faict de l'Empire.

CHAPITRE LXIII.

Comment monsieur de Colongne et le cardinal de La Marche allerent à l'election de l'Empereur, et passerent à Coblentz, où estoient les ambassadeurs françois; et comment le duc de Wirtemberg feust chassé de son pays par les grosses Bonnes.

Après le retour des ambassadeurs françois à Coblentz, les electeurs s'apprestoient tous pour eulx trouver à Francfort; et comme ces apprests se faisoient, avoit une grosse guerre entre les Bonnes de Souabe (qui est à dire les riches villes) et le duc de Wirtemberg, qui avoit secours des Suisses : et ne le servirent point jusques à la fin, car il leur feust fort de retourner quand ils visrent que ledict duc ne voulloit point combattre, et aussi qu'ils en avoient ce mandement de leurs supérieurs, et retournerent en leurs pays; et est une chose que les Suisses aiment, quant ils font la guerre, de faire vistement le combat. Lesdicts Suisses de retour, ledict duc de Wirtemberg perdit tout son pays, et le gaignerent lesdictes villes, dont estoient chefs le marquis de Brangdebourg et Francisque Sikingen. Or, pour vous dire la faulte qui y feust faicte, vous debvez cependant sçavoir que l'Advantureux, qui congnoissoit les Allemans mieux que nul autre qui feust avecques lui, conseilloit au Roy de retenir l'armée qui estoit au service de ladicte Bonne, lesquels se présentoient de jour en jour audict Advantureux; et venoient journellement les capitaines vers lui à Coblents offrir leurs gens. Et voyoit ledict Advantureux qu'on ne feroit rien, de quoy lui desplaisoit plus pour l'honneur de son maistre que pour le proffit qu'il en eust peu avoir, et pour ce qu'il avoit mené le commencement de ces menées. Monsieur de Sedan, qui estoit au service de l'Empereur, et qui entendict une partie desdictes menées (car il estoit encore au service du Roy du temps que le commencement desdictes menées se faisoit), conseilla à l'Empereur tout ce que l'Advantureux son fils conseilloit au Roy. Mais Dieu voullust que le pere feust creu de son costé, et que le fils ne le feust pas du sien; car l'Empereur eust ladicte bande à son service, qui feust cause de faire faire l'élection en faveur dudict Empereur, avecques quelques autres bons serviteurs qu'il avoit du feu empereur Maximilian. Comme ces choses se faisoient, la journée de l'élection s'approchoit, et commençoient à entendre l'admiral de France et monsieur d'Orval qu'ils perdoient leurs temps, et que s'ils eussent cru ledict Advantureux ils feussent bien venus à leur attente; et lui prierent qu'il regardast comment on pouvoit faire pour avoir cette force, comme il avoit toujours conseillé : surquoy il respondit que si on l'eust voullu croire, les affaires du maistre se feussent bien portées; mais que le temps estoit court, et qu'il n'y avoit plus d'ordre; car, quinze jours devant, il avoit voullu aller en personne où estoient lesdictes Bonnes, et amener la plus grande partie de leur armée, comme il en avoit promesse d'eulx. Monsieur de Treves, qui avoit son esquipage tout prest, se partist dudict Coblentz, et se mist sur le Rhin pour aller à Francfort; car le Rhin les mena jusques audict Francfort, par ce que quand ils sont à l'endroit de Mayence, il y a une riviere, nommée le Mein, qui vient dudict Francfort tomber dedans le Rhin. Après ce vint passer audict Coblentz, où estoient les ambassadeurs françois, monsieur de Colongne et le cardinal de La Marche, qui pour lors estoit monsieur de Liege; et avoient chascun leur train et basteau à part, tant pour cuisine que pour gentilshommes, et estoient lesdicts basteaux couverts de noir, et eulx habillés de noir; aussi estoient tous les electeurs pour la mort du feu Empereur, comme il est de coustume; et vous asseure que ledict cardinal de La Marche servit ce voyage merveilleusement bien son maistre en cette affaire. Et en passant par ledict Coblentz, le comte de Manderscheit, cousin dudict Advantureux, pour ce qu'il estoit son parent, lui fist dire qu'ils n'entreroient point dedans la ville, et qu'ils passeroient oultre, et que monsieur de Colongne et lui se recommandoient fort à lui, l'advertissant qu'ils s'en alloient à Francfort pour faire ung empereur, et en vérité que ce seroit ung François ou ung Allemand: à quoy lui feust respondu qu'ils estoient pour attendre la fortune et veoir qui le seroit. Et si ledict comte de Manderscheit estoit bien yvre quand il vint, encore l'estoit-il plus au partir; car l'Advantureux l'avoit festoyé. Et ainsi passerent oultre lesdicts seigneurs sans arrester, et allerent coucher à trois lieuës de-là.

CHAPITRE LXIV.

Comment monsieur de Boissy, grand-maistre de France, et monsieur de Chievres, ambassadeur pour le roy Catholique, se trouverent ensemble à Montpellier; de ce qu'ils y fisrent; et comment mondict sieur le grand-maistre mourut.

En faisant toutes ces menées d'Empire, monsieur le grand-maistre de Boissy ne dormoit point, aussi ne faisoit monsieur de Chievres; et batissoient les choses, tant pour l'Empire que autres matieres, pour mettre en paix et union ces deux princes. Toutesfois Dieu, qui veult que les choses aillent à sa volonté, non pas à celle des hommes, voullust qu'au milieu de leurs affaires, et au plus grand besoing, qu'une maladie print monsieur le grand-maistre Boissy à Montpellier, où estoit assemblé tout le conseil des deux princes, et y avoit beaucoup de choses débattues; car ils feurent plus de deux mois à débattre les matieres tant d'ung costé que d'autre. Et estoient venus accompaigner monsieur de Chievres beaucoup de gros personnages, comme monsieur de Poitiers, et force gens de robes longues et aultres. Et du costé de monsieur de Boissy y estoient allé merveilleusement de gens; et avoit mené mondict sieur le grand-maistre deux cent archers de la garde du Roy pour lui tenir compaignie. La maladie de mondict sieur le grand-maistre estoit la pierre et la gravelle, de quoy il avoit failly deux ou trois fois à mourir; et, en la fleur des medecins qui est à Montpellier, il mourut, et n'y sceut-on jamais mettre remede : dont feust grand dommaige de sa mort, car elle a cousté la mort de deux cent mille hommes depuis; et s'il eust vescu, je suis bien asseuré que ce n'eust point esté. Et lui mort, monsieur de Chievres lui fist un merveillement gros deuil, et s'en retourna sans rien conclure; et feust toute la chose rompue, car lesdicts seigneurs avoient toutes les affaires de leurs maistres entre leurs mains, et fort à cœur, et s'entre-aimoient comme deux freres. Monsieur de Chievres partist, et tout son train, pour retourner en Espaigne. Le corps de monsieur le grand-maistre feust ramené en France, lequel, je vous asseure, feust fort plaint tant du Roy que de toute la noblesse; qui est une grande chose à ung gouverneur de pays, car on n'en veoit gueres aimé de tout le monde.

CHAPITRE LXV.

Comment les ambassadeurs d'Angleterre vindrent à Paris ; et du bon recueil que le Roy leur fist.

[Octobre et novembre 1518] En ce temps le roy d'Angleterre, voulant bien avoir l'amitié de France, envoya de par lui pour reconfirmer la paix, et pour faire le mariage de sa fille à monsieur le Dauphin; et feust asseuré ledict mariage, et paix et accord des deux costés. Et feurent les ambassadeurs qui vindrent en France de par le roy d'Angleterre le mylort Cambreland, le milort Marquis, maistre Boullent, et le gouverneur de Ghines, et avec eulx tout plain de gentilshommes de la chambre du roy d'Angleterre; et y estoient entre autres le mylort Ferry, le mylort de Vindrefelt, et plusieurs autres gentilshommes qui estoient venus en partie pour leur plaisir, et pour veoir le royaume. Et avoient les ambassadeurs près de huict cent chevaulx avecques eulx; et envoya le Roy audevant jusqu'à Ardres monsieur de La Trimouille et autres gentilshommes pour les accompaigner; et les fist deffrayer le Roy par tout son royaume, tant à l'aller qu'au venir. Et vindrent lesdits ambassadeurs à Paris vers le Roy, qui leur fist merveilleusement bon recueil. Et quand ils feurent arrivés, le Roy, qui estoit en son palais, feust deux jours sans les ouir, jusques à temps qu'ils feussent un peu rafraichis et qu'ils eussent mis ordre à leurs affaires. Après ce, le Roy les envoya querir par les princes et gentilshommes, tant que chascun Anglois en avoit ung pour parler à lui, et les princes pour parler aux principaux ambassadeurs. Et en cet ordre vindrent au palais vers le Roy, qui les attendist en une grande salle, ainsi qu'on a de coustume recevoir ambassadeurs; et estoient toutes ses gardes en ordre auprès de lui, qui feust chose fort belle à veoir. Et en cet ordre vindrent faire la révérence au Roy, et commencerent leur harangue, qui feust merveilleusement belle, et qui pleust fort au Roy : aussi feust aux ambassadeurs l'honneste response que le Roy leur rendist sans chancelier; et est sa coustume de faire à quelque ambassadeur qu'il vienne, et le fist si très-bien que jamais ne s'en departist. Ces ambassadeurs ayant faict leurs affaires, s'en retournerent en leur logis, où le Roy les fist envoyer; et se peuvent bien vanter lesdicts ambassadeurs qu'en quelque lieu qu'ils feurent oncques ne feurent si bien festoyés; car, en six semaines qu'ils y feurent, n'eurent jamais le loisir de disner ou souper une fois en leur logis, et ne vist en ma vie tant de banquets et festins l'un sur l'autre. Le Roy fist tendre toute la cour de la Bastille de Paris, dessus, dessous, de tous costés; et feust là faict le plus beau festin que je vis jamais, et dura jusques au point du jour; et y avoit plus de deux mille flambeaux. Ce festin faict, trois ou quatre jours après les ambassadeurs prindrent congé du Roy, lequel les fist conduire et deffrayer jusques hors son royaume. Et s'en allerent lesdicts ambassadeurs si contents dudict sieur Roy qu'il n'estoit possible de plus; car il leur avoit donné à chascun des principaux un buffet de vaisselle dorée, et présens de chevaulx et d'argent. Et feust conclud avec lesdicts ambassadeurs le voyage d'Ardres et Ghines, pour se veoir les deux rois ensemble. Quand tout cela feust fait et conclud, lesdicts ambassadeurs s'en retournerent en Angleterre, et firent leur rapport au Roy, lequel feust merveilleusement joyeux d'avoir entendu le bon recueil et le bon propos que le roy de France luy mandoit. Un peu après le département desdicts ambassadeurs d'Angleterre, madame la Regente, mere du Roy, pria le Roy et la Royne de faire ung voyage jusques en Guyenne; et les vouloit mener par le duché d'Angoumois, et les festoya en une ville qu'elle a, qui se nomme Congnac, où le Roy estoit né. Et vous asseure que si le festin des Anglois, jouxtes et tournois avoient esté beaux, encore feust cestui-là le plus beau; et vous jure ma foi qu'il cousta plus de cent mille escus. Toutes ces bonnes cheres faictes, le Roy s'en retourna à Amboise et à

Blois, où estoient ses enfans, se préparer pour faire le voyage d'Ardres, qui tousjours continuoit et renforçoit.

CHAPITRE LXVI.

Comment le roy Catholique feust esleu empereur à Francfort; et comment les ambassadeurs françois s'en retournerent en France sans rien faire.

Tous les electeurs assemblés à Francfort, et les princes principaux de l'Empire, se misrent en conclave pour élire cet empereur qu'ils devoient faire; et se trouverent beaucoup de serviteurs de l'empereur Maximilian, qui aiderent beaucoup à favoriser le roy Catholique. Et quant et quant, par le conseil de monsieur de Sedan, Francisque de Sikingen, et le marquis de Brandebourg, dict Casimir, qui estoit chef général de la Bonne, amenerent toute la puissance de ladicte Bonne, qui estoit vingt mille hommes de pied et quatre mille chevaulx, et l'artillerie qu'ils fisrent loger à l'entour dudict Francfort, à trois ou quatre lieues près, dont feurent merveilleusement estonnés ceulx qui vouloient bien au roy de France, et très-fort joyeux ceux qui voulloient bien au roi Catholique; et aussi ils sçavoient bien toute la pratique. J'avois oublié à mettre que le roy d'Angleterre y faisoit pourchas, aussi bien que le roy de France et le roy Catholique; mais les angelots n'y fisrent non plus de miracles que les escus au soleil. Les électeurs estans en conclave feurent de diverses opinions; car on en trouvoit autant du costé du roy de France que du costé du roy Catholique, mais du costé du roy d'Angleterre pas un; et ne voulurent point juger la chose si soudainement, veu les partialités qui y estoient; et n'eust esté qu'ils sont obligés et tenus, dedans les quarante jours, de prononcer celui qui le doit estre, ce n'eust pas esté de six mois après, et pour deux raisons : l'une, qu'ils ne pouvoient accorder; l'autre, pour tirer argent de tous les princes chrestiens, soubs ombre de cette élection. Le comte palatin, à qui le Roy avoit faict plus de bien qu'à piece des aultres electeurs, et son parent, avoit une fois donné sa voix au Roy; mais c'est un prince mal nourry, et lui fist-on peur de cette grosse bande tellement, qu'il redonna sa voix au roy Catholique. Et, après cela faict, est venu le jour que se devoit prononcer ceste élection, où feust crié dedans la grande église de Francfort : *Charles, roi Catholique, esleu empereur!* Et quand ce feust faict, menerent grande joye ceulx qui vouloient le bien du roy Catholique, et grand deuil ceulx qui voulloient bien au roy de France; et estoient marris, pour ce qu'ils n'avoient plus les deniers qu'ils ont accoustumé d'avoir le tems passé. Cela entendu par monsieur l'admiral, qui estoit en ce chasteau auprès de Francfort, lui troisiéme, tant pour autre chose que pour sa personne, fist diligence de soy retirer, et se mist sur la riviere du Mein, qui va de Francfort tomber dans le Rhin; et s'en vint à Coblents, où estoient monsieur Dorval et l'Advantureux, qui attendoient des nouvelles; et les sçavoit l'Advantureux trois heures avant la venue dudict admiral, par ung gentilhomme de Mets, appellé

Vallery, lequel n'avoit abandonné l'Advantureux tout le voyage. Ces nouvelles sçues et entendues par lesdicts ambassadeurs françois, ils se misrent en conseil pour leur retraicte, pour sauver eulx et le demeurant de l'argent du Roy qu'ils avoient avecques eulx, et aussi pour ce qu'ils estoient advertis qu'il y avoit une entreprise sur eulx et sur leurdict argent; mais elle ne s'estoit osé découvrir, jusques à tant que l'élection feust faicte. Et conclurent entre eulx lesdicts ambassadeurs d'attendre la revenue de monsieur de Treves de Francfort, qui debvoit estre de-là en deux jours. Et lui venu, et parlé avecques lui de toutes les affaires, leur fist bailler conduite jusques en Lorraine, où monsieur de Lorraine leur fist merveilleusement bon recueil et bonne chere; et de-là envoyerent sçavoir ces nouvelles au Roy, lesquelles ne lui pleurent pas fort, non pas pour la valeur de l'Empire, mais pour la honte. Monsieur d'Orval et l'Advantureux se retirerent devers le Roy, et l'admiral demeura en Lorraine pour ung mal de teste qu'il avoit, qui s'appelle la grosse verolle; et alla au bain de Plombière, et y feust neuf sepmaines ou trois mois, sans venir vers le Roy. L'election de l'Empire achevée, feust ordonné par tous les electeurs et princes de l'Empire d'envoyer une ambassade vers le roy de Castille, et lui faire sçavoir comment il estoit esleu empereur, et aussi lui dire d'autres choses pour le faict de l'Empire; et feust ordonné qu'on y envoyeroit ung gros personnage, qui feust Frédéric, frere du comte palatin, et autres gros seigneurs d'Allemaigne avecques lui. Et trouverent ledict roy de Castille en Espaigne, en la ville de Barcelonne; et lui dict ledict comte la charge qu'il avoit de par les electeurs et princes d'Allemaigne : de quoy ledict seigneur Roy feust très-joyeux; et certes il en avoit bien cause, car je ne pense en ma vie avoir veu prince plus heureux qu'il est; et de-là en avant on commença à l'appeller empereur. Et, en la plus grande diligence qu'il peust, mist ordre à ses affaires d'Espaigne, pour venir prendre possession de l'Empire; et fist accoustrer son esquipage de mer, et s'en vint descendre en Angleterre, et de-là en Flandre et Brabant; et vindrent la plus grande partie des princes d'Espaigne avecques lui.

CHAPITRE LXVII.

Comment le roy de France et le roy d'Angleterre se visrent ensemble entre Ardres et Ghines.

[1520] LES ambassadeurs d'Angleterre estant retournés devers leur maistre, fisrent tant, avecques le bon rapport qu'ils fisrent du roy de France, que le roy d'Angleterre et le roy de France prindrent jour d'eulx veoir ensemble entre Ghines et Ardres, et délibererent d'y faire la plus grande chere qu'il leur seroit possible. Et fist le roy de France faire à Ardres trois maisons, l'une dedans ladicte ville, qu'il fist tout bastir de neuf, et estoit assez belle pour une maison de ville, et avoit assez grand logis; et en cette maison feust festoyé le roy d'Angleterre. Et en fist faire ledict seigneur Roy une autre hors de la ville, couverte de toille, comme le festin de la Bastille avoit esté faict; et estoit de la façon comme du temps passé les Romains faisoient leur théâtre, tout en rond, à ouvrage de bois, chambre, salles, galleries; trois estages l'ung sur l'aûtre, et tous les fondemens de pierres : toutesfois elle ne servit de rien. Or pensoit le roy de France que le roy d'Angleterre et luy se deussent veoir aux champs, en tentes et pavillons, comme il avoit esté une fois conclud; et avoit faict ledict sieur les plus belles tentes que feurent jamais veues, et le plus grand nombre. Et les principales estoient de drap d'or, frisé dedans et dehors, tant chambres, salles que galleries, et tout plein d'aultres de drap d'or ras, et toiles d'or et d'argent. Et avoit dessus lesdictes tentes force devises et pommes d'or; et quand elles estoient tendues au soleil, il les faisoit beau veoir. Et y avoit sur celle du Roy un saint Michel tout d'or, afin qu'elle feust congneue entre les aultres; mais il estoit tout creux. Or quand je vous ai devisé de l'esquipage du roi de France, il faut que je vous devise de celui du roy d'Angleterre, lequel ne fist qu'une maison; mais elle estoit trop plus belle que celle des François, et de peu de coustance. Et estoit assise ladicte maison aux portes de Ghines, assez proche du chasteau, et estoit de merveilleuse grandeur en carrure; et estoit ladicte maison toute de bois, de toille et de verre, et estoit la plus belle verrine que jamais l'on vist; car la moitié de la maison estoit toute de verrine, et vous asseure qu'il y faisoit bien clair. Et y avoit quatre corps de maison, dont au moindre vous eussiez logé un prince. Et estoit la cour de bonne grandeur; et au milieu de ladicte cour, et devant la porte, y avoit deux belles fontaines qui jectoient par trois tuyaux, l'un ypocras, l'autre vin, et l'autre eauë; et faisoit dedans ladicte maison le plus clair logis qu'on sçauroit veoir. Et la chapelle, de merveilleuse grandeur, et bien estoffée, tant de reliques que de toutes aultres paremens; et vous asseure que si tout cela estoit bien fourni, aussi estoient les caves; car les maisons des deux princes, durant le voyage, ne feurent fermées à personne. Eulx venus, à sçavoir le roy de France à Ardres, et le roy d'Angleterre à Ghines, feurent là huict jours pour regarder de leurs affaires; et durant ledict temps alloient et venoient souvent les princes de France et le conseil du Roy vers le roy d'Angleterre pour accorder lesdictes choses, et du costé des Anglois aussi; et entre aultres le legat, qui avoit tout le gouvernement du royaume d'Angleterre. La veue desdicts princes feust entreprise à grosse difficulté, et estoit le roy de France fort marry de quoi on ajoustoit point plus de foi les ungs aux autres, et feurent trois ou quatre jours sur tous ces débats; et encore y avoit-il à redire deux heures avant qu'ils se visrent.

La chose entreprise et conclue, feust arrestée la veue des deux princes à ung jour nommé, qui feust ung dimanche; et pour ce que la comté d'Ardres n'a pas grande estendue du costé de Ghines, et qu'il falloit que les deux princes fissent autant de chemin l'ung que l'autre pour se veoir ensemble, et pour ce que c'estoit sur le pays du roy d'Angleterre, feust ordonné de tendre une belle grande tente au lieu où ladicte vué se fairoit. Ce faict, regarderent lesdicts princes quels gens ils meneroient avecques eulx, et s'accorderent de mener chascun deux hommes : et estoit le légat d'Angleterre attendant à la tente où se debvoient veoir, et Robertet du costé du roy de France, qui avoient les papiers de leurs maistres. Et mena le roy de France avecques lui monsieur de Bourbon et monsieur l'admiral; et le roy d'Angleterre avoit le duc de Suffolk, qui avoit espousé sa sœur, et le duc de Norfolk. Et estoit ledict camp tout environné de barrieres bien ung jet de boulle esloigné de la tente; et avoit chacun quatre cent hommes de leur garde, et les princes des deux costés, et chacun prince ung gentilhomme avecques lui; et y estoient trois cent archers du roy de France, et les cent Suisses que l'Adventureux menoit; et le roy d'Angleterre avoit quatre cent archers. Et allerent en cette bonne ordonnance jusques aux barrieres; et quand se vint à l'approche, lesdictes gardes demeurerent aux barrieres, et les deux princes passerent outre avecques les deux personnages, ainsi que dict est devant; et se vindrent embrasser tout à cheval, et se fisrent merveilleusement bon visage; et broncha le cheval du roy d'Angleterre, en embrassant le roy de France; et chascun avoit son laquais, qui prindrent les chevaulx. Et entrerent dedans le pavillon tout à pied, et se recommencerent de rechef à embrasser, et faire plus grande chere que jamais; et quand le roy d'Angleterre feust assis, print lui-même les articles, et commença à les lire. Et quant il eust leu ceulx du roy de France, qui doit aller le premier, il commença à parler de lui; et y avoit: *Je, Henry, roy*.... (il voulloit dire *de France et d'Angleterre*); mais il laissa le titre de France, et dict au Roy: « Je ne le mettray point, « puisque vous êtes ici; car je mentirois. » Et dict: *Je, Henry, roy d'Angleterre*. Et estoient lesdicts articles fort bien faicts et bien escripts, s'ils eussent esté bien tenus. Ce faict, lesdicts princes se partirent merveilleusement bien contens l'ung de l'aultre; et en bon ordre, comme ils estoient venus, s'en retournerent le roy de France à Ardres, et le roy d'Angleterre à Ghines, là où il couchoit de nuict, et de jour se tenoit en la belle maison qu'il avoit fait faire. Le soir, vindrent devers le Roy, de par le roy d'Angleterre, le légat et quelqu'un du conseil, pour regarder la façon et comment ils se pourroient veoir souvent, et pour avoir sûreté l'ung de l'aultre; et feust dict que les Roynes festoyeroient les Roys, et les Roys les Roynes : et quand le roy d'Angleterre viendroit à Ardres veoir la royne de France, que le roy de France partiroit quant et quant pour aller à Ghines veoir la royne d'Angleterre; et par ainsi ils estoient chascun en ostages l'ung pour l'aultre. Le roy de France, qui n'estoit pas homme soupçonneux, estoit fort marri de quoi on se fioit si peu en la foi l'ung de l'autre. Il se leva un jour bien matin, qui n'est pas sa coustume, et print deux gentilshommes et un page, les premiers qu'il trouva, et monta à cheval sans estre houzé, avecques une cappe à l'espaignolle; et vint devers le roy d'Angleterre, au chasteau de Ghines. Et quant le Roy feust sur le pont du chasteau, tous les Anglois s'émerveillerent fort, et ne sçavoient qu'il leur estoit advenu; et y avoit bien deux cent archers sur ledict pont, et estoit le gouverneur de Ghines avecques lesdicts archers, lequel feust bien estonné. Et en passant parmi eulx, le Roy leur demanda la foy, et qu'ils se rendissent à lui; et leur demanda la chambre du Roy son frere, laquelle lui feust enseignée par ledict gouverneur de Ghines, qui lui dict : « Sire, il n'est pas éveillé. » Il passe tout oultre, et va jusques à ladicte chambre, heurte à la porte, l'éveille, et entre dedans. Et ne feust jamais homme plus esbahy que le roy d'Angleterre, et lui dict : « Mon frere, vous m'avez faict meilleur « tour que jamais homme fist à aultre, et me monstrés « la grande fiance que je dois avoir en vous ; et de « moi, je me rends vostre prisonnier dès cette heure, « et vous baille ma foy. » Et deffist de son col ung collier qui valloit quinze mille angelots, et pria au roy de France qu'il le voullust prendre, et porter ce jour-là pour l'amour de son prisonnier. Et soudain le Roi, qui lui voulloit faire mesme tour, avoit apporté avec lui un bracelet qui valloit plus de trente mille angelots, et le pria qu'il le portast pour l'amour de lui ; laquelle chose il fist, et le lui mist au bras ; et le roy de France print le sien à son col. Et à donc le roy d'Angleterre voullust se lever, et le roi de France lui dict qu'il n'auroit point d'aultre valet de chambre que lui ; et lui chauffa sa chemise, et lui bailla quand il feust levé. Le roy de France s'en voullust retourner, nonobstant que le roi d'Angleterre le voullust retenir à disner avecques lui ; mais pour ce qu'il falloit jouxter après disner, s'en voullust aller, et monta à cheval, et s'en revint à Ardres. Il rencontra beaucoup de gens de bien qui venoient au-devant de lui, et entr'autres l'Advantureux, qui lui dict : « Mon maistre, vous « estes un fol d'avoir faict ce que vous avez faict ; et « suis bien ayse de vous revoir ici, et donne au diable « celui qui vous l'a conseillé. » Sur quoi le Roi lui fist response, et lui dict que jamais homme ne lui avoit conseillé, et qu'il sçavoit bien qu'il n'y avoit personne en son royaume qui lui eust voullu conseiller ; et lors commença à compter ce qu'il avoit faict audict Ghines, et s'en retourna ainsi en parlant jusqu'à Ardres, car il n'y avoit pas loing. Si le roy d'Angleterre estoit bien aise du bon tour que le roy de France lui fist, encore en estoient plus aises tous les Anglois; car ils n'eussent jamais pensé qu'il se feust voullu mettre entre leurs mains le plus foible, et pour ce qu'il y avoit eu grosse difficulté pour leur vûe, afin qu'ils ne feussent point plus forts l'ung que l'aultre. Le roi d'Angleterre voyant le bon tour que le roi de France lui avoit faict, le lendemain au matin en vint faire autant au roi de France que le Roi lui en avoit faict le jour de devant; et se refisrent présens et bonne chere autant ou plus qu'auparavant.

Et cela faict de l'ung à l'autre, les jouxtes se commencerent à faire, qui durerent huict jours, et feurent merveilleusement belles, tant à pied comme à cheval; et estoient six François et six Anglois tenans, et les Rois estoient venans. Et menoient les princes et capitaines chascun dix ou douze hommes d'armes avecques eulx, habillés de leurs couleurs; et l'Advantureux en avoit quinze; et pouvoient estre en tout, tant François qu'Anglois, trois cent hommes d'armes; et vous asseure que c'estoit belle chose à veoir. Le lieu où se faisoient les jouxtes estoit bien fortifié, et y avoit une barriere du costé du roi de France, et une aultre du costé du roi d'Angleterre; et quand les Rois estoient dedans et toute leur seigneurie, il estoit dict par nombre combien il y en devoit entrer de chascun costé : et les archers du roi d'Angleterre et les capitaines de ses gardes gardoient du costé du roi de France; et les capitaines de la garde du roi de France, archers et Suisses, gardoient le costé du roi d'Angleterre, et n'y entroit à chascun coup que ceulx qui debvoient jouxter; et quand cette troupe estoit lasse, il y en entroit une autre; et y eust merveilleusement bon ordre de tous costés et sans débat, qui est une grande chose en telle assemblée. Après les jouxtes, les luiteurs de France et d'Angleterre venoient avant, et luitoient devant les Rois et devant les dames (1), qui feust beau passe-temps, et y avoit de puissans luiteurs; et parce que le roi de France n'avoit faict venir de luiteurs de Bretaigne, en gaignerent les Anglois le prix. Après allerent tirer à l'arc, et le roi d'Angleterre lui-même, qui est ung merveilleusement bon archer et fort; et le faisoit bon veoir. Après tous ces passe-temps faicts, se retirerent en ung pavillon le roi de France et le roi d'Angleterre, où ils beurent ensemble. Cela faict, le roi d'Angleterre prist le roi de France par le collet, et lui dict : « Mon frere, je veulx « luiter avecques vous, » et lui donna une attrape ou deux; et le roi de France, qui est un fort bon luiteur, lui donna un tour et le jetta par terre, et lui donna ung merveilleux sault. Et vouloit encore le roi d'Angleterre reluiter; mais tout cela feust rompu, et fallust aller souper. Et ainsi tous les deux jours se venoient veoir l'ung l'aultre, osté ung jour pour eulx reposer; et quand les François estoient à Ghines, les Anglois venoient à Ardres. Et venoient souvent les seigneurs et dames d'Angleterre coucher au logis des François, et

---

(1) *Devant les dames*: Il y eut une lutte de coquetterie entre les dames des deux nations. Polydore Virgile dit que les Anglaises prirent les modes de France : « En quoi, ajoute-t-il, elles perdirent du côté « de la modestie plus qu'elles ne gagnerent du côté de la grace. »

les François faisoient le cas pareil; et tous les jours se faisoient force banquets et festins. Après cela se fist le grand festin, où tous les estats des deux princes vindrent loger dedans les lisses, où on avoit faict ung beau maisonnage tout de bois; et par ung matin feust chanté la grande-messe par le cardinal d'Angleterre dessus un eschaffault qu'on fist expressément, et feust faicte la chapelle en une nuict, la plus belle que je veis oncques, pour l'avoir faicte en si peu de temps, et la mieux fournie; car tous les chantres du roi de France et du roi d'Angleterre y estoient, et feust fort somptueusement chanté : et après la messe donna ledict cardinal à recevoir Dieu aux deux Rois. Et là feust la paix reconfirmée, et criée par les héraults; et feust là faict le mariage de monsieur le daulphin de France à madame la princesse d'Angleterre, fille dudict Roi. Après ce fisrent encore trois ou quatre jouxtes et banquets; et après prindrent congé de l'ung et l'aultre, en la plus grande paix entre les princes et princesses qu'il estoit possible. Et cela faict, s'en retourna le roi d'Angleterre à Ghines, et le roi de France en France; et ne feust pas sans se donner gros présens au partir les ungs aux autres.

CHAPITRE LXVIII.

Comment le roy Catholique vint des Espaignes descendre en Angleterre, et de-là en Flandres, pour aller prendre possession de l'Empire; et comment il feust couronné à Aix.

LE roy Catholique estant en Espaigne, après avoir ouy nouvelles de l'Empire, et comment il estoit esleu (et le sçavoit par le comte palatin, comme dict est par cy-devant), entendit la menée qui se faisoit de la veue de ces deux princes, et pourchassa tant qu'il peut pour la rompre; et envoya ambassadeurs vers le roy d'Angleterre pour rompre ledict voyage; et quand il vist qu'il ne se pouvoit rompre, se hasta en diligence, et vint arriver en Angleterre, là où le roi d'Angleterre lui fist merveilleusement bonne chere et bon recueil. Et ne sceut rompre ledict voyage présent et absent, car le roy d'Angleterre le voullust poursuivre, pour ce qu'il avoit promis; et en estoit la despense merveilleusement grande d'un costé et d'aultre, et les apprests trop avant. Et prindrent journée l'Empereur et le roi d'Angleterre d'eulx trouver ensemble, après la veue du roi de France; et se trouverent à Calais et à Graveline, et parlerent de leurs affaires. Et feurent une fois audict Calais d'accord et mal d'accord, et prest le roi Catholique à monter à cheval pour s'en retourner: toutesfois ils s'accorderent ensemble, et partirent bien contens l'ung de l'aultre. Et ce temps pendant y avoit tousjours gentilshommes du roi de France et de sa chambre, comme Montmorency et aultres, qui alloient et venoient; et y avoit beaucoup de gens qui trouvoient bien difficile au roi d'Angleterre de contenter ces deux personnages. Et ce faict, les deux princes se départirent d'ensemble; et etourna le roi d'Angleterre en Angleterre, et le roi de Castille en Flandres et en Brabant, faisant bonne chere, où lui feust faict merveilleusement bon recueil. Et en feurent advertis les électeurs d'Allemaigne, et se trouverent à Aix pour le couronner, comme est la coustume de faire; et estoient déliberés de lui faire plus d'honneur qu'ils ne fisrent oncques à ses prédécesseurs. Ledict sieur roi Catholique fist un gros équipage pour aller à Aix, et y feurent appellés tous les princes de ses Pays-Bas, et tout plain d'Espaignols qui estoient avecques lui, et aultres princes d'Allemaigne. Et en cet équipage et belle compagnie se partist pour aller à Aix, là où estoit attendu et desiré par tous les électeurs et princes d'Allemaigne : et estoit avecques lui madame de Savoye sa tante, laquelle ne l'abandonna point tout le voyage, avecques fort belle compagnie de dames; et feust faict du long du voyage merveilleusement bonne chere, tout par les pays où il alla. Et l'attendoient la pluspart des électeurs à Aix ; et par un matin vint disner assez près de ladicte ville d'Aix, là où tous les électeurs vindrent au devant de lui en armes, et toute sa compagnie et ceulx qui estoient avecques lui; et ainsi fist son entrée en ladicte ville d'Aix (1), la plus belle qui feust jamais. Son entrée faicte en la ville, de-là à quelques jours feust couronné empereur, au plus gros triomphe que jamais empereur le feust. N'est là besoing de vous en parler; car c'est une chose de grande cérémonie, et est contenu en la bulle caroline que l'empereur Charles IV fist, où est contenu l'ordonnance du couronnement des empereurs ses successeurs. Et cela faict, madame de Savoye retourna en Brabant, et l'Empereur print son chemin à Worms, pour aller veoir les Allemaignes.

(1) *En ladicte ville d'Aix* : Charles-Quint fut couronné à Aix-la-Chapelle le 21 octobre 1520.

CHAPITRE LXIX.

Comment messire Robert de La Marche, sieur de Sedan, pour quelque tort qu'il lui feust faict au service de l'Empereur, retourna au service du roy de France; et du bon recueil que madame la Régente luy fist.

Monsieur de Sedan estant au service de l'Empereur, et l'avoit accompaigné à Aix, pour ce qu'il tenoit la duché de Bouillon, qui est une chose venue de son grand-pere, qu'il avoit eue d'un prince de Liége; et y avoit une place dépendante de ladicte duché, qui s'appelle Hierge, que monsieur d'Aymerie avoit prise par force; et se plaignit ledict sieur de Sedan à l'Empereur dudict sieur d'Aymerie, et conta à l'Empereur la querelle qu'il avoit avecques lui, et comme il bien avoit reprins; mais il n'y avoit voullu entendre. L'Empereur lui promist de lui faire raison, et dura la chose bien longuement avant qu'elle vint à son effect; dequoi se courouça ledict sieur de Sedan merveilleusement, pensant qu'il estoit homme pour faire autant de service à l'Empereur que ledict sieur d'Aimerie. Et s'en vint à Sedan, fort mal content dudict Empereur : et quand il feust à Sedan, manda audict Empereur que s'il ne lui plaisoit d'y faire la raison, il abandonneroit son service. Et lui feust faicte response de l'Empereur qu'il n'estoit pas de grande substance; pour laquelle chose abandonna le service de l'Empereur, qui en eust grand regret, et principalement madame de Savoye. Ce faict, l'Advantureux, qui estoit son fils, ne dormoit pas, car il estoit tousjours demeuré au service du roy de France; et, incontinent qu'il sceut ces nouvelles, se retira vers lui à Sedan, là où il feust faict bonne chere. Et portoit ledict Advantureux tout plain de bonnes nouvelles, que madame la Régente faisoit audict sieur de Sedan. Et estoit l'Advantureux totalement deshérité; car depuis que ledict seigneur de Sedan avoit esté au service de l'Empereur, l'Advantureux son fils n'avoit entré en place qui feust audict sieur de Sedan son pere, pour ce qu'il y avoit, dedans le traité qu'il avoit faict avecques l'Empereur, que jamais piece de ses enfans n'amanderoit rien de lui s'ils n'avoient faict serment audict Empereur; et qu'ils n'entreroient dedans ses maisons. Le roi de France et madame sa mere sçachant que le sieur de Sedan estoit parti de l'Empereur mal content, manderent madame de Sedan venir à Blois, où feust conclud son estat, qui montoit à dix mille francs tous les ans, dix mille escus comptans, trois mille francs pour ladicte dame de Sedan, et à chascun de ses enfans dix mille; et cinquante hommes d'armes, dont les vingt se payeroient à sa volonté. Et ladicte dame de retour à Sedan, ledict sieur partist pour aller à Remorantin vers le Roi, là où lui feust rendu son ordre; et lui fisrent le Roi et madame sa mere bon recueil. Et de-là revint ledict sieur par Chasteau-Thiery chez son fils, et de-là retourna à Sedan. Et feust l'Empereur merveilleusement marry de ce que ledict sieur avoit laissé son service.

CHAPITRE LXX.

Comment les guerres se commencerent entre l'Empereur et le roy de France, du costé de Champagne et des Ardennes.

LEDICT sieur de Sedan estant retourné au service du roi de France, avoit merveilleusement grand regret dequoy l'Empereur ne lui avoit faict raison de cette maison de Hierge, que monsieur d'Aymerie tenoit, et envoya devers luy affin d'en avoir raison : sur quoy il eust assez mauvaise response. Le messagié retourné vers lui à Sedan, envoya deffier madame de Savoye au nom de l'Empereur : aussi fist l'Advantureux son fils; et envoya madicte dame de Savoye jusques à Worms, où estoit l'Empereur avecques les électeurs de l'Empire. Et feust faict offre, de par madame de Savoye, assez honneste audict sieur de Sedan, qui estoit de s'accorder dudict différent, et d'en faire juges les Estats du pays de Liége, et les en faire arbitres; et s'en remettre dessus le roy d'Angleterre ou sur le roi de France. Et y vint pour cette affaire un hérault qui se nommoit Malnart, qui estoit à madicte dame de Savoye. Toutesfois rien ne s'en fist, et fisrent leurs apprets pour aller mettre le siége devant Vireton. Et y mena ledict Advantureux son artillerie, qui estoit fort belle; et assiégerent ledict Vireton, qui est une petite ville appartenant à l'Empereur, de la duché de Luxembourg. Et debvoient venir devant ladicte ville sept mille Suisses, que ledict Advantureux avoit envoyé querir par un gentilhomme nommé Pierre Buisson : toutesfois par l'ambassadeur de l'Empereur, qui estoit en cour avecques le roi de France, lequel s'appelloit monsieur Dannet, prevost d'Utrecht, feus rompue ladicte entreprise; ensorte que les Suisses ne vindrent point. Le siége estant devant ladicte ville de Virton, la batterie feust commencée; et feust envoyé ung gentilhomme, de par le roi de France et de sa chambre, nommé Lonnes, qui vint dire à monsieur de Sedan et à l'Advantureux qu'on se retirast; et qu'il y avoit, depuis qu'on n'avoit eu de ses nouvelles, grosses pratiques entre l'Empereur et lui; et esperoient qu'ils viendroient en bonne fin. Et envoya ledict seigneur retarder lesdicts Suisses, que l'Advantureux avoit faict venir à cette mesme occasion. Et cela entendu par le sieur de Sedan et l'Advantureux, leverent le siége de devant la ville, qui se défendoit bien et honnestement, nonobstant que de premiere arrivée ils feurent fort esbranlés, et pensoit-on bien qu'ils ne debvoient pas tant tenir; et toutesfois le siége n'y feust que deux jours. Et s'en retournerent avecques leur armée, qui n'estoit que de quatre ou cinq mille hommes de pied et quinze ou seize cent chevaulx; mais ils avoient bonne artillerie. Cela faict, ils s'en retournerent, et feust leur cas rompu pour l'heure. Ce temps pendant l'Empereur ne dormoit pas; et envoya monsieur de Nassau, ès pays de Flandres, Brabant et Haynault, dresser une armée pour aller contre messire Robert de La Marche et l'Advantureux son fils. Or, comme ces choses se faisoient en Ardennes entre l'Empereur et le sieur de Sedan, le roy de France despescha une armée, dont estoit monsieur de Bonnivet admiral chef, et pour lors gouvernoit une partie du royaume de France, pour envoyer en Guyenne pour reconquester le royaume de Navarre. Et feust despesché monsieur de Guise, jeune homme et gentil prince, frere de monsieur de Lorraine, pour estre capitaine général des lansquenets. Et commencerent à marcher, avecques toute cette armée, tout droict en Guyenne; et estoit ladicte armée fort belle, et équipée d'artillerie, et la mieux qui feust de longtems veue. Or je veulx laisser monsieur l'admiral en Guienne, pour retourner aux guerres qui se fisrent en Ardennes; et comment l'Empereur dressa son armée pour y envoyer, dont estoit chef général monsieur de Nassau.

CHAPITRE LXXI.

Comment le comte de Nassau, lieutenant-général pour l'Empereur, vint en Ardennes contre messire Robert de La Marche, et print le chasteau de Loigne; et comment l'Advantureux défist la garnison.

En ce temps l'Empereur envoya monsieur de Nassau pour lever son armée, et aller contre messire Robert de La Marche et l'Advantureux son fils, nonobstant que tous leurs gens feussent retirés; et estoit allé l'Advantureux devers le roy de France pour regarder ce qu'il avoit à faire, et ce temps pendant monsieur de Nassau vint mettre son siége devant le chasteau de Loignes, qui estoit au sieur de Jamets, frere dudict Advantureux; et estoit place assez forte, mais elle estoit fort estroite, et le siége y feust mis avecques assez petit nombre de gens; et bailla monsieur de Liege à monsieur de Nassau et au comte Felix toute son artillerie et de ses gens, nonobstant que ledict sieur de

Jamets fust son nepveu. Et feust ladicte place fort battue; et s'il y eust eu gens de guerre dedans, ils eussent tenu plus longuement; mais, sans point de faulte, il n'y avoit point de gens de guerre dedans; et feust prinse à moitié d'assault, pour ce que ceulx dedans se jettoient en bas par les murailles et par les fenestres. Ladicte place prinse, monsieur de Nassau faisoit tousjours renforcer son armée; et renvoya son artillerie à monsieur de Liege, et feust ladicte place rasée. Comme cela se faisoit, l'Advantureux revint de devers le roy de France, et feust adverti de la grosse garnison qui estoit à Yvoy, qui est une ville à trois lieues de Sedan et à une lieue de Messencourt; et assembla la gendarmerie et cinq cent hommes de pied seulement; et attendit un jour de feste, pour que les gens boivent plus en ce pays ces jours-là que les aultres jours. Et sur le midi alla mettre son embuscade en un petit bois assez près de la ville, qui est ville jolie et forte, et toute ronde, et passe une riviere à ung des costés qui vient de Jamets, laquelle s'appelle Chier, et va tomber dedans la Meuse; et n'y a qu'une lieue de là jusques à Mouson. Quand ledict Advantureux eust mis son embuche, il envoya escarmoucher devant ladicte ville, et estoit deux ou trois heures après midy; et estoit ladicte escarmouche de quelque petit nombre de gens de pied et de cheval. Et incontinent que ceulx de la ville, qui avoient bien beu, visrent l'escarmouche, saillirent dehors, un quart de lieue de la ville, tousjours escarmouchant; tellement qu'ils vindrent auprès du petit bois où estoit l'embuche. Et incontinent que l'Advantureux vist qu'il estoit temps, se vint jetter entre la ville et eulx, et les enferma, dont en reschappa bien peu; et y eust bien tué jusques à cinq à six cent hommes, dont la pluspart estoient namurois. Et estoit ledict Advantureux monté sur un cheval rouen hedard, qui eust un coup de picque au travers du corps, dont il mourut. Et estoient venus ce jour-là à Sedan veoir ledict Advantureux deux honnestes gentilshommes françois, qui estoient venus du camp d'Attigny; et en estoit l'ung le fils de monsieur de Lude, et l'aultre monsieur d'Espoy, lesquels fisrent merveilleusement bien leur debvoir.

CHAPITRE LXXII.

Comment monsieur de Saussy, fils de messire Robert de La Marche, deffist un nombre de gens sur une montaigne; et comment l'Advantureux vint se placer dedans Jamets.

Monsieur de Saussy, fils de messire Robert de La Marche, print une compaignie de gens d'armes, tant de la bande de monsieur de Sedan son pere que de celle de l'Advantureux son frere, et aussi de la compagnie du gouverneur de Mouzon, que menoit ung gentilhomme nommé Germanville, et Saincton, qui estoit son lieutenant et enseigne; et allerent faire une course en Ardennes, là où les gens d'armes gaignerent ung merveilleux gros butin. Ceux de la terre d'Orchimont entendirent qu'ils estoient aux champs; mais ils ne sçavoient quel nombre ils estoient. Toutesfois ils se vindrent jetter gros nombre de gens sur une montaigne qui estoit demi fortifiée; et estoient bien le nombre de sept à huict cent hommes, attendant sur cette montaigne, qui estoit le chemin par où ils se debvoient retirer avecques leur butin; et ne pensoient point que la

gendarmerie peust monter si hault sur cette montaigne.
Toutesfois, pour faire court, les gens d'armes les vindrent charger tout au long de cette montaigne, qui estoit chose bien mal aisée, et les deffirent; et y en eust beaucoup de tués, et encore y en eust eu beaucoup plus s'ils ne se feussent sauvés dans les bois; et aussi s'en revindrent lesdits gens d'armes à Sedan, avecques leur butin et beaucoup de prisonniers. Ce faict, monsieur de Nassau ayant entendu que la maison de Jamets estoit mal fournie de gens, voullust aller mettre le siege devant; de quoi feust adverti l'Advantureux, et s'alla une nuict, avecques cinquante hommes d'armes, mettre dedans ladicte place, là où estoit le sieur de Saussy, frere dudict Advantureux, avecques quelques gens de pied, et faisant remparer la place le plus qu'il pouvoit avec le capitaine de leans, qui estoit ung fort honneste homme ecossois; et vous asseure qu'ils la réparerent merveilleusement bien, tellement que pour le jourd'hui est une des plus belles places et des meilleures qu'on ne trouve point. Cela venu à la connoissance de monsieur de Nassau que secours estoit venu à Jamets, feust d'advis de prendre autre chemin par cette fois; et n'y alla point, et print aultre chemin.

CHAPITRE LXXIII.

Comment monsieur de Lautrec, avecques les Venitiens, alla mettre le siége devant Veronne; et comment ladicte ville se rendist; et de ce qui y feust faict.

[1516] LE Roi voulant tenir foi aux Venitiens, comme il leur avoit promis, feust sollicité d'eulx de leur aider à prendre Veronne, en ensuivant le traicté de paix qu'ils avoient ensemble; et ne restoit plus, que le Roi n'eust satisfaict de ce qu'il leur avoit promis, que la ville de Veronne, que l'Empereur tenoit entre ses mains; car tout le demeurant de leur pays estoit entre leurs mains. Le Roi manda à monsieur de Lautrec dresser son armée audict Veronne, et se debvoient trouver les Venitiens, avecques leur artillerie et leur armée, devant ladicte ville de Veronne; laquelle chose ils feirent, et s'y trouverent tous ensemble, et estoit au commencement de l'hyver, qui n'est point temps convenable pour assiéger place. Or avoit-il dedans Veronne, lieutenant pour l'Empereur, le sieur Marc-Antoine, frere de Prospere Colonne dont ay ci-devant parlé, merveilleusement gentil et honneste homme, et fort gentil capitaine, lequel depuis, pour quelque despit, abandonna l'Empereur, et vint au service du roi de France. Or, pour revenir à nostre propos, il avoit tout plain de gens de bien avecques lui capitaines dedans la ville, comme le capitaine Chuere et autres capitaines espaignols, et plusieurs autres gens de bien à pied et à cheval, qui se congnoissoient bien à tenir places; mais il y avoit dedans la ville de toutes nations, qui est chose (si ce n'est pas un capitaine bien sage) mal aisée à entretenir. Ladicte ville de Veronne est bien grande, et mal aisée à assiéger, pour la riviere qui y est. La batterie feust commencée du costé de devers la plaine de Veronne, qui est la plus belle plaine que l'on sçauroit veoir; et y estoit l'artillerie du Roi et des Venitiens, qui estoient bien six ou sept vingt pieces d'artillerie en batterie, la plus belle que l'on eust sceu faire, car elle avoit cent et six vingt pieds de long : mais le rempart que Prosper Colonne avoit faict faire devers la ville estoit six fois plus fort que ladicte ville; et Marc-Antoine Colonne, qui estoit le chef, et tout plein de gens de bien qui estoient avecques lui, le fortifierent si bien, qu'il n'y feust donné d'assault. Et eust à la batterie une perte de gens de bien, pour le feu qui se mist en l'artillerie et aux poudres, et y eust tout plein de gens bruslés; et, de cas de fortune, monsieur de Lautrec y estoit arrivé droict à cette heure, qui avoit tout plein d'Italiens avecques lui qui avoient grandes barbes et grands cheveux ; mais il ne leur cousta rien à faire leurs barbes, car la poudre en fist l'office. Et bientôt après que ceulx de la ville se feurent bien deffendus, et que le siege y eust esté longtemps, et du long de l'hiver, vivres faillirent à ceulx de la ville; et feurent contraints en la fin d'appoincter, et s'en allerent leurs bagues sauves, et la ville se rendist entre les mains du Roi. Il la rendit aux Venitiens, en suivant ce qu'il leur avoit promis; lesquels pour toute récompense, pour le premier affaire que le Roy eust en Italie, le laisserent et abandonnerent. La ville prinse, monsieur de Lautrec se retira en la duché de Milan, et les Venitiens en leur pays.

CHAPITRE LXXIV.

Cy devise comment le comte Felix vint assiéger Messencourt; et du camp des François qui estoit à Attigny.

Quand monsieur de Nassau eust pris Lognes, il demeura ung temps pour le faire raser; et avoit ledict sieur de Nassau six ou sept mille lansquenets, dont estoit le chef le comte Felix ; et vint assiéger Messencourt avecques lesdicts lansquenets et un nombre de gens de cheval, et tout plein de gens de pied. Et estoit ledict Messencourt une petite place que l'Advantureux avoit fait faire depuis cinq ans ; et n'y avoit encore que le donjon faict, et les fondemens de l'aultre grand compris, qui commençoient estre hors de terre : toutesfois ce qui estoit faict estoit bien joli et assez fortelet, et bien fourni d'artillerie, plus qu'il n'y falloit à une place plus grande trois fois ; et l'y en avoit osté toute la principale artillerie l'Advantureux, quand il feust devant Virton. Et avoit dedans ladicte place ung gentilhomme nommé Guifard, homme de bien, et ung autre nommé Saint Clair, tous deux hommes d'armes de la compagnie dudict Advantureux, qui fisrent merveilleusement bien leur debvoir, comme vous oyrés cy-après. Ledict comte Felix marchoit tousjours avecques les Allemans, et vint passer par une petite place qui se nomme Florenville, qui estoit à monsieur de Sedan ; et l'avoit baillé au capitaine dudict Sedan, qui avoit nom Damien de Guarigue ; et y avoit faict faire un petit lieu de plaisance, pour ce qu'elle est sur la riviere de Semois. Incontinent que le comte Felix feust devant avecques ses gens, ceulx dedans la rendirent, comme la raison le vouloit, car elle n'estoit pas tenable. Et après avoir pillé ladicte place de Florenville deux ou trois jours, séjournèrent audict Florenville deux ou trois jours, et puis vindrent mettre le siége audict Messencourt, où ils feurent bien receus ; car, comme je vous ai dit, elle estoit bien artillée, et leur porta ung gros dommaige. Ledict comte Felix estant devant Messencourt, se commença à fortifier à l'entour et au village, pour ce que l'Advantureux et ses freres le réveilloient souvent; et y feust faict tout plain de belles escarmouches; et avoient tous leurs gens de pied logés dedans le fort, et leurs gens de cheval à Yvoy, qui alloient là loger du soir, et le jour ils revenoient. Or en ce temps-là le Roi avoit envoyé monsieur d'Alençon, et le maréchal de Chastillon pour le conduire; et fist amasser une grosse armée à Attigny, qui est un beau gros village à huict lieues de Sedan, sur la riviere d'Aisne; et y estoit monsieur d'Orval, gouverneur de Champagne. Monsieur de Sedan et l'Advantureux alloient souvent vers ledict d'Alençon, pour avoir plus de secours et de faveur; mais ils dissimuloient, pour ce qu'ils ne se vouloient point du tout déclarer : tellement que l'Advantureux dit tout plain de paroles au mareschal de Chastillon, et feurent près d'en avoir ung gros débat; et leur pouvoit bien bailler secours. Et vous asseure que l'armée estoit belle, car il y avoit dix-huit mille lansquenets, et six mille hommes de pied que menoit monsieur de Saint Paul, qui se nommoient les six mille diables, et douze cent hommes d'armes, tous logés par les villages à l'entour dudict Attigny, tirant vers Sedan. Après que le sieur de Sedan et l'Advantureux eurent parlé à cesdicts seigneurs, s'en retournerent à Sedan assez mal contens, et fisrent toute la faveur qu'ils peurent audict Messencourt; mais ils n'estoient point assez forts pour faire lever le siége, pour ce qu'ils ne s'estoient point fournis de gens, tousjours attendans l'aide du Roi. Et, comme vous ay dict, se fist beaucoup de belles choses durant ledict siége, et fisrent ceulx dedans gros dommaige de coups d'artillerie à ceulx de dehors; car, de compte faict, il y eust quatre cent hommes de tués de coups d'artillerie. Monsieur de Nassau voyant que le comte Felix n'avoit point d'équipage d'artillerie (car il n'en avoit que dix ou douze pieces, dont n'en avoit que deux ou trois bonnes), et qu'il ne faisoit rien devant ladicte place, vint, avecques l'artillerie de l'Empereur et celle de monsieur de Liége, à l'aide dudict comte Felix, assiéger de bien près, et faire battre de tous côtés; car l'artillerie estoit tout à l'entour, et estoit ledict sieur de Nassau audict siége. Après avoir long-temps tenu, ceulx de la place se rendirent, comme la raison le vouloit; car ils avoient faict plus que leur debvoir, car ils tinrent six sepmaines et trois jours. Et feust trouvé la place bien fournie, tant d'artillerie que d'aultres choses, qui servirent bien à la batterie devant Maisiere; et spécialement ung double canon que l'Advantureux avoit faict faire dedans ledict Messencourt; et le nommerent les canoniers Messencourt, pour ce qu'il avoit esté pris dedans. Les capitaines que je vous ay cy-dessus nommés feurent prins, et le lendemain menés à Yvoy; et y eut quelques compaignons trouvés subjects de l'Empereur, que monsieur de Nassau fist pendre; et fist boutter le feu dedans, et la raser à demy, et se retira à Yvoy.

CHAPITRE LXXV.

Comment monsieur de Nassau fist semblant d'aller assiéger Jamets, et fist là marcher son armée; et comment l'Advantureux se vint mettre dedans, et du ravitaillement qu'il y fist.

MESSENCOURT pris, monsieur de Nassau ne feust d'advis d'aller assiéger Sedan ny Bouillon, mais pensoit qu'il n'y eust ame dedans Jamets, comme il avoit autrefois bien pensé, et qu'à ce coup il estoit bien fourni d'artillerie et de ce qu'il lui falloit ; et pensoit que, pour la prise de Messencourt, les gens feussent plus estonnés qu'ils n'estoient. Il se partist d'Yvoy, et fist lever le siege de Messencourt, et fist marcher son armée par devant Mouson, sans rien demander aux François ; mais y eust de leurs gens qui alloient boire à la porte, et s'en allerent loger en une place qui est sur la riviere de Meuse, nommée Paully, qui est pays de Barrois, là où l'Advantureux avoit faict n'a pas longtemps ung camp ; et y demeura ledict sieur de Nassau avecques son équipage, avant qu'il vint à Jamets, trois ou quatre jours. Le sieur de Sedan et l'Advantureux voyant que le chemin qu'il prenoit c'estoit le chemin de Jamets, et qu'elle estoit mal fournie de gens, feust regardé entre eulx que l'Advantureux iroit, avecques cinquante hommes d'armes, se jetter dedans. Laquelle chose feust faicte ; et partist par un après souper, et s'en alla toute la nuict avecques ladicte gendarmerie, et passa près de là où estoit monsieur de Nassau et son armée. Luy estant arrivé à Jamets, prépara son cas et ce qui estoit de besoing à ladicte place, comme celuy qui attendoit le siége d'heure en heure ; et sans point de faulte il estoit bien apparent, car monsieur de Nassau se vint loger en ung village qui se nomme Romainville, qui est sur la riviere dudict Jamets ; et n'y a audict village, jusques à Jamets, que la portée d'ung canon ; par quoy il estoit bien aisé à veoir, et estoit l'apparence grande, que ledict sieur de Nassau deust assiéger ladicte place. Ce faict, les escarmouches saillirent d'ung costé et d'aultre ; et n'eust point envoyé l'Advantureux ses gens escarmoucher, veu que le siége estoit si près de luy, n'eust esté pour une finesse de guerre, qui estoit que pendant que l'escarmouche se faisoit il fist brûler le village, qui estoit ung très-beau bourg, de peur qu'ils ne se vinssent loger dedans; et ne le pouvoient bonnement assiéger que du costé du bourg. Le feu mis au village, les coureurs dudict Advantureux se retirerent, comme ils avoient d'ordonnance; et eulx dedans, incontinent fist remparer les portes, affin qu'il ne se fist plus de saillies que par lieux secrets, que peu de gens entendoient. Or il y avoit une platteforme dedans Jamets, là où il y avoit une grande salle; et voullust l'Advantureux la faire descouvrir et oster le bois, pour ce que dedans ladicte salle y avoit faict mettre bon nombre d'artillerie, car la sienne y estoit, sans celle de son pere; et y avoit trente-six piéces d'artillerie, piéces de batterie, et huict cent harquebuttes à crocq; et y avoit trois ou quatre grosses piéces dessus ladicte platte-forme, pour nuire aux approches que les ennemis feiroient. Or il falloit monter en hault pour abbattre tout ce bois et pour descouvrir cette salle; et quand ses gens estoient haults, les harquebuttiers du camp, qui estoient desja logés aux bords des fossés de ladicte place, affoloient ses gens qui abbattoient ledict logis. Et à donc les fist retirer; et s'advisa d'une finesse, car il y avoit dedans quarante ou cinquante prisonniers du party de l'Empereur, qu'il fist monter dessus le corps de maison pour l'abbattre; et leur dict qu'incontinent qu'ils viendroient en hault et que les aultres tireroient sur eulx, qu'ils leur diroient qu'ils estoient des leurs, mais qu'ils estoient prisonniers. Ce qui feust faict; car tout subit qu'ils feurent dessus, l'on commença à tirer après eulx : commencerent à crier qu'ils estoient prisonniers des leurs, et par ce moyen feust la platteforme achevée. Monsieur de Nassau feust deux jours à visiter la place, nuict et jour, par canoniers et aultres; et y feurent faictes de belles escarmouches d'ung costé et d'autre. Toutesfois le second jour il se partist avecques son armée, et vint passer sur les haults du village de Romainville, et print le chemin de Floranges, et renvoya quatre ou cinq cent chevaulx devant Yvoy pour la garder, et pour soutenir le faix de la guerre guerriable. Et se misrent lesdicts chevaucheurs en embuche dedans un petit bois assez près dudict Jamets, pensant que ceulx de ladicte place deussent saillir après eulx à la queue pour les défaire, et après, à ung long besoing, gaigner la place : mais l'Advantureux ne voullust souffrir qu'ame saillit pour ce jour. Et quand l'embusche vit cela, sur les deux heures après midy se descouvrit, et s'en allerent à leur chemin, là où il leur estoit ordonné ; et monsieur de Nassau alla le sien. Cela faict, ledict Advantureux retourna à Sedan : et avoient le sieur de Sedan et luy tant faict vers le Roy et le sieur d'Orval, gouverneur de Champagne, qu'ils avoient douze cent chariots chargés de bled, vins et aultres munitions, pour Sedan et Jamets, chacun six cent, lesquels feurent envoyés tous ensemble à Mouson sur Meuse, là où quand ils feurent prests l'Advantureux s'y en alla avecques la gendarmerie, qui estoit la compagnie de monsieur de Lorraine, la compagnie de monsieur de Sedan, celle du gouverneur d'Orleans et de Mouson, et la sienne. Ledict Advantureux arrivé à Mouson, en envoya plus de la moitié à Sedan, et la plus grande part; et envoya les aultres six cent chariots à Jamets, qui tenoient plus de trois lieues de long. Or n'avoit ledict Advantureux que les compagnies devant dictes, qui montoient environ trois cent hommes d'armes, et quatre ou cinq cent hommes de pied, gens ramassés. Et tout subit qu'il eust son cas prest dedans Mouson, le mesme jour, quand chascun feust prest pour aller au lict pour coucher, et la ville fermée, fist sonner la trompette à cheval, et envoya cent hommes d'armes pour les amuser dedans le pays : laquelle chose ils fisrent; et lui se mist devant avecques cinquante hommes d'armes, et cinquante qui demeurerent derriere, les gens de pied ès deux costés, pour ce qu'il y avoit plusieurs mauvais passages. Et la compagnie de monsieur de Lorraine, qui revenoit, les rencontra par ung aultre chemin; et en estoit chef le bastard Du Fay, lieutenant de mondict sieur de Lorraine. Et ainsy feurent lesdicts vivres mis dans lesdictes places de Sedan et Jamets; mais ce ne feust point sans plusieurs allarmes, spécialement quand les vivres arriverent à Jamets : et n'eust jamais pensé le sieur d'Orval et les aultres capitaines qu'ils y eussent sçu entrer, car il falloit passer cinq heures en pays d'ennemis. Quand lesdicts vivres feurent dedans, ne feust rien faict; car le mesme jour falloit renvoyer les chariots qui les avoient amenés, et estoient cinq ou six cent; et de cette heure là mesme, qui n'estoit que deux heures de jour, les fist passer près de Damvilliers, qui est à l'Empereur, et les y fist conduire, pour ce que les Bourguignons les attendoient sur ung aultre chemin; et par ainsy feurent ces deux places ravitaillées, qui feust ung grand bien pour la frontiere de France.

CHAPITRE LXXVI.

Comment, au partir de Jamets, monsieur de Nassau alla assiéger Floranges; et comment les lansquenets vendirent monsieur de Jamets, qui estoit dedans.

LEDICT sieur de Nassau, poursuivant son entreprise, marchoit tousjours avecques son armée, tirant le chemin à Florange; et demeura huict à dix jours à aller depuis Jamets jusques-là, pour le grand charoy d'artillerie qu'il avoit, qu'il regardoit de diligenter. Or estoit dedans Florange le sieur de Jamets, frere de l'Advantureux; et y avoit déja quatre ou cinq mois qu'il y estoit, et avoit avecques lui six cent lansquenets et quinze ou seize hommes d'armes, et quelques advanturiers rassemblés avecques ceulx de la ville. Et audict Florange y a ville et chasteau; mais ils ne sont pas grands, et bons fossés, et bonnes douves à doubles fossés; et les avoit bien faict accoustrer ledict sieur de Jamets depuis qu'il y estoit : la ville et le chasteau estoient merveilleusement bien artillés, autant que place que l'on ait long-temps veue. Et avoient lesdicts lansquenets desja quatre ou cinq mois de service, et tousjours bien payés, et avoient force vivres pour ung an dedans. Monsieur de Nassau, de prime arrivée, ne se jetta point dedans, et alla séjourner ung petit à une ville qui est à l'Empereur, à une lieue près de Florange, nommée Thionville. Or il s'estoit faict, dedans deux ou trois jours devant, quelques escarmouches, là où avoient esté aucuns lansquenets de ladicte ville de Florange, et estoient compaignons qui avoient credit avecques la commune des lansquenets : l'ung desquels lansquenets prisonniers feust mandé par le sieur de Nassau pour faire practique avecques luy, pour le renvoyer dans la ville avecques quelque argent qu'on lui avoit donné pour faire une menée secrette pour faire mutiner les lansquenets, en leur disant qu'ils seroient tous pendus, pour ce qu'ils estoient du pays de l'Empereur. Monsieur de Nassau ayant response dudict lansquenet, fist marcher son armée et assiéger la ville. Les lansquenets qui estoient dedans commencerent d'avoir peur, avecques la bonne volonté qu'ils avoient de ne rien faire ; car ils ne tirerent jamais quatre ou cinq coups d'artillerie. Et vindrent au sieur de Jamets, en lui demandant querelle d'eulx pouvoir honnestement partir, et luy disrent : « Monsieur, la « coustume des lansquenets est que quand ils sont assié- « gés dedans une ville, on leur baille double paye pour « ung mois. » Laquelle chose ledict sieur de Jamets leur fist incontinent bailler, nonobstant qu'ils feussent payés pour deux mois davantage qu'on ne leur devoit : dequoy feurent bien esbahis, car ils pensoient que ledict sieur de Jamets n'eust point d'argent ; mais le sieur de Sedan et l'Advantureux luy en avoient envoyé, voyant l'affaire que luy estoit à venir. Le lendemain disrent au sieur de Jamets lesdicts lansquenets : « Mon- « sieur, si vous ne vous rendés, nous vous rendrons ; » car toute la nuict ils n'avoient faict que mutiner avecques ceulx de la ville ; et estoit déjà à l'une des portes le comte Felix, qui attendoit qu'ils se rendissent avecques tous les lansquenets de son parti en bataille. Cela faict, feust pris d'eulx le sieur de Jamets, et livré entre les mains du comte de Nassau; et tous les Allemands qui estoient dedans Florange passerent tous dessoubs une picque en sortant de la porte, là où les lansquenets de l'Empereur les dépouillerent tous, en leur disant qu'ils estoient meschans, et qu'ils avoient faulcé leur serment, et qu'ils n'estoient pas dignes d'estre jamais soubs enseignes, ny avecques gens de bien. Et à cette heure là avoit le roy de France dix-huit mille lansquenets en son camp d'Attigny, là où une partie de ceux-là se vindrent rendre; et incontinent que l'Advantureux le sceut les en advertit, et tous ceulx qu'on peut attraper passerent les picques. Le sieur de Jamets feust mené à Thionville, auquel monsieur de Nassau promist le traicter en homme de guerre; et le fist rançonner à dix mille escus de rançon, et mener au chasteau de Namur, en prison. De là mondict sieur de Nassau fist raser la ville, et ce faict, se retira vers les Ardennes pour rafreschir son armée, et assembler encore plus de gens qu'il n'avoit.

CHAPITRE LXXVII.

Comment Bouillon feust surpris, et ceulx qui estoient dedans presque tous tués ; et comment monsieur de Nassau vint à Douzy mettre son camp, là où vint monsieur Diestain et aultres gros seigneurs vers le sieur de Sedan pour avoir treves, laquelle, après avoir bien débattue, feust accordée pour six sepmaines, là où l'Advantureux ne voullust estre compris.

Deux mois après la prise de Fleurange, monsieur de Nassau estant au pays de Brabant, partist avecques son armée qu'il avoit devant Fleurange, et, encore mieux fournie d'artillerie, s'en vint passer par les Ardennes, et assez près de Bouillon, qui estoit place bien forte, assise sur un roc quasi imprenable; lequel sieur de Nassau despescha sept ou huit gens de pied namurois et quelques gens de cheval, et les envoya veoir quelle mine tenoient ceulx de la place, et faire une escarmouche devant; car ils n'avoient point volonté de l'assiéger. Ceulx de ladicte place, qui estoient assez bon nombre pour la garder, avoient tout plein de leurs femmes au bourg et en la ville audict Bouillon, et estoient partis du chasteau dès le point du jour pour aller veoir leurs femmes, et pour aller à leurs affaires qu'ils avoient en ladicte ville. De cas de fortune, tout ainsi que ceulx dedans descendoient pour aller en la ville, les gens de l'Empereur se jetterent pesle mesle avecques eulx; et quand la garnison cuida rentrer au chasteau, ils entrerent dedans le premier fort avecques eulx, et ne demeura qu'une petite roquette, là où estoit le capitaine. Quand monsieur de Nassau sceut ces nouvelles, marcha avec le demeurant de l'artillerie, et la vint assiéger, et fist tirer quelques coups d'artillerie. Ce voyans ceulx dedans, s'estonnerent de telle sorte qu'ils feurent tous pris, et le capitaine, qui se rendit à ung gentilhomme qui estoit de la maison de l'Empereur, nommé le beau Vaudray, qui lui promist sauver la vie, et par son assurance s'en alla; et quand il feust vers monsieur de Nassau, il le fist pendre et estrangler, oultre la promesse que ledict beau Vaudray lui avoit faicte; de quoy ledict gentilhomme feust fort marry : et les penderies que fist faire alors monsieur de Nassau ont cousté la vie à dix mille hommes, sans les pendus qu'on a rependu depuis. Le chasteau de Bouillon pris et pillé, le feu y feust mis, et dedans la ville; et le fist le comte Felix : de quoy feust bien marry le comte de Nassau quand il le sceut, pour ce qu'il avoit intention de mettre gens dedans, et de la garder. Et de là vint mettre son camp à Douzy, qui est à trois lieuës de Sedan, tirant devers Yvoy et Messencourt, dessus la riviere de Chier, qui passe audict Yvoy; et là ung peu plus bas vient tomber ladicte riviere de Chier en la riviere de Meuse. Et fist ledict sieur de Nassau faire un pont dessus ladicte riviere, à l'entrée dudict village. Et comme il estoit là, l'Advantureux estant à Rheims, lequel venoit en poste, ouyt dire comment monsieur de Nassau alloit mettre le siege devant Sedan; pour laquelle chose se hasta, et se vint mettre dedans ledict Sedan. Et lui arrivé, resjouit les gentilshommes et les compaignons, et y feust faict tout plain de belles escarmouches; et fist en tout l'appareil comme si l'on debvoit avoir le siege. Ce temps pendant, monsieur de Maisieres, nepveu de La Trimouille, et capitaine de cinquante hommes d'armes, vint par le Roi vers le sieur de Sedan et l'Advantureux, leur dire beaucoup de choses de par le Roi; et lui despesché, retourna vers le Roi en grande diligence, et en poste. Ce temps pendant monsieur Sikingen vint à l'escarmouche devant Sedan, là où l'Advantureux fist tirer une douzaine de coups de canon après, et porta dommaige à ses gens, mais pas grand. Le lendemain, ledict sieur de Sikingen envoya une trompette vers le sieur de Sedan et l'Advantureux, laquelle lui dict, de par monsieur de Sikingen, qu'il pensoit estre des amis de la maison, et qu'on avoit tiré après lui : surquoi lui fit response le sieur de Sedan, et lui dict qu'il ne pensoit pas que ce feust lui, et que s'il l'eust pensé il n'eust pas tiré; et qu'il le tenoit tant de ses bons amis, que quand il voudroit venir on le lairoit entrer fort et foible, et qu'on lui fairoit bonne chere. Et ainsi s'en retourna ladicte trompette vers monsieur de Sikingen, qui estoit au camp vers monsieur de Nassau : laquelle response ouie par mondict sieur de Sikingen, renvoya ladicte trompette vers monsieur de Sedan, lui prier qu'il peut parler à lui en la prairie qui est devant Sedan à seureté, et ameneroient autant de gens l'ung comme l'aultre. Ladicte trompette venue de Sedan, lui fist response le sieur de Sedan que dans deux jours il y pouvoit parler, et qu'il amenast tant de gens qu'il voudroit, et qu'il se sentoit bien seur de lui, et lui fist un cartel de seureté sur cela, et le bailla à ladicte trompette, qui le porta au sieur de Sikingen ; lequel sieur, après cette response, renvoya ladicte trompette vers monsieur de Sedan, et lui fist accorder ladicte response par monsieur de Nassau et tous les aultres, et envoya à cedict sieur son cartel de seureté à Sedan pour ceulx dudict Sedan. Et pendant que toutes ces choses se démesloient ne bougeoit monsieur de Nassau de son camp de Douzy, et de là en tour. Au jour nommé, se trouva monsieur de Sikingen au lieu ordonné pour faire le parlement et deviser; aussi fist le sieur de Sedan et l'Advantureux, fort accompaignés d'honnestes gentilshommes, tous désarmés : et vint avecques lui le comte de Horne, monsieur de Rœux, grand-maistre d'hostel de l'Empereur, et cent hommes d'armes la lance sur la cuisse, tous en bataille, assez

près d'illec, à un village qui s'appelle Ballain; et estoient tous les susdits seigneurs tous désarmés, et tous les gentilshommes qui y vindrent. Et après avoir parlementé bien trois ou quatre heures, ne feust encore rien conclud des treves que monsieur de Sikingen demandoit; et feust remise la journée à trois jours de là, au même lieu et à la même place. Et ce faict, ledict sieur de Sedan fist apporter force vins, et donna là à banquester aux seigneurs et aux gentilshommes; et estoit alors l'Advantureux monté sur ung cheval grand saulteur, qui fist merveilles. Ce faict, chascun s'en retourna; et au jour nommé vindrent lesdicts seigneurs tous en tel estat qu'ils avoient faict le jour devant; et là feurent conclues les treves pour six semaines entre l'Empereur et le sieur de Sedan, là où ne voullust point estre compris l'Advantureux. Et propre jour estoit arrivé au matin le sieur de Maisieres, qui estoit venu le premier jour, lequel avoit apporté lettre de par le Roi au sieur de Sedan et à l'Advantureux, lequel vist toute la menée et la conclusion des treves, et estoit dedans le chasteau de Sedan comme on parlementoit. Ledict parlement achevé, le sieur de Sedan mena tous les seigneurs et gentilshommes à la place, et leur fist merveilleusement bonne chere, car ils estoient tous ses parens et amis; et avoient amené avecques eux le maistre de l'artillerie de l'Empereur, et deux ou trois canoniers qui entrerent quant et quant eulx; et quand le sieur de Sedan le sceut, il leur dit, en riant et se mocquant d'eulx : « Je vous advise, messieurs, que je
« ne vous crains gueres, et veulx que vous voyés toute
« la place hault et bas, afin que si une autrefois vous
« venés devant, que vous sçachiés par où il faut as-

« saillir. » Ce faict, les seigneurs se départirent et retournerent en leur camp; et l'Advantureux et toute la gendarmerie s'en alla en France, et le sieur de Sedan demeura en sa maison. Et deux jours après feurent les tresves publiées pour six sepmaines.

CHAPITRE LXXVIII.

Comment monsieur de L'Escun, mareschal de France, tint Parme contre toute l'armée du Pape et des Espaignols.

Tandis que toutes ces choses se faisoient en France par les frontieres, tant en Ardenne qu'en Guyenne, où estoit monsieur l'admiral de France et monsieur de Guise, frere de monsieur de Lorraine, chef général des lansquenets, les Espaignols eurent en penser, pour faire tirer le Roi et son armée et la guerre hors leur pays (qui feust bien pensé à eulx), qu'ils fairoient une armée avecques le Pape, et l'envoyeroient en Italie : laquelle feust bientost preste, et commença à marcher droict à Parme. Et incontinent que monsieur de Lautrec, qui estoit lieutenant général du Roy à Milan, sceut ces nouvelles, il despescha son frere qui estoit mareschal de France, monsieur Lescun, qui avoit laissé le bonnet rond, et estoit évesque de Tarbes au commencement, mais il se sentit trop gentil compaignon pour se mettre d'Eglise; aussi je vous asseure qu'il estoit tel, et fist tant honnestement en toutes choses là où il eust affaire, qu'il feust, avecques l'ayde de ses bons amis et amies, mareschal de France. Et pour ce que l'Italie estoit pour l'heure bien desgarnie de gens de guerre, et spécialement de gens de pied, feust forcé que fist soudainement un nombre de pietons, qui feurent environ six ou sept mille hommes, et les mena audict Parme, avecques quatre cent hommes d'armes et quelque artillerie. Et subit qu'il y feust arrivé, les Espaignols le vindrent assiéger, et fisrent merveilleusement diligence à la batterie, qui estoit grande comme de cinquante ou soixante pieds de long; et la ville ne valoit rien, ny les fossés, ni les murailles, et n'estoit remparée. Le premier jour, ils donnerent ung assault qui feust gros et rude; mais ils feurent repoussés bien rudement, et pour ce jour n'y eust aultre chose faicte. Les gens de pied italiens que ledict sieur de Lescun avoit amenés avecques luy se commencerent à mutiner, veu la foiblesse de la place, et qu'on les assailloit si rudement. Mondict sieur de L'Escun estant adverty de cette mutinerie, feust bien esbahy et marry, et en toute diligence envoya par toute la ville sçavoir qui estoient les mutins; et lui feust rapporté qu'ils estoient six ou sept capitaines italiens, qui avoient bien deux mille hommes soubs leurs charges. Laquelle chose entendue par luy, tout maintenant envoya querir lesdicts capitaines; et voyant qu'ils avoient le cœur failly, ne les voullust plus avoir en sa compaignie, quelque faulte de gens qu'il eust et au plus gros affaire qu'il eust, et les fist jetter hors la ville eulx et leurs gens, et leur dict qu'il ne voulloit point qu'ils feissent peur aux aultres; et ne luy demeura que quatre mille hommes dans la ville, qui est d'une merveilleuse grandeur. Les Espaignols sçachant l'allée desdicts gens de pied, voullurent efforcer la ville, et y fisrent grand effort, et plus que jamais; par quoy ils doublerent leur batterie. Et y feust donné l'assault fort et rude, tellement que ce jour en donnerent cinq, et tousjours gens frais et gros; et quand ce vint au dernier assault, ils feurent si bien repoussés, que les gensd'armes qui estoient à pied, et les piétons, passerent la bresche, les fossés, en les menant et les battant jusques outre lesdicts fossés. Et y perdirent beaucoup de gens les Espaignols; et s'y eschaufferent tellement, que ledict sieur de L'Escun ne les sçavoit faire retirer dedans la ville : toutesfois en la fin se retirerent, en faisant bonne chere et bon guet. Les Espaignols voyant cette mine, visrent bien que ce n'estoit viande pour eulx, et eurent conseil dès le lendemain lever leur siége, et se retirerent un peu à l'escart, en voulant marcher vers Milan. Et monsieur le mareschal de Foix se mist à la queue avecques ce qu'il avoit de gens, et leur rompist vivres, et leur faisoit tout le mal qu'il pouvoit. Or je laisseray icy le mareschal de Foix et ses gens, pour retourner à nostre matiere, et aux choses qui se fisrent ce pendant sur les frontieres de France [1].

[1] La fin de ce chapitre fait conjecturer que l'auteur n'a point achevé son travail, ou bien que la fin a été perdue. Quoi qu'il en soit, toutes les éditions des Mémoires de Fleurange ne contiennent rien de plus que celle-ci.

FIN DES MÉMOIRES DE FLEURANGE.

JOURNAL

DE LOUISE DE SAVOYE,

DUCHESSE D'ANGOULESME,

D'ANJOU ET DE VALOIS,

MERE DU GRAND ROI FRANÇOIS PREMIER.

NOTICE

SUR LOUISE DE SAVOIE.

Louise de Savoie naquit au Pont-d'Ain en Bresse, le 11 septembre 1476. Elle fut mariée très-jeune au comte d'Angoulême, alors fort éloigné du trône; et il paroît que cette union fut aussi heureuse qu'elle fût courte. Devenue veuve à dix-huit ans, reléguée par Charles VIII dans le château de Cognac, Louise s'y dévoua entièrement à l'éducation de ses enfans, pour lesquels elle montroit la plus vive tendresse. Lorsque Louis XII, qui avoit aimé son époux, parvint à la couronne, il la fit revenir à la cour, où elle brilla par les grâces de son esprit, les agrémens de sa figure, et un goût pour la galanterie qu'on n'avoit pas encore soupçonné. Les dissipations de cette vie nouvelle ne la détournèrent pas cependant des soins qu'elle devoit à sa fille Marguerite, qui dès l'enfance annonçoit les qualités les plus brillantes, et à son fils, qu'on commençoit à considérer comme l'héritier présomptif de la couronne. Au milieu des intrigues où elle se trouvoit engagée, elle veilloit assidument sur leur santé, prenoit part à leurs plaisirs, et préféroit souvent ces distractions innocentes au tourbillon par lequel elle se laissoit entraîner. Les démêlés qu'elle eut avec Anne de Bretagne, femme de Louis XII, ne lui firent pas perdre l'amitié de ce monarque, qui se plaisoit dans sa société, et qui témoignoit à ses enfans la plus tendre affection.

Les passions violentes qu'elle avoit soigneusement dissimulées dans la vie privée se déployèrent aussitôt que son fils fut devenu roi : mais elle y joignit des qualités qui appartiennent à un grand caractère, et elle rendit d'éminens services, après avoir fait commettre des fautes graves. Nous ne placerons point ici les détails de cette époque de son histoire, parce qu'ils se trouvent dans l'Introduction aux Mémoires de Du Bellay.

Le Journal qu'elle a composé, de quelques circonstances importantes de sa vie, fut publié pour la première fois par Guichenon, dans les pièces qu'il joignit à son Histoire généalogique de la maison de Savoie [1] : il fut ensuite placé, par l'abbé Lambert, à la suite de la traduction qu'il donna en 1753 des Mémoires de Du Bellay.

On trouve dans ce petit ouvrage, qui manque malheureusement de développemens, quelques traits mar-

---

[1] Guichenon tenoit ce manuscrit du père Hilarion de Coste, religieux minime, qui l'avoit trouvé dans la bibliothèque de Hardy, conseiller au Châtelet.

quans du caractère de Louise de Savoie : son amour maternel y domine, et on la voit sans cesse occupée des dangers que peut courir son fils. Le style, à l'ordinaire très-sec quand il est question d'autres objets, prend alors le ton le plus tendre et le plus touchant. Le jeune prince, n'étant âgé que de sept ans, fut emporté par un cheval fougueux, et courut un grand danger. « Toutesfois, dit Louise, Dieu, protecteur des « femmes véufves et deffenseur des orphelins, pré-« voyant les choses futures, ne me voulut abandonner, « cognoissant que si cas fortuit m'eust si soudainement « privé de mon amour, j'eusse esté trop infortunée. » Dans une autre occasion, où François I fut grièvement blessé, en jouant avec de jeunes seigneurs, elle s'écrie : « S'il en fust mort, j'estois femme perdue. » Mais son amour pour son fils éclate surtout lorsque, après la sanglante bataille de Marignan, elle vole au devant de lui, autant pour jouir de son triomphe que pour se convaincre que sa santé n'a pas été altérée par tant de fatigues. L'ayant rencontré près de Sisteron sur les bords de la Durance, elle s'enivre du bonheur de le contempler : « Dieu sçait, dit-elle, si moi, pauvre mere, « feus bien-aise de voir mon fils sain et entier, après « tant de violences qu'il avoit souffertes et soutenues « pour servir la chose publique ! »

Dans un article de ce Journal, Louise cherche à faire croire qu'elle a toujours bien vécu avec la reine

Anne de Bretagne et madame Claude. On remarque qu'elle éprouve de la contrainte en parlant de ces deux princesses; mais on voit qu'elle ne craint pas de montrer sa haine pour Marie d'Angleterre, seconde femme de Louis XII, lorsqu'elle observe que, presque immédiatement après la mort de ce monarque, elle donna sa main à un homme de basse condition.

Ce Journal, qui ne va que jusqu'à 1522, et qui par conséquent n'embrasse point la partie la plus intéressante du règne de François I, n'est curieux qu'en ce qu'il explique pourquoi ce prince, convaincu que sa mère lui portoit un amour aussi vrai que désintéressé, ferma constamment les yeux sur ses fautes, et lui laissa jusqu'à sa mort un pouvoir dont elle n'abusa que trop souvent.

JOURNAL

DE LOUISE DE SAVOYE.

C'est Madame qui reduit à memoire plusieurs choses, mesmement le danger qui advint au Roy son fils, l'an 1501, auprès de la maison de Sauvage, en la Vareyne d'Amboise.

M<small>AXIMILIAN</small>, roi des Romains, entra en ce monde le 22 mars, à quatre heures quatre minutes après midi, 1459.

Louis XII, roi de France, fut né à Blois l'an 1462, le 27 juin, à cinq heures huit minutes avant midi.

Anne, reine de France et duchesse de Bretagne, fut née à Nantes l'an 1476, le 26 de janvier, à cinq heures trente minutes au matin.

Je ne dois parler de moi-mesme ; mais je m'en rapporte à ce qu'en a escript François Du Moulinet, abbé de Saint Maximan. Toutesfois je feus née au Pont d'Ain l'an 1476, l'unziéme jour de septembre, à cinq heures vingt-quatre minutes après midi.

Le seigneur d'Alenson sortit du cloistre maternel pour commencer mortelle vie l'an 1489, le deuxiéme jour de septembre, à sept heures vingt-neuf minutes avant midi.

Ma fille Margueritte fut née l'an 1492, l'unziéme jour d'avril, à deux heures au matin, c'est-à-dire le dixiéme jour, à quatorze heures dix minutes, en comptant à la maniere des astronomes.

François, par la grace de Dieu roi de France, et mon César pacifique, print la premiere expérience de lumiere mondaine à Congnac environ dix heures après midi 1494, le douziéme jour de septembre.

Le premier jour de janvier de l'an 1496, je perdis mon mari.

Ma fille Claude, conjoincte à mon fils par mariage, fut née en ma maison, à Romorantin, le 13 d'octobre, à huit heures cinquante-quatre minutes après midi, 1499.

Le jour de la Conversion de saint Paul, 25 de janvier 1501, environ deux heures après midi, mon roi, mon seigneur, mon César et mon fils, auprès d'Amboise, fut emporté au travers des champs par une hacquenée que lui avoit donné le maréchal de Gyé; et fut le danger si grand, que ceux qui estoient présens l'estimerent irréparable. Toutesfois Dieu, protecteur des femmes veufves et deffenseur des orphelins, prévoyant les choses futures, ne me voulut abandonner, cognoissant que si cas fortuit m'eust si soudainement privé de mon amour, j'eusse été trop infortunée.

Le 24 d'octobre 1502, le petit chien Hapeguai, qui estoit de bon amour, et loyal à son maistre, mourut à Blevé.

Anne, reine de France, à Blois, le jour de Sainte Agnès, 21 de janvier, eut un fils (1); mais il ne pou-

(1) *Eut un fils* : on ne connoît point la date précise de cet accouchement.

voit retarder l'exaltation de mon César, car il avoit faute de vie. En ce temps j'étois à Amboise dans ma chambre; et le pauvre monsieur qui a servi mon fils et moi en très-humble et loyale perseverance m'en apporta les premieres nouvelles.

L'an 1507, le 22 may, au Plessis à Tours, deux heures après midi, fut confirmé le mariage, par parolle de présent, entre mon fils et madame Claude, à présent reine de France.

Le 3 d'aoust 1508, du temps du roy Louis XII, mon fils partit d'Amboise pour être homme de cour, et me laissa toute seule.

Le jour de la Transfiguration, 6 d'aoust 1508, à un dimanche entre sept et huit heures après souper, en un jardin à Fontèvaux, mon fils eut sur le front un coup de pierre fort dangereux.

Le jeudy 7 d'aoust 1508, la reyne Anne fut en grand danger à Montsoreau, environ sept heures du soir; car les planches du pont fondirent soubs les chevaux de sa litiere.

Le lundy, dernier jour d'aoust 1508, la plus jeune fille d'Alenson fut épousée avec le marquis de Montferrat à Saint Sauveur, à Bloys.

Le jeudi 14 décembre 1508, à minuit ou environ, mon fils fut griefvement malade, mais il fut tantost guary; et lendemain vint nouvelle que le duc de Lorraine estoit mort.

Le lundy 14 d'avril 1509, furent défaits les Vénitiens par le roy Louis XII à Aignadel, et fut donnée la bataille avant midy.

Les fiançailles de monsieur d'Alenson et de ma fille Margueritte furent faictes ès mains du cardinal de

Nantes à Blois, le jour de Saint Denys, le 9 d'octobre, à six heures quinze minutes après midy, 1509.

Le premier de février 1510, mon fils fit son entrée à La Rochelle, environ cinq heures après midy.

Le 25 de may 1510, environ midi, à Lyon, aux Celestins, mourut monsieur le légat George d'Amboise.

Madame Renée, sœur de madame Claude, fut née à Blois le 29 d'octobre, à neuf heures avant midi, 1510.

Le vingt-deuxième jour de juin 1511, mon fils fut pris d'une fiévre tierce; et le 27 il arriva à Romans au Dauphiné, et là eut le quart accès de ladicte fiévre tierce, qui le print le vingt-huitième jour, environ unze heures, incontinent après disné.

Le cinquième jour de juillet 1511, mon fils, pensant estre guery de fiebvre tierce, partit de Romans à trois heures avant midy, et chemina jusques à Valence.

Le 24 de juillet 1511, à douze heures trente minutes, mon fils eut le cinquieme accès de fiebvre recidive; car à Valence il recheut en la fiebvre tierce, de laquelle il croyoit estre guery quand il partit de Romans.

Le 19 de février 1512, monsieur de Nemours, frere de la reine d'Arragon et nepveu du roy Louis XII, se adventura d'assaillir les Vénitiens, qui avoient fait revolter Bresse, et les défit; et fut la ville prise d'assault.

Le jour de Pasques, 11 d'avril 1512, monsieur de Nemours Gaston de Foues défit l'armée du roy d'Arragon, et celle de Jules, pape second, devant Ravenne; mais il y mourut, et plusieurs gens de bien avec luy, qui fut très-grand dommage.

Le jour de Saint Georges, 23 d'avril 1512, le hérault

d'Angleterre vint vers le roi Louis XII. à Blois, lui dire, de par le Roi son maistre, que s'il n'entretenoit les pactions faictes au traité de Cambray, sondit maistre estoit déliberé de secourir le pape Jules et le roi d'Arragon, son beau-pere.

L'unziéme jour de juin 1512, vinrent nouvelles au roy Louis XII que les Anglois estoient descendus en Bretagne et à Fontarabie.

Le seiziéme jour de juin 1512, le roy Louis XII fut adverti que Milan s'estoit revolté.

Le septiéme jour de septembre 1512, mon fils passa à Amboise pour aller en Guyenne contre les Espagnols, et estoit lieutenant général du roy Louis XII, ainsi comme maintenant en sa dignité royale il est dictateur perpetuel; et trois jours avant il avoit eu mal en la part de secrete nature.

Le seiziéme jour de juillet 1513, mon fils, comme subjet du roy Louis XII, partit de Paris pour aller en Picardie contre les Anglois.

Le 23 d'aoust 1513, à Congnac, je feus advertie de la prise de monsieur de Longueville et d'autres capitaines à la journée des Esperons.

Le 29 d'aoust 1513, à Congnac, je seus les nouvelles de la ville de Therouanne, que nos gens avoient rendue par faute de vivres, et en estoient sortis leurs baguages sauves.

Le 3 de septembre, qui fut un sabmedy, de nuit, 1513, je feus griefvement malade de collique à Congnac : et par ce fut rompu mon voyage, car je devois aller à Barbesieux tenir l'enfant de La Rochefouquault.

Le 29 septembre, à Congnac, 1513, me feurent apportées nouvelles comme Tournay estoit rendu au roi d'Angleterre, et que le roy d'Ecosse estoit mort.

Le 14 d'octobre 1513, en venant de vespres de Saint Leger de Congnac, je entrai en mon parc; et près du dedalus, la poste m'apporta nouvelles fort bonnes du camp de mon fils, lieutenant du roy Louis XII en la guerre de Picardie; sçavoir est que le roi des Romains s'en estoit allé de Tournai, et que le roy d'Angleterre s'affoiblissoit de jour en jour.

Le trentiéme jour de decembre 1513, en venant de disner de Boutiers près de Congnac, je fus bien marrie; car monsieur d'Alenson cheut de cheval et se rompist le bras; et le lendemain mon fils arriva en poste.

Anne, reine de France, alla de vie à trespas le 9 janvier 1514, me laissa l'administration de ses biens, de sa fortune et de ses filles; mesmement de madame Claude, reine de France et femme de mon fils, laquelle j'ai honorablement et amiablement conduite : chacun le sçait, vérité le cognoist, expérience le demonstre, aussi fait publique renommée.

Le lundy 9 janvier 1514, la reyne Anne trespassa à Blois; et le mardy après disner, à Congnac, mon fils et moi en feusmes advertis entre cinq et six heures avant midy.

Le mercredy 11 janvier 1514, je partis de Congnac pour aller à Angoulesme, et aller coucher à Jarnac; et mon fils, demonstrant l'amour qu'il avoit à moy, voulut aller à pied, et me tint bonne compagnie.

Le samedy 14 de janvier 1514, mon fils, à trois heures après midi, fit son entrée à Congnac. Je demeuray au chasteau avec monsieur d'Alenson, qui avoit le bras rompu; ma fille Margueritte et ma sœur de Taillebourg (1), à présent duchesse de Vallois, descendirent en la ville pour veoir l'entrée.

Le dix-huitiéme jour de may, à Saint Germain en Laye, l'an 1514, furent les nopces de mon fils.

Le 8 de juillet 1514, je cuiday demeurer à Blois pour jamais, car le plancher de ma chambre tomba; et eusse esté en extrême danger, n'eust esté ma petite Bigote et le seigneur Desbrules, lesquels premierement s'en apperceurent. Je crois qu'il falloit que toute cette maison fut reclinée sur moy, et que, par permission divine, j'en eusse la charge.

Ce jour 16 juillet 1514, en Engoumois, en Anjou, je feus griefvement malade, et contrainte de descendre de ma litiere pour me chauffer en une petite maison sur le grand chemin en allant de Nanteuil à Charroux, en la terre de monsieur de Paulegon.

Le jeudy 10 d'aoust 1514, furent faictes par procureur les fiançailles du roy Louis XII et de la sœur du roy d'Angleterre.

Le 28 d'aoust 1514, je commencay à predire, par céleste prevision, que mon fils seroit une fois en grand affaire contre les Suisses; car, ainsi que j'étois après souper en mon bois à Romorantin, entre sept et huit heures, une terrible impression céleste, ayant figure de comete, s'apparut en ciel vers occident, et je feus la premiere de ma compagnie qui m'en apperceus; mais ce ne feust sans avoir grand peur, car je m'escriai si hault que ma voix se pouvoit estendre, et ne disois autre chose sinon : *Suisses! les Suisses, les Suisses!* Adonc estoient avec moy mes femmes; et d'hommes

(1) *Ma sœur de Taillebourg* : il paroît qu'il y a eu ici une altération dans le texte : Louise de Savoie n'eut qu'une sœur, nommée Philiberte.

n'y avoit que Regnault de Reffuge, et le pauvre malheureux Rochefort sur son mulet gris, car aller à pied ne lui estoit possible.

Le 22 septembre 1514, le roy Louis XII, fort antique et debile, sortit de Paris pour aller au-devant de sa jeune femme la reine Marie.

Le 9 d'octobre 1514, furent les amoureuses nopces de Louis XII, roi de France, et de Marie d'Angleterre; et furent espousés à dix heures du matin, et le soir coucherent ensemble.

Le troisiéme jour de novembre 1514, avant unze heures avant midi, j'arrivay à Paris; et celui mesme jour, sans me reposer, je feus conseillée d'aller saluer la reine Marie à Saint Denys; et sortis de la ville de Paris à trois heures après midy, avec grand nombre de gentilshommes.

Le cinquiéme jour de novembre 1514, la reine Marie fut couronnée à Saint Denys entre dix et unze heures avant midi; et le sixieme jour, environ quatre heures après midi, elle fit son entrée à Paris.

Le 29 de novembre 1514, mon fils, courant en lice aux Tournelles, fut blessé entre les deux premieres joinctes du petit doict, environ quatre heures après midi.

Le premier jour de janvier 1515, mon fils fut roi de France.

Le premier jour de janvier 1515, environ unze heures de nuict, à Paris, aux Tournelles, trespassa le roi Louis XII; et le 3, qui fut mercredi, je partis de Romorantin pour aller audict lieu.

Le 12 de janvier 1515, fut enterré le roi Louis XII à Saint Denys.

Le jour de la Conversion de saint Paul 1515, mon fils fut oint et sacré en l'église de Rheims. Pour ce suis-je bien tenue et obligée à la divine misericorde, par laquelle j'ay esté amplement recompensée de toutes les adversités et inconveniens qui m'estoient advenues en mes premiers ans, et en la fleur de ma jeunesse. Humilité m'a tenu compagnie, et patience ne m'a jamais abandonnée.

Le 15 de fevrier 1515, entre deux heures après midi, mon fils fit son entrée à Paris.

Le samedy, dernier jour de mars 1515, le duc de Suffolk (1), homme de basse condition, lequel Henri VIII de ce nom avoit envoyé ambassadeur devers le Roi, espousa Marie, sœur dudit Henri, et veufve de Louis XII.

Le lundy seiziéme jour d'avril 1515, Marie d'Angleterre, veufve de Louis XII, partit de Paris avec le duc de Suffolk son mari, pour retourner en Angleterre.

Le cinquiéme jour de juin 1515, mon fils, venant de Chaumont à Amboise, se mit une espine en la jambe, dont il eut moult de douleur, et moi aussi; car vrai amour me contraignoit de souffrir semblable peine.

Le vingt-sixiéme jour de juin 1515, le duc de Lorraine, au chasteau d'Amboise, fut marié avec mademoiselle de Bourbon, à unze heures avant midi, en pleine lune.

Le trentiéme jour de juin 1515, je receus mon fils à mon chasteau de Romorantin, et toute sa compagnie.

)1) *Duc de Suffolk* : Charles Brandon il étoit favori de Henri VIII.

Le 4 de juillet 1515, mon fils, allant contre les Suisses, partit de Romorantin à sept heures avant midi.

Le lundi 30 de juillet 1515, mon fils partit de Lyon pour aller contre les Suisses et autres occupateurs de la duché de Milan.

Madame Louyse, fille aisnée de mon fils, fut née à Amboise, 1515, le dix-neuviéme jour d'aoust, à dix heures quarante-sept minutes après midi.

En septembre 1515, Prosper Colonne fut défait à Franqueville, en Piémont, par le général de La Palice, Hymbercourt et plusieurs autres.

Le 13 de septembre, qui fut jeudi 1515, mon fils vaincquit et deffit les Suisses auprès de Milan; et commença le combat à cinq heures après midi, et dura toute la nuict, et le lendemain jusques à onze heures avant midi; et, ce jour propre, je partis d'Amboise pour aller à pié à Nostre-Dame de Fontaines, lui recommander ce que j'aime plus que moi-mesme, c'est mon fils glorieux et triomphant César, subjugateur des Helvetiens.

Item, ce jour mesme 13 septembre 1515, entre sept et huit heures au soir, fut veu, en plusieurs lieux en Flandres, un flambeau de feu de la longueur d'une lance, et sembloit qu'il deust tomber sur les maisons; mais il estoit si clair que cent torches n'eussent rendu si grande lumiere.

Le dimanche 14 octobre de l'an 1515, Maximilian, fils du feu Loys Sforce, estant assiegé au chastel de Milan par les François, se rendit à mon fils par composition.

Le 27 de novembre 1515, je donnay à Rochefort deux cens escus soleil, qui furent bien employés; car il a bon vouloir de servir, j'en suis bien asseurée.

Le jour Sainct André, dernier novembre de l'an 1515, mon fils, estant à Blois, porta l'ordre de Bourgogne.

Le mardi 11 de decembre 1515, mon fils arriva à Boulogne la Grasse.

Le jeudi 13 de decembre 1515, le pape Leon célébra la messe en présence de mon fils; et le vendredi suivant fut tenu consistoire, et l'alliance confirmée, laquelle depuis a esté affermée et florentinée par ledit Leon, gentil lieutenant et apostre de Jesus-Christ.

Le 14 decembre 1515, mon fils fit le serment de paix avec le roi d'Angleterre.

L'an 1515, 1516, 1517, 1518, 1519, 1520, 1521, 1522, sans y pouvoir donner provision, mon fils et moi feusmes continuellement desrobés par les gens de finances.

Le 13 de janvier 1516, mon fils, resvenant de la bataille des Suisses, me rencontra auprès de Sisteron en Provence, sur le bord de la Durance, environ six heures au soir; et Dieu sçait si moi, pauvre mere, feus bien-aise de voir mon fils sain et entier, après tant de violences qu'il avoit souffertes et soutenues pour servir la chose publique!

Le 3 fevrier 1516, mon fils, estant à Tarascon, ouit les nouvelles de la mort de Ferdinand, roi d'Espagne.

Le 4 de fevrier, à six heures après midi, 1516, mon fils fit son entrée à Avignon; et le 11 à Montlymard; et le 14 à Valence.

Le jeudy 8 de may 1516, mon fils et moy, environ une heure après midy, montasmes à La Roché de la Balme, au Dauphiné, à deux lieues de Cremieux.

Le 28 de may 1516, environ cinq heures après

midi, mon fils partit de Lyon pour aller à pié au saint suaire à Chambery.

Le septiéme jour de juin 1516, ma fille Claude, à La Tour-Dupin en Dauphiné, commença à sentir en son ventre le premier mouvement de ma fille Charlotte.

Charlotte, fille de mon fils, fut née à Amboise le 23 d'octobre, à six heures quarante-quatre minutes avant midi, 1516.

Le 17 janvier 1517, le Roi mon fils, la Reine, ma fille Marguerite, Saint Mesmin et moi, arrivasmes à Saint Mesmin près Orleans; et le lendemain le Roy fit son entrée en ladicte ville.

Le 23 septembre 1517, le seneschal Galiot print à femme l'esnée fille de La Cueille, à Orbech en Normandie, à trois lieues de Lisieux.

Le premier d'octobre 1517, mon fils fit son entrée à Argenton, et fut honnestement receu et bien traicté par ma fille Marguerite.

Le 24 novembre 1517, le Roi mon fils partit d'Amboise pour aller à pié à Saint Martin de Tours.

La nativité de François, fils de mon fils, daulphin de Viennois, fut à Amboise le second dimanche de caresme, à cinq heures dix-huit minutes après midi, le dernier jour de fevrier 1518.

Henri, second fils de mon fils, fut le jour de la mi-caresme né à Saint Germain en Laye, à sept heures six minutes avant midi, l'an 1519; et, selon la coustume de France, l'an 1518, le dernier jour de mars, ayant, à cause dudict jour, quelque similitude avec François son frere, qui fut né le dernier jour de fevrier.

Le 16 d'octobre 1518, monsieur le Dauphin, environ midi, partit d'Amboise et alla coucher à Chaumont; le lendemain arriva à Blois, à deux heures après midi.

En novembre 1518, le moine rouge, Anthoine Boys (1), parent de nostre reverendissime chancelier et des inextricables sacrificateurs des finances, alla de repos en travail hors de ce monde; et lors fut faict une fricassée d'abbayes, selon la folle ambition de plusieurs papes.

Le dimanche 19 fevrier de l'an 1519, mon fils, mes filles et moi, entrasmes dans Congnac; et le jour de mardi-gras, qui fut le 21 de fevrier, je feis un festin, grand et magnifique, à l'honneur et louange dudict lieu de Congnac, auquel mon fils sortant de moi avoit pris sa très-heureuse naissance.

L'an 1519, le 5 juillet, frere François de Paule, des freres mendians evangelistes, fut par moi canonisé; à tout le moins j'en ai payé la taxe.

En juillet 1519, Charles v de ce nom, fils de Philippe, archiduc d'Autriche, fut, après que l'Empire eut par l'espace de cinq mois esté vacant, éleu roi des Romains en la ville de Francfort. Pleut à Dieu que l'Empire eut plus longtemps vacqué, ou bien que pour jamais on l'eust laissé entre les mains de Jesus-Christ, auquel il appartient, et non à aultre!

Le 23 septembre 1519, mon fils, qui estoit allé à la chasse à La Chapelle Vendomoise, près de Blois, se

---

(1) *Anthoine Boys* : Antoine Bohier. Louise de Savoie lui fit obtenir le chapeau de cardinal, qui avoit été promis à Everard de La Marck; cela entraîna la défection momentanée de cette famille. (*Voyez* les Mémoires de Fleurange.)

frappa d'une branche d'arbre dedans les yeux, dont je feus fort ennuyée.

L'an 1519, le 8 octobre, à onze heures avant midy, mon fils, à ma requeste, donna à Rochefort l'office de grand aumonier; ce fut à Chambort, à trois lieues de Bloys.

Le 16 d'octobre 1519, Rochefort, grand ausmonier, baptisa Margueritte Turc, en la chapelle d'Amboise; ma fille fut commere, et mon frere le bastard de Savoye, et le seigneur de Montmorency, furent comperes.

Le 10 de decembre 1519, mon fils et moi partismes de Blois pour aller à Congnac.

Le 5 de janvier 1520, mon fils fit son entrée à Poitiers.

Le jeudi 8 de mars 1520, un Espagnol, qui un peu auparavant avoit esté pris à Saint Jean d'Angely, fut décapité à Xaintes, atteint et convaincu de plusieurs castilavisées assez impertinentes au profit de la republique.

Le vendredi 9 de mars 1520, en la ville d'Angoulesme, je feis faire un service solemnel pour mon mary monseigneur Charles, pere du Roy mon fils.

Le 9 de may 1520, environ dix heures du matin, mon fils, continuant ce don qu'il avoit deux fois fait à Rochefort (1) de l'evesché de Condom, la premiere fois à la requeste de Saint Marsauld, et la seconde à la requeste de La Rochepot, en la chapelle de la Bastille, dit de rechef audit Rochefort qu'il seroit evesque de Condom, et que ce matin il avoit fait refus de la-

---

(1) *Rochefort*: il avoit été précepteur de François I.

dite dignité episcopale à quelqu'un qui lui avoit demandée.

Le 22 de may 1520, à Montreuil, le secrétaire La Chesnaye, sans propos et sans raison, eut la main coupée par un lansquenet auquel jamais n'avoit fait déplaisir. Pour ce eut ledit lansquenet le poing tranché et la teste coupée, puis fut pendu honteusement. Lors estoit mon fils à cinq lieuës dudit Montreuil, à l'abbaye de Feremoustier; et quasi à semblable heure le feu se prit au logis de mon fils d'Alenson, et le brusla avec cinq maisons voisines, dont plusieurs gens de bien eurent peur, craignant que quelque entreprise auroit faicte contre mondit fils, qui pour lors estoit à la chasse.

Le dernier jour de may 1520, mon fils arriva à Ardres, qui s'appelle en latin *Ardea*; et ledit jour le roi d'Angleterre, second de sa race, arriva à Calez, qui s'appelle en latin *Caletum*, ou *Portus Itius*, selon Cesar, au cinquiéme livre de ses Commentaires.

Le mardi 5 de juin 1520, arriva le roi d'Angleterre à Guynes, et la Reine ma fille et moi arrivasmes à Ardres; et ledit jour, Le Rouge, parent de Tripet, archer de la garde de mon fils, vint audit lieu pour me veoir, et convenir avec moi de plusieurs choses.

Le 7 de juin 1520, qui fut le jour de la Feste Dieu, environ six, sept et huit heures après midi, mon fils et le roi d'Angleterre se virent en la tente dudit roi d'Angleterre, près Guynes.

Le neuviéme jour de juin 1520, mon fils et le roi d'Angleterre se trouverent en campagne, chacun cinquante hommes, et prinrent leur vin ensemble environ cinq heures et demie après midi.

Le 17 juin 1520, se print le feu au logis de monsieur d'Orval, à Ardres, environ dix heures et demie de nuit; qui fut chose assez facheuse, car nous étions en lieu suspect et inique.

Le 23 de juin 1520, le legat d'Angleterre chanta la messe en plain camp devant les deux Roys; toute la chapelle fut faicte et tendue par les Anglois, reservé le pavillon de la chapelle de mon fils, qui fut tendu en l'oratoire. Mon fils s'agenouilla à dextre, et print la paix et l'evangile le premier; et les servit le petit cardinal de Vendosme.

Le 24 de juin 1520, les deux Rois se départirent, et dirent adieu l'un à l'autre.

Le 25 de juin 1520, mon fils, partant d'Ardres, alla coucher à Terouanne, sept lieues; et le 26 à Denrien; le 27, disner à Boulogne et coucher à Estaples; le 28, à Farmoustier; de Farmoustier à Abbeville, à Fliscourt, à Doué, car Amiens est entre deux. *Item*, à Abbeville, ma fille, la Reine et moy, nous mismes en batteau sur la riviere de Somme.

En aoust 1520, le jour Saint Laurent, à dix heures après midy, à Saint Germain en Laye, sortit du ventre de la Reine ma fille Magdelaine, troisieme fille du Roy mon fils.

Le sixiéme jour de janvier 1521, feste des Rois, environ quatre heures après midy, mon fils fut frappé d'une mauvaise buche sur le plus hault de ses biens; dont je feus bien désolée, car s'il en fut mort j'étois femme perdue. Innocente fut la main qui le frappa; mais, par indiscretion, elle fut en peril avec tous les autres membres.

Le jour de la Conversion de S. Paul, de l'an 1521, mon fils fut en grand danger de mourir.

Le 16 d'avril 1521, si nous comptons selon la coustume romaine, mon fils fit son entrée à Dijon.

Le 22 d'avril 1521, mon fils fit son entrée à Troye, et là me trouva avec mes filles la Reine et la duchesse d'Alenson.

Le 5 juillet 1521, mon fils estant à Ardilly, à deux lieues de Beaune et à cinq lieues de Dijon, et à deux lieues de Seure, au soir vint nouvelles de Guyenne comment le seigneur Desparault (1) avoit esté pris, et le seigneur de Tournon ; et que les affaires se portoient mal par faute d'ordre et diligente conduite. Pour ce faut noter qu'en fait de guerre longues patenostres et oraisons murmuratives ne sont bonnes ; car c'est une marchandise pesante qui ne sert de guerres, sinon à gens qui ne sçavent que faire. De sainte Colombe je n'en dis mot, car ce volume est trop petit pour comprendre si fascheuse chronique.

Le 17 juillet 1521, à Dijon, des Suisses douze cantons feirent leur proposition et oraison devant mon fils en fort grande resverence, soy déclarant vouloir estre à jamais confédérés et alliés de la maison de France.

Le 15 d'octobre 1521, environ cinq heures du soir, fut mis le siege devant Bapaulme par les adventuriers françois ; et lors estoit mon fils à quatre lieues de Saint Quentin, à une abbaye de premonstré, nommé le Mont Saint Martin ; et le lendemain fut pris et pillé ledict Bapaulme : aussi fut Mets-sans-Cousture.

(1) *Desparault* : de L'Espare, l'un des frères de madame de Châteaubriant.

Le 23 octobre 1521, entre Saint Hillaire et Valenciennes, près d'une abbaye de femmes, mon fils marcha en bataille contre ses ennemis, et les mit en fuite, et en fut tué plusieurs de coups d'artillerie. Ce fut environ trois et quatre heures après midi.

Le 24 octobre 1521, Bouchain, petite ville, se rendit à la volonté de mon fils; et, environ quatre heures après midi, il eut un gros à l'armée.

Le 25 octobre 1521, à Escandoy, à deux lieues de Valenciennes, vint nouvelles à mon fils que Fontarabie estoit pris par monsieur l'admiral.

Le 26 octobre 1521, à un village à deux lieues de Valenciennes, arriverent les ambassadeurs d'Angleterre. *Item,* au soir dix heures, le feu brusla le logis de mon frere le bastard de Savoye, et cinq ou six autres; et, deux heures avant soleil levant, le jour suivant, on cria alarme.

Le premier jour de novembre 1521, mon fils fit la feste de Toussaints à Saudemont en Artois, village de madame de Vendosme, à cinq lieues d'Arras.

Le 6 de novembre de l'an 1521, Hesdin, belle et bonne ville, fut prise d'assaut.

Mercredi 22 janvier 1522, jour de Saint Vincent, à Saint Germain en Laye, à neuf heures quarante minutes au matin, fut né Charles, troisieme fils de mon fils.

Le vingt-neuviéme jour de may 1522, environ deux heures après midi, à Lyon, en la maison de l'archevesque, le herault d'Angleterre défia mon fils; et en après que, en tremblant de peur, il eut déclaré que son maistre estoit nostre ennemi mortel, mon fils lui respondit froidement et si à point, que tous les présens estoient joyeux et néanmoins ébahis de sa clere éloquence.

Le 26 septembre 1522, à Saint Germain en Laye, Pierre Piefort, fils de Jean Piefort, contreroleur du grenier à sel de Châteaudun, parent de plusieurs gros personnages de la cour, fut bruslé tout vif, après que, dans le donjon du chasteau de Saint Germain, il eut eu la main coupée, pour ce que impiteusement il avoit pris le *corpus Domini* et la custode qui estoit en la chapelle dudit chasteau : et, le dernier jour du mois, mon fils vint à pied, la teste nue, une torche au poing, depuis Nanterre jusques au lieu, pour accompagner la saincte hostie et la faire remettre en son premier lieu; car ledit Piefort l'avoit laissée en la petite chapelle de Saincte Genevieve, près dudit lieu de Nanterre. Le cardinal de Vendosme la rapporta ; et lors faisoit beau voir mon fils porter honneur et reverence au saint-sacrement, que chacun, en le regardant, se prenoit à pleurer de pitié et de joye.

Le 15 octobre 1522, à Saint Germain en Laye, je feus fort malade de goutte; et mon fils me veilla toute la nuict.

Le 17 d'octobre 1522, au Mont Saint Martin, environ neuf heures du matin, mon fils, marchant en ordre de bataille, fut requis par son maistre d'ecole de lui donner l'evesché de Condom; ce que de très-bon cœur il lui octroya, ayant souvenance que devant qu'il fut roi, à Amboise, en ma presence, il lui avoit promis.

L'an 1522, en decembre, mon fils et moi, par la grace du Saint-Esprit, commençasmes à cognoistre les hypocrites blancs, noirs, gris, enfumés et de toutes couleurs, desquels Dieu, par sa clémence et bonté infinie, nous veuille préserver et deffendre; car, si Jesus-Christ n'est menteur, il n'est point de plus dangereuse génération en toute nature humaine.

Le 13 de mars, mon fils estant à Congnac, feit monseigneur le comte de Saint Pol et le seigneur de L'Escun chevaliers de l'ordre.

FIN DU JOURNAL DE LOUISE DE SAVOIE.

TABLE DES MATIÈRES

CONTENUES

DANS LE SEIZIÈME VOLUME.

MEMOIRES DE BAYARD, IIe PARTIE.

Chap. L. *Comment le duc de Nemours reprist la ville de Bresse sur les Veniciens, où le bon Chevalier sans paour et sans reprouche acquist grant honneur; et comment il fut blessé quasi à mort.* Page 1

Chap. LI. *Comment le bon Chevalier sans paour et sans reprouche partit de Bresse pour aller apres le duc de Nemours et l'armée du roy de France; de la grande courtoysie qu'il fist à son hostesse, au partir; et comment il arriva devant la ville de Ravenne.* 16

Chap. LII. *Comment le siege fut mis par le noble duc de Nemours devant Ravenne; et comment plusieurs assaulx y furent donnez le vendredy sainct, où les François furent repoussez.* 22

Chap. LIII. *D'une merveilleuse escarmouche qui fut entre les François et les Espaignolz le jour devant la bataille de Ravenne, où le bon Chevalier fist merveilles d'armes.* 30

Chap. LIV. *De la cruelle et furieuse bataille de Ravenne, où les Espaignolz et Neapolitains furent desconfitz; et de la mort du gentil duc de Nemours.* 34

Chap. LV. *Des nobles hommes qui moururent à la cruelle bataille de Ravenne tant du costé des François que* des Espaignolz, et des prisonniers. La prinse de la ville de Ravenne. Comment les François furent chassez deux moys apres d'Ytalie, en l'an 1512. De la griefve maladie du bon Chevalier; d'une fort grande courtoysie qu'il fist. Du voyage fait ou royaulme de Navarre; et de tout ce qui advint en ladicte année. Page 51

Chap. LVI. Comment le bon Chevalier prist ung chasteau d'assault, ou royaulme de Navarre; ce pendant qu'on assist le siege devant la ville de Pampelune, où il fist ung tour de sage et appert chevalier. 64

Chap. LVII. Comment le roy Henry d'Angleterre descendit en France, et comment il mist le siege devant Therouenne. D'une bataille dicte la journée des Esperons, où le bon Chevalier fist merveilles d'armes, et gros service en France. 72

Chap. LVIII. Du trespas de la magnanyme et vertueuse princesse Anne, royne de France et duchesse de Bretaigne. Du mariage du roy Loys douziesme avecques Marie d'Angleterre; et de la mort dudit roy Loys. 86

Chap. LIX. Comment le roy de France Françoys, premier de ce nom, passa les montz; et comment il envoya devant le bon Chevalier sans paour et sans reprouche; et de la prinse du seigneur Prospre Coulonne par sa subtilité. 90

Chap. LX. De la bataille que le roy de France Françoys, premier de ce nom, eut contre les Suysses, à la conqueste de sa duché de Milan, où il demoura victorieux; et comment, apres la bataille gaignée, voulut estre fait chevalier de la main du bon Chevalier sans paour et sans reprouche. 98

Chap. LXI. De plusieurs incidences qui advindrent en France, Ytalie et Espaigne, durant trois ou quatre ans. 105

Chap. LXII. *Comment messire Robert de La Marche fist quelques courses sur les pays de l'esleu Empereur, qui dressa grosse armée; et de ce qu'il en advint.* Pagê. 108

Chap. LXIII. *Comment le bon Chevalier sans paour et sans reprouche garda la ville de Maizieres contre la puissance de l'Empereur, où il acquist gros honneur.* 111

Chap. LXIV. *Comment le bon Chevalier sans paour et sans reprouche, en une retraicte qu'il fist en Ytalie, fut tué d'ung coup d'artillerie.* 119

Chap. LXV. *Du grant dueil qui fut demené pour le trespas du bon Chevalier sans paour et sans reprouche.* 125

Chap. LXVI. *Des vertus qui estoient au bon Chevalier sans paour et sans reprouche.* 133

Histoire des choses memorables advenues du reigne de Louis XII et François I, par Robert de La Mark, seigneur de Fleurange. 139

Notice sur Fleurange et sur ses Mémoires. 141

Histoire des choses memorables, etc. 147

Chap. I. *Comment le Roy fit fort bon recueil au jeune Adventureux, et, ayant regard à sa grande jeunesse, l'envoyà à monsieur d'Angoulesme, qui tenoit lieu de Dauphin et seconde personne de France, pour le servir et nourrir avecques luy.* 149

Chap. II. *Comment le jeune Adventureux feust bien reçeu de Monsieur, qui estoit aagé de sept à huit ans, et de madame sa mere; et ce chapitre parle aussi de leurs folies, passe-tems et jeunesses au chasteau d'Amboise.* 150

Chap. III. *Comment monsieur d'Angoulesme et le jeune Adventureux, et tout plain d'autres jeunes gentilshommes, jouoient à la boule.* 151

Chap. IV. *Le beau tournois qui feust faict pour la venuë du* prince de Castille ; et du mariage qui feust faict du marquis de Montferrant avec la puisnée sœur de monsieur d'Alençon. Page 153

CHAP. V. Comment en ce tems se fist le voyage de Garillan; et pour ce que le jeune Adventureux estoit encore jeune, le mets en abregé. 156

De la venerie du roy de France. 158
De la faulconnerie. 159
De l'estat des gardes du Roy. 161
De l'estat de l'artillerie. 163

CHAP. VI. Comment le roy de France Louis, douziéme de ce nom, fist son armée pour aller en Italie, et mena la Royne jusques à Lyon, où laissa monsieur d'Angoulesme avecques elle; et comment messire Robert de La Marche, seigneur de Sedan, alla au secours du palatin. 164

CHAP. VII. Comment la bataille se fist des François contre les Venitiens, près de Rivolte, par un lundy matin, laquelle les François gaignerent à Aignadel, là où furent tués plus de trente huit mille Venitiens; et de ce qui y feust faict. 173

CHAP. VIII. Comment, après la bataille, le Roy print son chemin vers Pesquiere, laquelle il vint assiéger. 175

CHAP. IX. Comment les autres villes de la seigneurie de Venise, après sçavoir la prise de la ville et chasteau de Pesquiere, et l'exécution qu'on y avoit faicte, se gouvernerent. 177

CHAP. X. Comment, quand l'empereur Maximilian sceut les nouvelles, envoya vers le Roy, pour eux veoir ensemble à lui prier qu'il lui voulsist rendre ce qui lui appartenoit. 178

CHAP. XI. Comment, quand l'Émpereur eust ses villes entre ses mains, au bout de cinq mois les laissa perdre, excepté Veronne, où estoit monsieur de Rœux, son lieutenant général. 180

Chap. XII. *Comment, après que le Roy eust gaigné la bataille contre les Venitiens, print son chemin à Milan pour retourner en France.* Page 181

Chap. XIII. *Comment l'ambassadeur de l'Empereur vint à Blois devers le Roy, et de la despeche qu'il eust; et comment le Roy y envoya monsieur de La Palice avec une grosse armée.* 182

Chap. XIV. *Comment le siege feust mis devant Padoue par l'empereur Maximilian et monsieur de La Palice, lieutenant pour le roy de France.* 183

Chap. XV. *Comment le Roi fist assembler tous ses Estats à Tours, pour faire le mariage de monsieur d'Angoulesme et de madame Claude, sa fille aisnée.* 186

Chap. XVI. *Comment le jeune Adventureux feust marié à la niepce de monsieur le legat d'Amboise.* 187

Chap. XVII. *Comment messire Robert de La Marche vint en Gueldres, lieutenant-général pour le Roy; de la prise de Tillemont, et de ce qui y feust faict.* 188

Chap. XVIII. *Comment le jeune Adventureux print congé du roy Louis, de monsieur d'Angoulesme son maistre, pour aller voir les guerres d'Italie.* 191

Chap. XIX. *Comment en ce temps-là la sœur de M. de Foix, duc de Nemours, feust donnée en mariage au roy d'Arragon, et vint à Savone vers le roy de France; et de la paix que fisrent ensemble.* 194

Chap. XX. *Comment le jeune Adventureux se partist de Veronne, et vint à Parme, à l'entrée du grand hyver, vers monsieur le grand-maistre Chaumont; et comment ils menoient leurs armées et artillerie durant ledict hyver.* 195

Chap. XXI. *Comment le jeune Adventureux fist une bande de cent chevaux adventuriers, et tout plain de gentils-hommes, qui vindrent avecques luy; et comment l'armée de Parme partit pour aller secourir La Mirandole, que le pape Jules tenoit assiégée; et de la* mort de monsieur le grand-maistre Chaumont d'Amboise. Page 197

Chap. XXII. Comment le Pape print La Mirandole, avant que le secours des François y feut venu. 199

Chap. XXIII. Comment La Concorde feust prise, que les Espaignols tenoient ; et comment tous ceux dedans feurent tous mis en pieces ; et de la prise de Jehan Pol Maufront. 200

Chap. XXIV. Comment, après la prise desdictes villes, les deux armées se vindrent loger au Bondin vis-à-vis l'une de l'autre, et se parcquerent les François à un traict de faucon près des gens du Pape et les Venitiens, et y feurent quatre mois, sans autre fort que leur camp. Comment le duc de Ferrare amena son artillerie, et principalement une piece qui se nommoit le Grand-Diable, à un village qui s'appelloit L'Hospitalet, et qui battoit dedans le camp du Pape et des Venitiens ; et de la situation de ladicte ville de Ferrare et de l'Isle ; et des bonnes cheres qui se fisrent durant ce temps avec le duc et la duchesse dudict Ferrare. 202

Chap. XXV. Comment l'armée du Pape et des Venitiens se partirent pour tirer vers Boulongne ; et comment l'armée des François les poursuivoit. 205

Chap. XXVI. Comment les François gaignerent la bataille devant Boulongne contre le Pape et les Venitiens ; et comment la ville se rendist à eulx. 206

Chap. XXVII. Comment le vice-roy de Naples et le comte Pedro Navarre vinrent mettre le siége devant Boulongne, et comment les François le deffendirent. 209

Chap. XXVIII. Comment monsieur de Nemours assiégea Bresse, laquelle il print ; et de la grande occision qui y feust faicte. 210

Chap. XXIX. Comment, après la prise de Bresse, monsieur de Nemours entendit que les Espaignols s'assembloient en la Romaigne; et comment ils se vinrent parcquer les uns les autres à Ravennes. Page 212

Chap. XXX. Comment monsieur de La Palice, en attendant la response du Roy, feust eslu par tous les capitaines chef général des François; et comment la ville de Ravenne feust prinse; et de l'entrée du corps de monsieur de Nemours à Milan. 220

Chap. XXXI. Comment, après que les Suisses et Venitiens veirent le pays desgarny, chasserent monsieur de La Palice hors d'Italie. 222

Chap. XXXII. Comment le jeune Adventureux vint sur les frontières de Gueldres amasser cinq mille lansquenets; et comment ceulx de Lembourg et Luxembourg ruerent sur eulx. 225

Chap. XXXIII. Comment les Espaignols descendirent en Guyenne, où feust envoyé monsieur d'Angoulesme lieutenant-général pour le Roy; et comment le roy de Navarre perdit son royaume. 230

Chap. XXXIV. Comment le roy Louis douziéme envoya monsieur de La Trimouille son lieutenant-général en Italie, avec toute son armée. 233

Chap. XXXV. Comment le jeune Advantureux feust envoyé par le sieur de La Trimouille à Alexandrie, laquelle il print en un matin. 235

Chap. XXXVI. Comment les François allerent assiéger la ville de Novarre; et de la grosse batterie qu'ils y feirent, et du secours des Suisses à ladicte place. 238

Chap. XXXVII. Comment les François perdirent la bataille contre les Suisses à Trecas, là où le jeune Advantureux feust laissé avec quarante-six playes avec les morts. 244

Chap. XXXVIII. Comment les Suisses, sçachant la descente des Anglois en Picardie, vindrent assiéger Dijon; et de l'appoinctement qu'ils fisrent. 248

Chap. XXXIX. Comment les Anglois descendirent en

France ; de ce qui feust faict à leur descente ; comment ils vindrent assiéger Therouenne ; comment estoit l'armée des François à Blangy, où arriva, le jour de la journée des Esperons, le jeune Advantureux avec les lansquenets, qui fist grand reconfort à toute l'armée ; et comment l'empereur Maximilian, par un jour de Saint Laurent, arriva au camp du roy d'Angleterre, deux ou trois jours avant la journée des Esperons. Page 251

CHAP. XL. *Comment les Anglois prindrent Therouenne et Tournay ; et de l'appoinctement du roy de France au roy d'Angleterre ; et de la mort du roy d'Ecosse.* 257

CHAP. XLI. *Comment la royne de France Anne, duchesse de Bretaigne, femme du roy Louis douzième, mourut au chasteau de Blois ; et comment après ledict seigneur Roy espousa la sœur du roy d'Angleterre.* 260

CHAP. XLII. *Comment le roy Louis douzième acheva le mariage de monsieur d'Angoulesme et de madame Claude, sa fille.* 263

CHAP. XLIII. *Comment madame Marie, sœur du roy d'Angleterre, arriva à Abbeville, bien accompaignée de gros seigneurs et dames d'Angleterre ; et comment le roy Louis douzième l'espousa ; et des triomphantes nopces qui feurent faictes en la ville d'Abbeville.* 265

CHAP. XLIV. *Comment la royne de France, sœur du roy d'Angleterre, fist son entrée à Paris ; des belles joustes et tournois qui y feurent faicts, dont estoient tenans monsieur d'Angoulesme et le jeune Advantureux, et six capitaines de France que ledict sieur d'Angoulesme avoit choisis.* 268

CHAP. XLV. *Comment le roy Louis douzième, après avoir faict bonne chere avecques sa nouvelle femme, mourut à Paris par un jour de l'an.* 271

Chap. XLVI. *Cy devise que fist la royne Marie de France aprés la mort du Roy son mary.* Page 273

Chap. XLVII. *Comment monsieur d'Angoulesme François, premier de ce nom, feust sacré roy de France à Rheims; de son entrée à Paris, et des belles joustes et tournois qui y feurent faictes, là où estoit M. de Nassau, M. de Sempy, ambassadeur pour le roy Catholique; et de ce qui s'y fist.* 275

Chap. XLVIII. *Comment le roy François I, après avoir mis ordre à ses affaires en France, commença à dresser son armée pour aller en Italie.* 278

Chap. XLIX. *Comment le Roy partit de Lyon pour achever son entreprise; et comment Prosper Colonne feust prins par le mareschal de Chabannes, seigneur de La Palice; et comment monsieur de Lautrec et l'Advantureux suivirent les Suisses, qui se retirerent vers Saluces.* 281

Chap. L. *Cy devise de la journée faicte à Sainte Brigide, laquelle les François gaignerent contre les Suisses par un jour de Sainte Croix, en septembre; de la prise du chasteau de Novarre, et du secours que les Venitiens feirent au Roy.* 287

Chap. LI. *Cy devise des ambassadeurs françois et suisses qui estoient à Galeras; et comment le Roy fist assiéger le chasteau de Milan, où estoit le More dedans, lequel se rendist par composition.* 298

Chap. LII. *Comment, après que le chasteau de Milan feust rendu, et que le More feust en France, le Roi fist son entrée à Milan tout en armes; et des belles joustes et tournois qui y feurent faictes.* 304

Chap. LIII. *Comment le pape de Rome et le roy de France s'entrevisrent à Boulongne la Grasse.* 306

Chap. LIV. *Comment l'Advantureux retourna en France.* 308

Chap. LV. *Comment le Roy, après avoir mis ordre en son pays d'Italie, revint en son royaume de*

France, et laissa monsieur de Bourbon son lieutenant-général à Milan; et comment l'empereur Maximilian vint en la duché de Milan. Page 310

Chap. LVI. Comment le marquis de Mantoue, pour quelques affaires qu'il disoit avoir, s'en retourna, et abandonna le Roy, et lui renvoya son ordre; et comment l'Advantureux fist une maison nommée Messencourt; et le combat qu'il y donna. 314

Chap. LVII. Comment le Roy donna charge à l'Advantureux de mener pratiques en Allemaigne pour gaigner les princes et électeurs de l'Empire. 315

Chap. LVIII. Comment François de Sikingen fist alliance avecques messire Robert de La Marche et l'Advantureux son fils; et comment il emprint faire la guerre à monsieur de Lorraine. 317

Chap. LIX. Comment en ce temps le cardinal de La Marche et le sieur de Sedan son frere, pour quelque tort que le Roy leur fist, le laisserent, et allerent au service de l'Empereur. 322

Chap. LX. Comment le duc d'Urbin, nepveu du Pape, vint en France reconforter la paix entre le Pape et le Roy; et comment il espousa une des filles de Boulongne, et après tint le Daulphin. 325

Chap. LXI. Comment l'empereur Maximilian mourut; et comme le roy de France despescha son admiral, le sieur d'Orval et l'Advantureux, pour aller en Allemaigne pour l'élection de l'Empire. 329

Chap. LXII. Comment les ambassadeurs françois allerent en Allemaigne, et passerent par Treves, et allerent à Coblentz vers monsieur de Treves, électeur de l'Empire; de-là alla monsieur l'admiral en un chasteau près de Francfort, pour une partie desdictes affaires; et monsieur d'Orval et l'Advantureux à Coblentz; et allerent en ambassade vers monsieur de Colongne. 331

Chap. LXIII. Comment monsieur de Colongne et le

cardinal de La Marche allerent à l'election de l'Empereur, et passerent à Coblentz, où estoient les ambassadeurs françois ; et comment le duc de Wirtemberg feust chassé de son pays par les grosses Bonnes. Page 335

Chap. LXIV. Comment monsieur de Boissy, grand-maistre de France, et monsieur de Chievres, ambassadeur pour le roy Catholique, se trouverent ensemble à Montpellier ; de ce qu'ils y fisrent ; et comment mondict sieur le grand-maistre mourut. 338

Chap. LXV. Comment les ambassadeurs d'Angleterre vindrent à Paris ; et du bon recueil que le Roy leur fist. 339

Chap. LXVI. Comment le roy Catholique feust esleu empereur à Francfort ; et comment les ambassadeurs françois s'en retournerent en France, sans rien faire. 342

Chap. LXVII. Comment le roy de France et le roy d'Angleterre se visrent ensemble, entre Ardres et Ghines. 345

Chap. LXVIII. Comment le roy Catholique vint des Espaignes descendre en Angleterre, et de-là en Flandres, pour aller prendre possession de l'Empire ; et comment il feust couronné à Aix. 353

Chap. LXIX. Comment messire Robert de La Marche, sieur de Sedan, pour quelque tort qui lui feust faict au service de l'Empereur, retourna au service du roy de France ; et du bon recueil que madame la Régente luy fist. 356

Chap. LXX. Comment les guerres se commencerent entre l'Empereur et le roy de France, du costé de Champagne et des Ardennes. 358

Chap. LXXI. Comment le comte de Nassau, lieutenant-général pour l'Empereur, vint en Ardennes contre messire Robert de La Marche, et print le chasteau de Loigne ; et comment l'Advantureux défist la garnison. 360

Chap. LXXII. *Comment monsieur de Saussy, fils de messire Robert de La Marche, deffist un nombre de gens sur une montaigne; et comment l'Advantureux vint se placer dedans Jamets.* Page 362

Chap. LXXIII. *Comment M. de Lautrec, avecques les Vénitiens, alla mettre le siége devant Veronne; et comment ladicte ville se rendist, et de ce qui y feust faict.* 363

Chap. LXXIV. *Cy devise comment le comte Felix vint assiéger Messencourt; et du camp des François qui estoit à Attigny.* 365

Chap. LXXV. *Comment monsieur de Nassau fist semblant d'aller assiéger Jamets, et fist là marcher son armée; et comment l'Advantureux se vint mettre dedans, et du ravitaillement qu'il y fist.* 368

Chap. LXXVI. *Comment, au partir de Jamets, monsieur de Nassau alla assiéger Floranges; et comment les lansquenets vendirent monsieur de Jamets, qui estoit dedans.* 373

Chap. LXXVII. *Comment Bouillon feust surpris, et ceulx qui estoient dedans presque tous tués; et comment monsieur de Nassau vint à Douzy mettre son camp, là où vint monsieur Diestain et aultres gros seigneurs vers le sieur de Sedan pour avoir treve; laquelle, après avoir bien débattue, feust accordée pour six sepmaines, là où l'Advantureux ne voullust estre compris.* 375

Chap. LXXVIII. *Comment monsieur de L'Escun, mareschal de France, tint Parme contre toute l'armée du Pape et des Espaignols.* 380

Journal de Louise de Savoye, duchesse d'Angoulesme, mere de François Ier. 383

Notice sur Louise de Savoie. 385

FIN DU SEIZIÈME VOLUME.

www.ingramcontent.com/pod-product-compliance
Lightning Source LLC
Chambersburg PA
CBHW051829230426
43671CB00008B/887